FRANZ LISZT
ET L'ESPÉRANCE DU BON LARRON

Du même auteur

Anton von Webern, Fayard, 2007.

Alain Galliari

Franz Liszt et l'espérance du Bon Larron

Fayard

En couverture :
Franz Liszt par George Peter Healy,
pour Henry Wadsworth Longfellow, 1869

Couverture Josseline Rivière

ISBN : 978-2-213-66198-8

Dépôt légal : février 2011.

Liszt croyait en lui-même, il croyait en quelqu'un de plus grand que lui, il croyait au progrès, à la culture, à la beauté, à la morale, à l'humanité. Et il croyait en Dieu !

Arnold Schönberg

À Ludovic Coudert
pour son aide,
pour son enthousiasme,
pour son amitié
et pour manifester la mienne

Avant-propos

La littérature sur Franz Liszt n'a jamais manqué. Dès son vivant, la fascination qu'exerçait le personnage et l'extravagance de sa vie suscitèrent bien des élans de plume, y compris les pires. La musicologie a pris le relais et accumule depuis des études en tous genres. Dans cette masse documentaire foisonnante, les développements sur la foi manquent singulièrement, malgré ce que ce thème a d'essentiel à l'approche du musicien.

La plupart des contemporains de Liszt trouvèrent déjà à la soutane qu'il porta à partir du milieu de sa vie un sujet d'interrogation, et bien peu surent prendre cet habit pour ce qu'il était : le reflet du désir de se donner à Dieu que Liszt avait éprouvé dès sa jeunesse, qui ne le quitta jamais, quoique sa vie d'artiste l'eût amené sur un chemin tout autre. Les *lisztiens* successifs ne sont guère parvenus eux non plus à comprendre cette réalité pourtant toute simple du musicien. Les auteurs les plus anciens reconnaissent et décrivent certes plus ou moins sa foi religieuse, mais sans véritablement l'évaluer à sa juste importance ; les plus récents la traitent tour à tour avec négligence ou parti pris, par le demi-silence ou par des évaluations critiques, à caractère le plus souvent psychologisant. Il faut donc bien le constater :

malgré la belle tenue des études lisztiennes, la gêne est partout palpable en ce qui concerne la question religieuse.

Rien d'étonnant, à vrai dire : le sentiment religieux, qui se trouvait déjà à maints égards en contradiction avec le temps de Liszt, l'est plus encore avec le nôtre. La foi constitue un phénomène en grande part inaccessible désormais à bien des cœurs et des cerveaux. Cette incompréhension s'observe d'ailleurs partout où l'esprit religieux se retrouve. C'est avec la même incompréhension, hélas ! qu'on parle désormais d'un Bach ou d'un Bruckner. Et c'est à cette incompréhension à quoi les pages qu'on va lire veulent remédier concernant Liszt.

Un mystérieux fossé sépare certes depuis toujours qui *croit* de qui *ne croit pas*. Il s'est mué en gouffre avec le règne de la pensée matérialiste, et avec la progression de l'inculture religieuse (elle est désormais presque totale) et des *a priori* phobiques irrationnels que notre société sécularisée manifeste à l'endroit du religieux. C'est en raison de cette réalité que j'ai cru indispensable de commenter un peu plus loin qu'il ne l'aurait peut-être fallu certains thèmes de la croyance lisztienne : la vocation religieuse, la vénération de la Croix, l'amour et la charité, la foi et la sainteté, l'aspiration au bonheur, le mystère de la mort, la question du mariage et de l'incarnation, celle du péché ou de la miséricorde, et jusqu'à la dévotion au Bon Larron. Si je me suis résolu à introduire ainsi un peu de « catéchèse », c'est pour ramener quelques bases au moins d'une connaissance qui manque désormais à la plupart, y compris chez nombre de ceux qui ne sont pas censés montrer pareille lacune. J'ai toutefois limité ces rappels à ce qui m'a paru indispensable au but que je me suis fixé : l'approche du croyant qu'était Franz Liszt.

Beaucoup me reprocheront sans doute d'avoir abordé ce thème sous un angle purement catholique, sans ce recul « critique » que le sérieux contemporain entend nous imposer. Et c'est bien en effet la perspective que je défends : non seulement parce que la vision catholique était celle de Liszt lui-même, et qu'il faut le suivre *jusque-là* pour le comprendre véritablement ; mais aussi parce que l'orthodoxie catholique partout décriée expose ce qui demeure tout simplement pour le croyant la Vérité : celle de la Révélation transmise par l'Évangile, comprise et exposée selon la sensibilité et le vocable propres à chaque époque, mais qui n'est pas en elle-même sujette aux fluctuations. Que cette Vérité se soit souvent heurtée à la pensée dominante du moment, et que notre temps – qui ne tolère plus de vérités qu'au pluriel – se heurte là tout particulièrement, nul doute ; cela ne suffit pas pourtant à l'annuler. Chacun demeure au contraire en droit de lui accorder son crédit. Mieux : que la foi chrétienne porte une vision désormais minoritaire et presque haïe dans la société sécularisée et anti-religieuse d'aujourd'hui, commande à ceux qui la partagent de l'annoncer et de la défendre plus encore. Ce que fit déjà Franz Liszt, sans égard pour les ricanements alentours, apportant – avec d'autres – un témoignage qui résonne encore.

Enfant prodige, *star* sans équivalent du piano, compositeur génial, interprète au grand cœur, galant homme et grand de son siècle… Liszt eut tout de ce que le monde ne cesse de vanter et après quoi chacun court. D'avoir possédé autant de biens et d'avantages n'éteignit pas pourtant en lui l'aspiration religieuse qu'il éprouva bien au contraire toujours – malgré tout ce qui en lui s'opposait dans le même temps à son épanouissement. Ce paradoxe se tient au centre du drame intérieur du Liszt croyant. La foi qui l'habitait ne se résume pas pour autant à ce dilemme en vérité banal : être aspiré, aimé à l'être et néanmoins résister, c'est le propre de tout croyant. Plus que ce partage finalement commun, c'est la force indéracinable de la foi dont Liszt était empli qui impressionne et demeure. Que cet homme qui eut tout ce dont on peut rêver conservât *malgré tout*, et jusqu'au bout, cette marque en nous de Dieu que l'aisance matérielle et les flatteries du monde effacent si facilement, c'est là l'étonnant du Liszt croyant – et la leçon qu'il fait au désenchantement oublieux de notre temps. Sa fidélité ramène celui qui se penche sur son histoire à l'appel à la conversion lancé depuis deux mille ans par les témoins du Christ – appel à nous arracher à la surface où nous aimons nous cantonner, pour participer dès ici à l'élévation à quoi nous sommes promis et à laquelle d'ailleurs nous aspirons. Car l'histoire du Liszt comblé *et* croyant ne nous dit pas que les possessions du monde ne sont rien, ne valent rien ; elle nous rappelle seulement que les appétits qui nous travaillent – biens matériels, reconnaissances mondaines – s'enracinent dans un désir tout à la fois plus haut et plus profond : l'aspiration à une plénitude que l'*avoir* cherche sans le savoir et que le *croire* dévoile et rend intelligible.

Quelques remerciements, avant de finir. Ils s'adressent à ceux qui d'une façon ou d'une autre m'ont aidé à proposer ce livre.

René Martin tout d'abord, l'homme de la Folle journée de Nantes et du Festival international de piano de La Roque d'Anthéron, qui m'a fait naguère une proposition que les circonstances m'obligèrent à décliner : celle d'écrire un livre sur les *Années de pèlerinage*. Les pages qui suivent sont en grande part le résultat de l'idée qu'il me mit ainsi en tête. Qu'il trouve ici l'expression de ma reconnaissance tardive, avec la sûreté que je n'aurais pu faire alors ce que j'ai fait depuis.

Sophie Debouverie ensuite, *notre* éditrice chez Fayard (mes confrères ès musicologie ne me contrediront pas en ceci), qui a accepté et défendu un texte qui ne parle pas seulement de musique. Qu'elle ait jugé qu'il avait sa place dans la présente collection m'a rassuré sur le fait qu'il parle bien *aussi* de Franz Liszt...

Ceux enfin auxquels j'ai confié la relecture d'un premier *tapuscrit*, inquiet de m'aventurer dans un domaine – l'écriture sur les questions de la foi – qui n'est pas mon terrain usuel et où l'amateur trébuche vite. Tout particulièrement mon ami Ludovic Coudert, qui a tiré du texte initial des épines que je n'avais pas même senties... Il a obtenu en échange de connaître un peu plus la musique de Liszt et de s'en enthousiasmer. La dédicace à Ludovic est là pour lui dire tout ce que je lui dois *en plus*. Philippe Charru également qui, lui, connaît de l'intérieur l'œuvre de Liszt, dont il médite et joue la musique d'orgue. Je lui suis redevable d'avoir accepté de donner à mon texte un ultime coup de son œil avisé, et de m'écrire en retour des mots propres à rassurer les doutes qui viennent à tout auteur qui se relit.

Enfin, concernant le livre lui-même.

Pour suivre le Liszt croyant, il fallait suivre nécessairement le fil de sa vie. Ce livre n'est pas pour autant une biographie, et ceux qui le liront n'étant pas forcément familiers de la vie mouvementée et compliquée du musicien, j'ai cru bon faciliter leur lecture en proposant (p. 281) une chronologie succincte qui permettra à chacun de se repérer.

En ce qui concerne l'appareil, j'ai cherché à limiter l'usuel encombrement des notes de bas de page. La plupart donnent seulement des précisions minimales sur des citations que le lecteur retrouvera aisément dans les ouvrages donnés en bibliographie, celle-ci énumérant les sources principales auxquelles j'ai puisé.

Pour ce qui est enfin des extraits de l'Ancien et du Nouveau Testament : j'ai tranché l'insoluble question du choix de la traduction française en optant pour la traduction de la liturgie[1] : non parce qu'elle est meilleure qu'une autre, mais parce qu'elle témoigne d'un double souci louable de simplicité et d'actualisation – et parce que le lecteur pourra toujours lire ailleurs les extraits que je propose des Écritures. Quant aux abréviations utilisées pour renvoyer aux différents livres de la Bible, ce sont celles auxquelles on recourt le plus souvent. À toutes fins utiles, l'éclaircissement suit ci-après.

Ap : Livre de l'Apocalypse
1 Co, 2 Co : Première ou Seconde Lettre aux Corinthiens
Gn : Livre de la Genèse
Is : Livre d'Isaïe
Jn : Évangile selon saint Jean
1 Jn : Première Lettre de saint Jean
Lc : Évangile selon saint Luc
Mc : Évangile selon saint Marc
Mt : Évangile selon saint Matthieu
Os : Livre d'Osée
Ph : Lettre aux Philippiens
Ps : Livre des psaumes
Rm : Lettre aux Romains
1 Th : Première Lettre aux Thessaloniciens

1. Éditée par l'AELF (Association épiscopale liturgique pour les Pays francophones). Le texte est disponible sur le site de l'aelf.org.

Prologue au Vatican (et dans la presse)

Rome, Mardi saint 25 avril 1865.

Depuis qu'il s'est levé, il se tient à genoux, mains jointes, les deux bras appuyés au rebord du prie-Dieu et le regard levé vers le crucifix nu fixé au mur de la cellule. Prier une fois encore, rendre grâce, glorifier, demander aussi – afin de tourner son cœur tout entier vers ce qu'il s'apprête à recevoir. Car le voici enfin, ce jour qui va concrétiser le choix qu'il a fait il y a plus d'un an de recevoir les premiers ordres. C'est pour aujourd'hui la tonsure – le premier pas. « La signification de la tonsure, a-t-il écrit deux jours plus tôt, c'est afin que sur la tête du clerc et de tout le clergé soit imprimée l'image de la couronne d'épines de N.-S. Jésus-Christ. »

Lui qui a si peu disposé du temps de sa vie, avalé par la succession ininterrompue des sollicitations, a fait pour l'occasion une petite retraite chez les Lazaristes. Quatre jours de lecture sainte, de célébrations et de prières collectives, d'oraisons solitaires, d'adoration et d'entretiens spirituels avec le père Ferrari, son confesseur, de qui il a reçu hier l'absolution.

Pitié pour moi, mon Dieu, dans ton amour,
Selon ta grande miséricorde, efface mon péché.

Lave-moi tout entier de ma faute,
Purifie-moi de mon offense. [...]
Lave-moi et je serai plus blanc que neige[1].

Être plus blanc que neige, envers et contre les blessures du péché, ou plutôt *grâce* à elles presque – grâce aux éloignements, aux infidélités, aux tiédeurs. *Par* le péché, plutôt que *malgré* lui, puisque c'est dans la faute que le repentir s'enracine et que grandit la soif du pardon, qui est le chemin de tout retour à Dieu. Le Diable peut bien mener son grand jeu : le péché sera toujours l'école de la miséricorde.

Que ce soit là la vérité toute nue, Liszt n'a pas attendu ce jour pour s'en convaincre. L'enfant prodige qu'il fut naguère s'est depuis longtemps reconnu fils prodigue. Chaque fois qu'il y songe, son âme s'emplit d'un sentiment de reconnaissance qui ne le quitte plus depuis longtemps. Car rien de ce qu'il a vécu et fait – pas même le pire – n'est jamais parvenu à le détourner de ce chemin de la foi où tout n'a cessé au contraire de le ramener, envers et contre ce qui a pu paraître. Bien sûr, il sait que les tentations et les chutes, si permanentes dans sa vie, ne vont pas s'arrêter là d'un coup. Que le chemin du retour soit *lui aussi* semé d'embûches, il en a fait depuis longtemps l'expérience. Mais il sait également qu'on n'est jamais seul sur ce chemin-là, qui n'empêche pas la faute, mais que la faute n'est pas non plus en mesure d'empêcher.

Car c'est bien un retour qu'aujourd'hui va marquer : une revenue à un certain point de ses jeunes années. « Convaincu que cet acte m'affermissait dans la bonne voie, je l'ai accompli sans effort, en toute simplicité et droiture d'intention. Il correspond d'ailleurs aux antécédents de ma jeunesse » écrira-t-il plus tard, ajoutant avec exagération,

1. Psaume 50 (51).

car il ne sera jamais moine et n'eut d'ailleurs jamais l'intention de le devenir : « Quand le moine est tout fait au dedans, pourquoi ne pas y approprier à l'extérieur l'habit ? » C'est dans cette lumière que plusieurs mois auparavant il a entamé la procédure que ce matin va consacrer ; et c'est dans cette paix qu'il s'est levé si tôt, plus tôt encore qu'à l'ordinaire, s'agenouillant aux pieds de la Croix pour dire une fois encore, dans le silence de l'aube et le secret de son cœur, la certitude de son indignité et le bonheur d'avoir été néanmoins déclaré éligible.

L'heure approchant, Fortunato, son valet, l'aura-t-il ramené à la réalité du temps qui passe et à la nécessité de se préparer *aussi* physiquement ? Supposons-le, car rien n'en est dit nulle part, puisque rien n'a vraiment filtré de ce jour, ni de la cérémonie elle-même. On saura seulement qu'elle fut simple et, quoique officielle, privée. Le lieu est plus que consacré, puisqu'il s'agit rien moins que du Vatican, non pas toutefois dans sa partie publique, mais dans l'une de ses chapelles privées – celle de l'officiant, Mgr Gustav Adolf zu Hohenlohe-Schillingsfürst. Archevêque d'Édesse, grand aumônier de Sa Sainteté le pape Pie IX, l'homme est un grand de l'Église et de l'aristocratie européenne. Quant au candidat – Franz Liszt –, il est un grand tout court, l'étant par la grâce de l'immense talent qu'il a reçu et cultivé, qui lui vaut depuis ses années d'enfance une gloire et une popularité que nous avons bien de la peine à imaginer.

Entouré de quelques témoins seulement – son confesseur, deux prêtres, ainsi que son valet Fortunato et celui du prélat –, le plus grand des pianistes, qui est aussi l'un des hommes les plus recherchés de son temps, s'agenouille ce matin-là devant l'autel et le crucifix, inclinant sa belle et noble tête pour recevoir des mains du prince-archevêque *l'image de la couronne d'épines de N.-S. Jésus-Christ* – signe de ce qui est moins pour lui ce renoncement au monde dont il n'a jamais été capable et que d'ailleurs il ne souhaite pas, que l'accomplissement par la petite porte d'une vocation religieuse qu'il a naguère ardemment désirée et qu'il a si souvent regretté de n'avoir pas suivie.

Le pas est certes modeste, presque symbolique, comme le sera la réception des quatre ordres mineurs (portier, lecteur, exorciste, acolyte) auquel le musicien doit encore se préparer. Il les recevra trois mois plus tard (30 juillet), à Tivoli cette fois, des mains du même prince-archevêque : ce ne sont que les premiers grades de la cléricature, qui ne l'obligent pas même de faire ce qui lui est désormais autorisé (prendre le titre d'abbé, revêtir la soutane, ce qu'il fera avec plaisir et même un rien d'ostentation), et qui lui interdisent ce que permet le franchissement des ordres majeurs (du sous-diaconat à la prêtrise) : administrer le baptême et l'extrême-onction, célébrer l'eucharistie, entendre la confession. C'est pourtant en pleine volonté et conscience, et avec le contentement qu'éprouve celui qui, même tardivement (il aura bientôt cinquante-quatre ans) et faiblement, accomplit ce pourquoi il s'est toujours senti fait, que Franz Liszt franchit en ce Mardi saint de 1865 ce petit pas qui ne l'oblige à rien, pas même au célibat, mais qui l'expose à tout – à l'incompréhension en premier lieu, à la moquerie surtout.

« Liszt s'est fait abbé ! » La nouvelle n'a pas tardé à se répandre partout en Europe, occasionnant une stupeur mêlée de cette méchante petite joie que nous connaissons bien : celle qu'éprouvent nos pauvres cœurs à pouvoir salir la trop belle image de ceux qui ont reçu en abondance ce que nous ne possédons que petitement – talent, beauté, célébrité, gloire, richesse, et ce don qu'on pardonne moins encore qu'aucun autre, parce qu'il est haut, qu'il est gratuit et qu'il dit trop ce que la grâce a parfois d'insultant : le don du cœur, dont la documentation lisztienne donne tant d'exemples. C'est ainsi que la surprise légitime que suscita l'entrée de Liszt dans la cléricature servit de prétexte à peu près partout au ricanement.

Quelques jours plus tard, un critique allemand écrivit dans un journal de Leipzig : « Un cri d'extrême étonnement retentit à travers tout le monde cultivé, quand les journaux annoncèrent la nouvelle de l'entrée de Liszt dans les ordres à Rome. Pourtant, on avait depuis longtemps pris l'habitude des changements brusques du Liszt musicien [...] vers les plus étranges tonalités. Mais cette modulation-là, si soudaine et dans sa propre vie, personne ne s'y attendait. » Un autre pigiste, français celui-là, écrivit dans *Le Ménestrel* du 14 juin, reprenant une rivalité artistique depuis longtemps éteinte mais à laquelle le nom de Liszt demeurait attaché à Paris (celle qui l'avait opposé dans les années de sa jeunesse à un autre grand pianiste, Thalberg) : « Pendant que Franz Liszt prend les ordres religieux à Rome [...], Sigismond Thalberg se fait simple vigneron à Naples, dans sa propriété de Pausilippe. Il y plante et cultive de ses modestes mains le cep de vigne que lui a légué Lablache. Est-il besoin de se demander lequel de ces deux célèbres pianistes est le véritable philosophe ? » Et Louise Collet, muse de la cause anti-cléricale de la France de ce temps, à qui l'ordination de Liszt fournit l'occasion de l'un de ces faux froissements scandalisés en quoi la bienheureuse moquerie trouve un surcroît de ravissement : « Oh ! bouffonnerie ! oh ! dégringolade des derniers abbés ! ils se recrutent parmi les pianistes ! » Liszt en aura souri, lui qui pardonnait promptement à la critique, la plus malveillante surtout, ayant trop appris à connaître les pauvretés du cœur pour ne pas ressentir de mansuétude aux démonstrations de sa petitesse. Il faut d'ailleurs avouer que l'occasion était presque rêvée. Car le fait est que le spectacle qu'il avait donné jadis et naguère de sa personne prêtait le flanc.

C'est là qu'il faut reprendre depuis le début. Depuis décembre 1832 au moins, trente-trois années avant la cérémonie romaine de 1865 – et même un peu avant encore.

Chapitre premier

Pour commencer par le début

Décembre 1832, donc – cette fois-ci à Paris.

Franz Liszt n'est encore qu'un jeune homme : il vient d'avoir vingt et un ans. Né en 1811, dans un petit village du Burgenland – l'Autriche hongroise du sud viennois –, il est venu enfant neuf ans plus tôt avec son père chercher fortune à Paris, où ses dons éblouissants lui ont ouvert toutes les portes. Ils lui ont valu d'être sacré « premier pianiste d'Europe » à son premier concert parisien (7 mars 1824). Malgré son tout jeune âge (il a treize ans), ce n'est pas loin s'en faut la première fois qu'il connaît la frénésie publique : à Vienne, en Allemagne, il a déjà connu l'honneur des ovations. C'est un délire sans nom toutefois que l'enfant déchaîne à Paris, à l'immense plaisir de son père et protecteur. « Ses petits pieds atteignent à peine les pédales, et cet enfant est, sans comparaison, le premier pianiste d'Europe », écrit deux jours plus tard un critique du jeune *List*, selon l'orthographe dont on écorchera longtemps son nom en France. « List a justifié l'empressement des spectateurs et surpassé leur attente. C'est peu pour lui, comme dit Grimm, d'exécuter un concerto d'une extrême difficulté avec une précision parfaite, avec une sûreté et un aplomb infaillibles, avec une hardiesse brillante et un sentiment exquis de toutes les nuances musicales, en un mot avec une perfection désespérante pour les plus habiles artistes qui ont étudié et travaillé pendant trente ans cet instrument si beau, si difficile. […] Les plus vifs applaudissements, les acclamations répétées, ont fait retentir la salle ; les témoignages de plaisir et d'admiration semblaient inépuisables, et les mains délicates des jolies spectatrices étaient infatigables. L'heureux enfant remerciait en riant. »

Dès lors partout demandé et fêté, le prodigieux enfant prodige court la France, l'Angleterre et la Suisse, déclenchant partout la même fiévreuse ferveur et laissant derrière lui une renommée à chaque pas plus grande : elle est bientôt immense, dans l'Europe entière. Pourtant les années passent, l'enfant grandit et l'assaut répété des tournées amène l'adolescent qu'il est bientôt à un état d'hypersensibilité semé de prostrations et d'élans mystiques. La mort soudaine de son père, à Boulogne-sur-Mer, le 28 août 1827, au retour d'une tournée en Angleterre, porte l'instabilité du jeune homme à son comble. L'amour malheureux qu'il essuie l'année suivante pour l'une de ses élèves – elle s'appelle Caroline de Saint-Cricq, elle est la fille d'un pair de France, ministre de Charles X, qui ne peut imaginer confier sa progéniture à un saltimbanque – fera le reste. Épuisé, mélancolique, le jeune Liszt se montre à partir de là à demi brisé, et pour toujours. Un journal annonce même sa mort. Et de fait il est mort : mort à son enfance en forme de comète – brillante, fulgurante et finalement brûlante. Ce n'est plus onze ans qu'il a en effet, mais dix-sept : devenu grandet, l'ancien nouveau Mozart n'intéresse plus personne. Tout juste bon à donner d'interminables leçons en privé à des jeunes filles en fleur, pour subvenir à ses besoins et à ceux de sa mère, venue après la mort du père retrouver son malheureux fils à Paris, d'où elle ne bougera plus.

L'Amadeus brisé ne l'est toutefois qu'apparemment : l'incendie qui soudain souffle sur Paris, du 27 au 29 juillet 1830, réveille d'un coup le lion qui rugira toujours en Liszt. « C'est le canon qui l'a guéri » dira sa bonne mère. Après trois années de repli, le jeune homme se jette dans le bouillonnement dont cuisent soudain les esprits inflammables. Il se reprend à composer (une *Symphonie révolutionnaire* juste esquissée), court les cénacles artistiques et les salons aristocratiques, ce qui revient souvent au même, ceux des princesses et des duchesses, où il côtoie la société des jeunes lettres, de Hugo et Lamartine à Musset, Vigny, Balzac, Senancour ou George Sand. Son talent n'étant pas qu'artistique, il ne faut que quelques mois à Liszt pour devenir la coqueluche des dames en vue et connaître quelques aventures sentimentales qui n'ont sans doute rien en commun avec l'amour ardent qu'il a conçu deux ans plus tôt pour mademoiselle de Saint-Cricq, qu'il n'oubliera jamais, ni avec celui qu'il connaîtra bientôt, qui devait marquer sa vie. Les enthousiasmes artistiques ont d'ailleurs une autre valeur que les passades amoureuses du moment.

En cette année de 1830, qui est aussi celle de la création (5 décembre) de la *Symphonie fantastique*, qui l'éblouit, Franz Liszt se lie avec Berlioz, de huit ans son aîné – ce qui ne fait toutefois que vingt-sept ans à cet aîné. Il fréquente un temps les saint-simoniens (j'y reviendrai), assiste au premier concert public parisien de Chopin (vingt-deux ans : un jeune homme lui aussi, comme les autres, et comme eux un génie) dont il devient également l'ami, et reçoit un choc en forme de révélation de lui-même en entendant le récital que Niccolò Paganini donne le 20 avril 1832 à l'Opéra pour les victimes du choléra. La virtuosité flamboyante de l'illustre violoniste ramène le pianiste au clavier. De même que Hugo voulait être « Chateaubriand ou rien », Liszt sera le Paganini du piano, puisqu'il le veut et qu'il en a les moyens. Et c'est bien là que tout commence vraiment pour lui, car c'est aussi au bout de cette même année que sonne le premier acte de sa vie d'homme, lorsqu'un soir de ce mois de décembre 1832 par où nous avons commencé, Franz Liszt rencontre dans un salon parisien (celui de la marquise Le Vayer, rue du Bac) une femme de vingt-sept ans qui se décrira elle-même plus tard comme « six pouces de neige sur vingt pieds de lave » : la comtesse Marie d'Agoult, née vicomtesse de Flavigny.

Cédons la plume à celle avec qui et par qui Liszt suscita bientôt le scandale, qui décrira plus tard ainsi cette première rencontre dans ses *Mémoires* : « Madame Le Vayer parlait encore que la porte s'ouvrait et qu'une apparition étrange s'offrait à mes yeux. Je dis une apparition, faute d'un autre mot pour rendre la sensation extraordinaire que me causa, tout d'abord, la personne la plus extraordinaire que j'eusse jamais vue. Une taille haute, mince à l'excès, un visage pâle, avec de grands yeux d'un vert de mer où brillaient de rapides clartés semblables à la vague quand elle s'enflamme, une physionomie souffrante et puissante, une démarche indécise et qui semblait glisser plutôt que se poser sur le sol, l'air distrait, inquiet et comme d'un fantôme pour qui va sonner l'heure de rentrer dans les ténèbres, tel je voyais devant moi ce jeune génie, dont la vie cachée éveillait à ce moment des curiosités aussi vives que ses triomphes avaient naguère excité d'envie. Lorsqu'il m'eut été présenté et qu'assis près de moi avec une grâce hardie et comme s'il m'eût connue de longue date, Franz se mit à causer familièrement, je sentis, sous les dehors étranges qui m'avaient d'abord étonnée, la force et la liberté d'un esprit qui m'attirait ; et bien avant que la conversation eût pris fin, j'en venais à trouver très simple toute une manière d'être et de dire inusitée dans le monde où j'avais toujours vécu. Franz parlait impétueusement, d'une manière abrupte. Il exprimait avec véhémence des idées, des jugements bizarres pour des oreilles habituées comme l'étaient les miennes à la banalité des opinions reçues. L'éclair de son regard, son geste, son sourire tantôt profond et d'une douceur infinie, tantôt caustique, semblaient vouloir me provoquer soit à la contradiction, soit à un assentiment intime. » « On ne pouvait enfin le connaître sans l'aimer » écrit un peu plus loin celle qui devait en effet lui vouer un amour immédiat. Elle écrira encore, après des années d'une rupture enflée pourtant de toutes les amertumes et de tous les venins, et après avoir fait de celui qu'elle avait aimé et qu'elle aima toujours le sujet d'un triste roman de vengeance (*Nélida*) qui dit beaucoup de mal d'elle-même en cherchant à en dire de lui : « Charme impérissable ! C'est encore lui et lui seul qui me fait sentir le mystère divin de la vie. »

En 1832, Marie d'Agoult a vingt-sept ans. Elle est l'épouse du comte Charles d'Agoult, homme droit et indifférent qui presque pourrait être son père, à qui elle a donné deux enfants comme par mégarde. D'une beauté froide qui contient un tempérament exalté, c'est une jeune femme instruite et neurasthénique, qu'exaspère l'égale monotonie d'une vie mondaine luxueuse et banale. C'est sans difficulté aucune que la rencontre des jeunes gens produisit ce qu'elle devait produire : une flamme où tout brûle aussitôt. Mon lecteur pourra lire ailleurs[1] le détail de cette fameuse première étape de la vie d'homme de Franz Liszt, dont témoigne un gros volume de correspondance. Le roman-

1. Notamment dans WALKER (vol. I) ou dans HARASZTI.

tisme est là à chaque ligne, quoiqu'il faille se méfier de notre tendance à interpréter les faits vécus comme des aventures romanesques : c'est une fois réécrites que certaines vies semblent un roman.

Après deux années d'une liaison à demi cachée, Franz et Marie franchissent en 1835 un cap décisif : la belle comtesse – qui a perdu sa fille aînée cinq mois plus tôt, voyant dans cet enlèvement un châtiment à ses amours illégitimes qui la détermina à aller plus loin – écrit une lettre de rupture à son époux et quitte le 28 mai Paris et sa seconde fille pour aller trouver refuge à Bâle, où Franz la rejoint une semaine plus tard. Première étape d'une cavale qui durera près de cinq ans, en Suisse d'abord (Genève pour l'essentiel), puis en Italie (de Côme à Rome), au cours de laquelle trois enfants naissent coup sur coup : Blandine à Genève en décembre 1835, Cosima à Côme en décembre 1837, Daniel à Rome en mars 1839. C'est seule pourtant que Marie repart de Florence en octobre pour regagner Paris, quelques mois après cette troisième naissance. Début de terme à une liaison qui avait connu l'année précédente ses premiers troubles, mais n'en brûlait pas moins encore d'un feu ardent. Il devait s'éteindre tout à fait cinq ans plus tard.

Des premiers temps à cette fin tristement banale dont nous aurons à reparler, dix années au total ont passé. Au sortir, Franz Liszt est bien sûr tout autre ; outre qu'il n'a plus vingt-quatre mais trente-quatre ans, il a connu l'amour et son envers : le désamour, avec toute sa kyrielle de rancœurs tenaces et salissantes. Il est aussi devenu entretemps le père de trois enfants, d'ailleurs illégitimes. Et le voilà finalement séparé de celle qui avait tout abandonné pour lui et lui reproche ses aventures galantes. Que certaines fussent réelles et d'autres plus sûrement supposées ne change rien à une vérité qu'il faut bien dire : le jeune et fougueux pianiste n'a pas tardé à s'ennuyer auprès de la blonde comtesse et a profité rapidement des occasions qui se sont présentées à lui pour courir les scènes qui de nouveau le réclamaient.

Tout ceci peut bien rappeler qu'en effet, le futur *abbé* n'était pas un saint – ce que la suite confirmera et dont Liszt ne cessa de convenir. Qu'il fût *d'abord* un homme, c'est-à-dire un être soumis à toutes les expériences et toutes les tentations – il le fut même plus que beaucoup –, c'est ce que sa biographie atteste. Plus que d'entrer dans le détail de ses zigzags amoureux, il importe de comprendre que de l'amour, Liszt connut *aussi* le triste revers de l'amertume et du ressentiment, si commun aux existences d'aujourd'hui. « Mes amours ont commencé bien tristement – et je me résigne à les voir finir de même. Néanmoins je ne renierai jamais l'Amour, malgré toutes ses fausses apparences et ses profanations ! », écrira-t-il bien plus tard à la princesse Carolyne von Sayn-Wittgenstein, sa seconde épouse sans mariage[1]. Il est par ailleurs dans l'histoire de Franz et de Marie un point que notre mentalité contemporaine est à coup sûr inapte à saisir, quoiqu'il s'avère crucial pour ce qui nous occupe : c'est qu'avec Marie, outre l'amour et puis le désamour, Liszt connut aussi le dessèchement à l'égard de ce Dieu qu'il avait avant elle si ardemment prié et désiré.

De la tonsure, rappelons ce que Liszt écrivit après l'avoir reçue : que l'acte *correspondait aux antécédents de sa jeunesse.* Un petit carnet conservé aux archives de Bayreuth, daté de 1827, apporte un témoignage direct de cette affirmation. Sur plusieurs mois, le jeune Liszt y recueillit tout un flori-

1. 26 août 1874.

lège de citations et de sentences glanées dans des lectures qui témoignent de la soif spirituelle et religieuse qui l'habitait alors. Il y en a un certain nombre ; j'en citerai quelques-unes seulement. La première (notée le 2 avril) est issue d'un opuscule d'édification spirituelle signée d'un auteur du temps (Dominique Bouhours) ; elle est romantique et sévère, ce qui ne l'empêche pas de poser une question cruciale : « Que voudrions-nous avoir fait à l'heure de la mort ? Faisons maintenant ce que nous voudrions avoir fait alors ; il n'y a point de temps à perdre : chaque moment peut être le dernier de notre vie. Plus nous avons vécu, plus nous sommes près du tombeau : notre mort est d'autant plus proche qu'elle a été plus différée. » Quelques jours plus tard (7 avril 1827) : « Dieu me voit et je pourrais l'offenser en sa présence, je pourrais préférer de plaire à un homme plutôt qu'à Dieu ? » Puis, le 12, cette sentence de Bossuet : « Toutes nos pensées qui n'ont pas Dieu pour objet sont du domaine de la mort. » Et, à l'autre bout (12 juillet), cette citation de saint Paul, extraite de la seconde Lettre aux Corinthiens : « Où est l'esprit du Seigneur, là est aussi la liberté » (2 Co 3, 17).

Mais c'était, dira-t-on, la période qui suivit la mort si soudaine du père de Franz et l'épuisement des premières tournées. Ou à peu près, puisque les premières citations précèdent de quelques mois la disparition d'Adam Liszt. Pour qui le veut, il sera aisé de trouver au penchant mystique du jeune Liszt toutes les explications psychologisantes dont notre temps raffole pour justifier ce qu'il ne saisit plus. Qu'à seize ans Franz fût troublé, nul doute (on l'est toujours à cet âge) ; que ce trouble ait alimenté sa brûlure mystique, certainement. Aucune explication de cette eau ne peut pourtant noyer l'aspiration religieuse que reflète le carnet de Bayreuth : elle est certes très verte, car c'est celle d'un jeune homme, et recourt à des envolées excessives, comme le sont les élans d'un jeune cœur ; mais ces excès n'empêchent pas le sentiment d'être vrai et sincère. Ils traduisent une aspiration en vérité toute simple, qui est celle de *la foi*. Elle sera chez Liszt ce qu'elle est chez tout esprit foncièrement religieux : une orientation permanente, quoique s'amollissant parfois et même disparaissant sur des longueurs entières, en apparence du moins.

La foi animait Franz Liszt et fut le pivot véritable de sa personne. Ce que George Sand, qui pourtant connut Liszt à l'heure de Marie d'Agoult, c'est-à-dire à sa période la moins religieuse, ne fut pas longue à déceler, l'exprimant dans son *Journal intime* avec une pointe de dépit : « Je me suis figuré pendant une ou deux entrevues qu'il était amoureux de moi, ou disposé de le devenir [...], lorsque tout à coup [...] je me suis clairement convaincue, à la troisième visite que je m'étais sottement infatuée d'une vertu inutile et que M. Liszt ne pensait qu'à Dieu et à la Sainte Vierge, qui ne me ressemble pas absolument. » Que la foi exprimée par le carnet de 1827 ne fût en rien réductible aux seuls tourments de l'adolescence, c'est ce dont toute la vie de Liszt témoigne, qui écrivit un jour à Marie, à l'heure la plus profane de son existence : « Vous voulez aussi que je vous dise ce que je deviens ? Eh mon Dieu, vous connaissez à peu près ce que j'appelle ma vie qui n'est que le développement d'une idée : cette idée, c'est Dieu[1]. » Elle avait connu d'ailleurs des manifestations bien antérieures à son adolescence (nous y reviendrons) et s'exprimera continûment – on le constatera aussi – à partir de l'installation du musicien à Weimar, en 1848, jusqu'au terme de sa vie.

Cinq années avant l'ordination romaine de 1865, Liszt, qui s'apprêtait à quitter Weimar, rédigea un fameux testa-

1. À Marie d'Agoult, 1833.

ment (en français, sa langue d'adoption, qu'il préféra toujours à l'allemand maternel), dont le début peut servir de point de démarrage à l'investigation où je propose d'accompagner mon lecteur. Le voici :

CECI EST MON TESTAMENT

Le 14 septembre 1860, Weimar

Je l'écris à la date du 14 septembre, où l'Église célèbre l'exaltation de la Sainte Croix. Le nom de cette fête dit aussi l'ardent et mystérieux sentiment qui a transpercé comme d'un stigmate sacré ma vie entière.

Oui, « Jésus-Christ crucifié », « la folie et l'exaltation de la Croix », c'était là ma véritable vocation...

Je l'ai ressenti jusqu'au plus profond du cœur dès l'âge de 17 ans, alors que je demandais avec larmes et supplications qu'on me permît d'entrer au séminaire de Paris, et j'espérais qu'il me serait donné de vivre de la vie des saints et peut-être de mourir de la mort des martyrs. Il n'en a pas été ainsi hélas ! Mais non plus jamais depuis, à travers les nombreuses fautes et erreurs que j'ai commises, et dont j'ai une sincère repentance et contrition, la divine lumière de la Croix ne m'a été entièrement retirée. Parfois même elle a inondé de sa gloire toute mon âme ! J'en rends grâce à Dieu, et mourrai l'âme attachée à la Croix, notre rédemption, notre suprême béatitude ; et pour rendre témoignage de ma foi, je désire recevoir les saints sacrements de l'Église catholique apostolique et romaine avant ma mort, et par là obtenir la rémission et l'absolution de tous mes péchés. Amen !

Chapitre II

Le conseil de l'abbé Bardin

Ce n'est pas un hasard si c'est l'époque de son adolescence qui revint à l'esprit de Franz Liszt alors qu'il entreprit trente ans plus tard de rédiger le testament qu'on vient de lire : celle des sombres années 1827-1830, où l'on a vu que sa vocation religieuse se prit à souffler ardemment.

Après la mort soudaine de son père à Boulogne, Franz était revenu seul à Paris à l'automne de 1827, désemparé et tourmenté. Ce qui attendait le jeune homme, la lettre que l'un de ses anciens bienfaiteurs hongrois lui écrivit alors le dit sans détour : « Jusqu'à ce moment, votre vie était douce. Vous n'aviez besoin que d'obéir, et vous pouviez vous en reposer aveuglément sur les soins de votre père. Maintenant, vous avez une tâche difficile à remplir, vous devez vous acquérir des amis, vous devez devenir le soutien de votre mère et rendre grâce au Ciel qu'il vous ait conservé celle qui, comme votre père défunt, sera toujours disposée à vous chérir et à vous aimer. »

En 1823, Adam Liszt s'était installé avec son fils au cœur de Paris, dans l'actuel deuxième arrondissement. Après la mort d'Adam, Franz trouva refuge au faubourg Poissonnière, dans un quartier en pleine urbanisation que toutefois il connaissait déjà, puisque – pour des raisons qui nous échappent – son père et lui-même y avaient pris leurs habitudes à la paroisse Saint-Vincent-de-Paul, ainsi dénommée parce qu'elle s'élevait sur une partie des dépendances du prieuré Saint-Lazare, où Monsieur Vincent avait œuvré et était mort[1]. C'est rue Coquenard (actuelle rue Lamartine) que Franz s'établit d'abord à l'automne de 1827, puis non loin de là, au 7 de la rue Montholon, où il habita longtemps avec sa mère, en face même de l'église. C'est là qu'après avoir été partout attendu, choyé, applaudi et adulé, le tout jeune virtuose entra dans une vie obscure, où il s'agissait de subvenir jour après jour à ses besoins et à ceux de sa mère. La renommée aidant, il ne lui fut pas difficile de trouver à donner des cours de piano aux jeunes filles de l'aristocratie, qui s'arracha ce talent déjà si grand et si célèbre : ce sont ses journées entières que Franz passa toutefois à cette occupation harassante et lassante (« Tous les jours, de huit heures et demie du matin à dix heures du soir ; j'ai à peine le temps de respirer »), courant d'un salon l'autre pour faire chacune son tour ânonner les petites filles des bonnes familles. Anna Liszt se souviendra plus tard de ce temps sans joie où elle ne voyait son fils qu'aux repas, accablé au point de demeurer face à elle apathique et muet.

Les concerts, se dira-t-on, auraient peut-être été plus profitables que cette occupation indigne d'un si grand talent ? Franz tenta bien ce recours, mais ceux qu'il donna alors n'arrivèrent en rien au résultat qu'ils auraient obtenu il y avait peu encore : le temps, on l'a dit, était passé et le public comme la critique se détournaient désormais de ses cavalcades pianistiques qui n'amusaient plus personne. En vérité, elles n'amusaient plus Franz lui-même, qui s'était

1. L'église n'était pas la grande bâtisse néoclassique d'aujourd'hui, alors en construction, mais une petite chapelle par la suite détruite.

pris d'une aversion tenace pour ses propres jongleries, dont la mort de son père et tuteur avait achevé de l'emplir, au point qu'Anna dira alors à l'un de ses visiteurs que son cher fils avait renoncé à la musique. Ce n'est pas en vérité qu'il y eût le moins du monde renoncé ; c'est que sous le dégoût d'être réduit à l'état d'amuseur public, un idéal bouillait en lui qui réclamait un dû de dignité que Franz ne percevait pas bien encore. Il formera le *credo* artistique de sa vie tout entière : réaliser la mission de l'artiste, qui est de faire fructifier les dons reçus, afin d'apporter la contribution qu'il doit au bien universel. C'est cette haute conception de l'art, alors en gestation dans son jeune cœur, qui peu à peu lui avait rendu insupportable sa condition de chien savant du piano, ainsi qu'il l'écrivit quelques années plus tard : « Lorsque la mort m'eut enlevé mon père, et que, revenu seul à Paris, je commençais à pressentir ce que pouvait devenir l'art, ce que devait être l'artiste, je fus alors comme écrasé par les impossibilités que je voyais surgir de toute part dans la voie que se traçait ma pensée. Ne trouvant d'ailleurs aucune parole sympathique, non seulement parmi les gens du monde, mais encore parmi les artistes, qui sommeillaient dans un commode indifférentisme, n'ayant nulle conscience de moi, du but que je devais me poser et des forces qui m'étaient départies, je me laissai déborder par un amer dégoût de l'art réduit, tel que je le voyais, à un métier plus ou moins lucratif, à un amusement à l'usage de la bonne compagnie, et que j'eusse voulu être tout au monde plutôt que musicien aux gages des grands seigneurs, patronisé et salarié par eux, à l'égal d'un jongleur ou du savant chien Munito[1]. »

1. *Lettres d'un bachelier ès musique*, n° 2 (janvier 1837). Cf. Le Castor Astral (1991), p. 24. C'est cette édition qui est toujours référencée dans ces pages, sous l'abréviation LBM.

Dégoûté du monde et de ses maudits doigts stupidement agiles, harassé de fatigue et encore incapable de secouer le joug qui l'enserrait, Franz trouva refuge, autant que le temps le lui permettait, à la paroisse Saint-Vincent-de-Paul, et réconfort auprès de son vicaire, l'abbé Jean-Baptiste Bardin, qui était aussi son directeur spirituel. Agenouillé à même la dalle glacée de la chapelle, Franz passa alors des heures devant le tabernacle à adorer, à creuser sans pitié sa conscience et à prier de toute son âme, afin que le bon vicaire, dont il fréquentait quasi quotidiennement le confessionnal, prît au sérieux la vocation qu'il disait se sentir pour la prêtrise, qu'évoquent les premières lignes du testament de 1860. En vain. Est-ce parce qu'il était amateur de musique et même violoniste à ses heures ? L'abbé Bardin n'entendra pas favorablement les demandes répétées de son protégé, le détournant d'une voie où il n'aura pas reconnu de vocation religieuse réelle – à moins qu'il n'ait été sensible aux inquiétudes que les projets sacerdotaux de Franz inspiraient à Anna Liszt. En évoquant plus tard *l'ancien penchant catholique de sa jeunesse*, Liszt ne le dira pas positivement, quoiqu'il mêlera bien le refus de son confesseur à celui de sa mère : « S'il n'avait été contrarié dans sa première ferveur par ma très bonne mère et mon confesseur, l'abbé Bardin, il m'eût conduit au séminaire en 1830 et plus tard à la prêtrise et l'abbé Bardin, assez amateur de musique, tint peut-être trop compte de ma petite célébrité précoce, en me conseillant de servir Dieu et l'Église dans ma profession d'artiste[1]. »

L'abbé Bardin fit-il bien ou mal ? Les musiciens et les mélomanes lui savent certes gré de n'avoir pas sacrifié le grand talent de Franz Liszt, quoique lui-même lui en tiendra toujours un peu rigueur. En bon directeur de conscience, l'abbé sut du moins agrémenter son refus d'un conseil avisé :

1. À Carolyne von Sayn-Wittgenstein, 18 juillet 1879.

celui d'unir ensemble la disposition religieuse et le don artistique, ce que Liszt cherchera toujours à faire, quoique différemment selon les époques de sa vie. Gageons que l'avis du confesseur fut plutôt éclairé, car les dons musicaux de Liszt étaient considérables, de ceux qui exigent un *dû* qui ne peut se laisser différer. Ce que l'abbé Bardin aura sans doute pensé, c'est qu'une vocation artistique contrariée risque toujours de mordre sur une vocation religieuse réalisée, tandis qu'une vocation religieuse contrecarrée aura tout au contraire tendance à embellir une vocation artistique. Le conseil était en tout cas meilleur que le strict jugement devant lequel Adam Liszt avait placé peu avant son fils, en opposant les deux *appels* qui partagèrent toujours Franz Liszt : « Tu appartiens à l'art, non à l'Église. » Car sa supplique, Franz l'avait déjà adressée à son père, qui lui avait opposé un refus.

En plein cœur des années de concerts et de tournées 1824-1827, Franz avait trouvé en effet dans les pieuses lectures que reflète le carnet bayreuthien évoqué plus haut, un miroir à une aspiration spirituelle qui remontait en vérité à son enfance. Outre les Écritures elles-mêmes, l'esprit fervent de l'adolescent s'éclaira durant ses années de pérégrinations d'enfant prodige à la lecture de textes incandescents, tout emplis d'un absolu d'humilité qui répondait à sa soif de lumière : les *Confessions* de saint Augustin, la *Vie des saints*, Bossuet ou la fameuse *Imitation de Jésus-Christ*, qui accompagna tant de cœurs sincèrement religieux et dont Liszt dira qu'elle avait illuminé sa vie intérieure. Ces lectures édifiantes étaient aussi celles d'Adam Liszt, qui avait connu lui-même, aux temps de sa jeunesse, les ardeurs spirituelles qui travaillaient son fils. Elles l'avaient même amené à vouloir entrer au couvent – ce que d'ailleurs il avait d'abord fait.

Né en 1776, Adam Liszt n'avait pas seulement rêvé en effet de devenir lui aussi un virtuose du piano, nouvel instrument pour lequel il semble avoir montré de sérieuses dispositions. Musicien de nature (également violoncelliste, on dit trouver son nom dans les registres de l'orchestre des Esterházy), il était entré comme novice en 1795 dans un monastère franciscain de la région de Presbourg (aujourd'hui Bratislava, Slovaquie), dont il était natif : il avait dix-huit ans. Malgré une propension mystique prononcée qu'il conserva, le jeune homme s'était montré peu apte à supporter les restrictions de la vie monastique, quittant l'ordre deux ans après y être entré. Adam vint toutefois par la suite à plusieurs reprises rendre visite à ses anciens frères franciscains, emmenant souvent avec lui son fils unique, qu'il baptisa *Franciscus* pour le placer au moins sous la protection du saint qu'il n'avait su suivre jusqu'au bout – sans se douter que cette protection allait jouer les trouble-fête entre Franz et lui-même.

Adam Liszt connaissait donc parfaitement la force inconcevable de l'appel religieux. La vit-il soudain comme un danger pour son fils, à la fois parce que ce sont des forces qui font peur aux pères, et aussi parce qu'il avait trop cultivé chez son fils le don musical qu'il avait dû sacrifier pour lui-même, pour ne pas supporter qu'un autre don, fût-il divin (et franciscain), le lui ravît une seconde fois dans sa progéniture ? On sait que père et fils en tout cas en débattirent, jusqu'à ce qu'Adam tranchât de la façon rapportée plus tard par Liszt : « Ta profession est la musique. L'amour d'une chose ne te garantit pas d'avoir un jour la capacité professionnelle. Tu es dans la musique. La véritable voie de l'artiste ne mène pas à celui de la religion. Aime Dieu, sois bon et droit, de manière à t'élever plus haut encore dans ton art. » Jusqu'à la sentence finale : « Tu appartiens à l'art, non à l'Église[1]. »

1. RAMANN, *Franz Liszt als Künstler und Mensch*, vol. I, p. 97.

Chapitre III

Deux appels, un chemin

Don artistique et vocation religieuse : ce sont là les termes d'un écartèlement dont Franz Liszt sentira toute sa vie le jeu pénible. « Il y a vraiment une malheureuse contradiction entre mes goûts, mes besoins, ma vocation naturelle et les obligations de ma carrière extérieure, les occasions et les entraînements presque inévitables de la renommée et de la position qui m'ont été faites. Cette contradiction, je la ressens avec affliction parfois, et d'ordinaire elle me cause une fatigue et je ne sais quelle pénible langueur [...][1]. » Cet aveu, fait en 1851, constitue une plainte qui, sous diverses formes, sourd régulièrement de la correspondance du musicien, dans les dernières décennies de son existence tout particulièrement, où elle va même grandissant. Elle a à voir avec le *mal secret* que Liszt avouera à maints détours de lettres (on le verra) à partir de ces années 1850, dont il y a lieu de penser qu'il ne l'aura jamais quitté. Il module amplement l'image de Grand du siècle qui constitue depuis toujours le portrait usuel du musicien, qui représente en vérité la face visible de l'homme. Liszt évoque d'ailleurs lui-même le « peu de conformité, voire

1. À Carolyne von Sayn-Wittgenstein, 26 janvier 1851.

même la choquante dissemblance de mon moi tel qu'il doit apparaître aux autres et le moi tel que je le ressens à certaines heures[1] ». On verra pour finir jusqu'auprès de quels gouffres les affres que dérobait ce *moi* caché conduiront le grand homme.

Que ces hantises ultérieures doivent être rattachées à l'arrachement de l'adolescent à sa vocation religieuse, c'est l'hypothèse qu'on peut soutenir. Se ressouvenant de ses jeunes années, Liszt fera un jour cet aveu, qui apporte ici une lumière préliminaire : « Dans mon adolescence, je me suis endormi souvent en espérant ne pas me réveiller ici-bas. » L'enfant pourtant, quoique fragile et maladif, s'était toujours montré enjoué et heureux, jouant du piano au sens strict et tout simple du verbe. « Je ne savais jouer aucune comédie – écrira-t-il en 1837, dans la deuxième *Lettre d'un bachelier ès musique* – et [...] je me laissais voir tel que j'étais, enfant enthousiaste, artiste sympathique, dévot austère, tout ce qu'on est en un mot à dix-huit ans, quand on aime Dieu et les hommes [...][2]. » La vocation religieuse aurait-elle à voir avec ce à quoi Liszt songeait en se remémorant ce désir de quitter ce monde dont on verra qu'il ne le ressentit pas seulement dans son adolescence ? « Vers ce temps, je fis une maladie de deux années, à la suite de laquelle mon impérieux besoin de foi et de dévouement, ne trouvant point d'autre issue, s'absorba dans les austères pratiques du catholicisme. Mon front brûlant s'inclina sur les dalles humides de Saint-Vincent-de-Paul ; je fis saigner mon cœur et je prosternai ma pensée. [...] Le renoncement à toute chose terrestre fut l'unique mobile, le seul mot de ma vie[3]. »

1. A Carolyne von Sayn-Wittgenstein, 22 janvier 1851.
2. LBM, p. 25-26.
3. *ib.*, p. 25.

La vocation est un appel ; l'étymologie le dit et tous ceux qui ont un jour perçu cet appel n'ont pas de doute à ce sujet, pas plus que sur son origine : tout s'enracine non pas sur terre, mais dans le Ciel. La relation est verticale et induit une aspiration vers le haut, un désir de quitter à jamais le bas – y compris par la mort. Non parce que la mort se situerait *hors* de la vie, tel le terrible *Anywhere out of the world* désiré par l'âme maladive de l'un des *Petits poèmes en prose* de Baudelaire ; mais parce que c'est à un surcroît de vie à quoi aspire l'appelé et que le passage par la mort est une étape de ce chemin-là – une voie que l'appelé contrarié rêve parfois d'anticiper, dans son désir de résoudre les brûlures que sa contrariété lui inflige. « Je meurs de ne pas mourir », ainsi que l'écrivit saint Jean de la Croix dans l'un de ses poèmes. Vivre hors du chemin de la réponse est en effet pour l'appelé une sorte de mort dont il aspire à s'échapper en remontant vers la source de l'appel, qui représente la vie.

De son enfance à ses dernières années, Liszt éprouva bien souvent ce désir d'arrachement de l'ici-bas, avec le revers *dépressif* que cause parfois son inassouvissement. À l'autre bout de sa vie, il écrira encore à Carolyne : « Si j'avais eu une autre éducation, et suivi une autre profession que celle d'un pianiste, à peu près compositeur – peut-être que Dieu m'aurait fait la grâce d'augmenter le nombre des bons prêtres. C'était mon instinct et mon aspiration à l'âge de quinze à dix-huit ans. Le chagrin de ma bonne mère et le conseil de mon confesseur d'alors, l'abbé Bardin, en ont décidé autrement. Mais tenez pour certain que les séductions du monde ont eu peu de prise sur moi – et que mes petits succès apparents m'ont plutôt enfoncé que détourné dans la voie solitaire, propre à mon âme. Là seulement je trouve ce que le monde entier ne peut donner [...][1]. »

1. 30 janvier 1873.

Ce que *le monde entier* ne pouvait donner à Liszt, lui qui en connut toutes les douceurs et les avantages, c'est justement ce bien promis par la vocation, que peut seul octroyer Celui qui en a fait la promesse. « Dieu, infiniment Parfait et Bienheureux en Lui-même, dans un dessein de pure bonté, a librement créé l'homme pour le faire participer à sa vie bienheureuse. C'est pourquoi, de tout temps et en tout lieu, Il se fait proche de l'homme. Il l'appelle, l'aide à Le chercher, à Le connaître et à L'aimer de toutes ses forces » : ainsi s'ouvre l'enseignement actuel de l'Église, qui ne diffère pas sur ce point de ce qu'il a toujours été. Il éclaire plus loin la situation de l'Homme face à l'appel divin, décrite comme *la sublimité de sa vocation* : « Dotée d'une âme spirituelle, d'intelligence et de volonté, la personne humaine est dès sa conception ordonnée à Dieu et destinée à la béatitude éternelle[1]. »

Béatitude : le mot ne résonne plus guère dans notre monde. Il ramène pourtant à une signification si l'on peut dire toute simple, en tout cas éternelle, qu'exprime un mot dont notre même monde fait en revanche un usage constant : *bonheur.*

C'est là le sens usuel du mot latin *beatitudo* – et le bonheur constitue bien en effet l'aspiration la plus naturelle et la plus universelle qui soit. La béatitude correspond pourtant à un stade particulier du bonheur. Le bonheur qu'il nous arrive de connaître est à la fois passager et pluriel : il peut être matériel ou non, superficiel ou profond, trivial ou noble comme l'est celui d'aimer et d'être aimé ; mais il se réduit toujours à des satisfactions démultipliées et passagères

1. *Catéchisme de l'Église catholique* (MAME/Plon, 1992), § 1 (p. 11) et § 1711 (p. 367).

qui n'assouvissent qu'un instant une soif bien plus forte et plus grande. Le bonheur *véritable*, celui qui seul pourrait étancher notre soif, nous apparaît inaccessible ; on peut même dire qu'il nous est inconnu : c'est ce bonheur en plénitude, cette félicité totale, permanente, que désigne le mot *béatitude*. Il suppose aussi la participation active de celui qui le recherche. Liszt en avait bien conscience, qui écrira en 1855 : « Le bonheur stable n'est possible que par le renoncement le plus entier et le plus absolu – tel que les saints l'ont pratiqué[1]. » Ce bonheur-là correspond à l'aspiration que tout cœur trouve en lui-même, quelque mal que nous ayons à avoir véritablement conscience de cette orientation foncière. Liszt y voyait le signe suffisant de la présence de Dieu, ainsi qu'il l'exprime dans une lettre à la princesse Wittgenstein : « S'il était constaté que toutes les preuves métaphysiques à l'appui de l'existence de Dieu sont réduites à néant par les arguments de la philosophie, il en resterait toujours une absolument invincible : l'affirmation de Dieu par nos gémissements, le besoin que nous avons de Lui, l'aspiration de nos âmes vers Son amour. Cela me suffit, et je n'en demande pas plus long pour rester croyant jusqu'au dernier souffle de ma vie[2]. »

L'aspiration à Son amour : on ne peut mieux dire, car c'est vers quoi nous tendons en cherchant un bonheur que nous ne pouvons que très partiellement connaître et contenter. *L'aspiration à Son amour* : c'est le désir de ce bonheur-là que notre Créateur a placé dans nos cœurs. On verra plus loin quelle signification particulière peut avoir le mot *Amour*, lorsqu'il s'agit de l'amour de Dieu et de l'amour en Dieu, auquel le sentiment usuel (pas si usuel d'ailleurs) que nous connaissons et que nous désignons du même mot n'a qu'en

1. À Agnès Street-Klindworth, 14 juin 1855.
2. 2 août 1855.

partie à voir, mais a à voir tout de même. Liszt, qui avait décidément comme autre grâce de n'avoir pas eu besoin d'étudier pour savoir dire les choses, l'exprime joliment dans une lettre à Marie d'Agoult : « L'amour n'est pas la justice, l'amour n'est pas le devoir ; il n'est pas le plaisir non plus, et pourtant il contient mystérieusement toutes ces choses. Il y a mille manières de le ressentir, mille modes pour le pratiquer, mais pour ceux dont l'âme a soif d'absolu et d'infini, il est un, éternellement un, sans commencement ni fin. S'il se manifeste quelque part sur terre, c'est surtout dans cette haute confiance l'un dans l'autre, dans cette invincible conviction de notre nature angélique, inaccessible à toute souillure, impénétrable à tout ce qui n'est pas lui[1]. »

L'orientation naturelle à l'amour et au bonheur – à la *béatitude* – constitue donc la réponse de l'homme au *vocare* divin – et la *sublimité de notre vocation.* Et c'est la possession de ce bonheur qui unit les saints, qui ne sont pas pour rien *béatifiés*, c'est-à-dire reconnus comme emplis de félicité pour être dans la lumière éternelle. La vocation est donc finalement la perception d'un appel plus précis encore : celui de la *sainteté* (« La volonté de Dieu, c'est que vous viviez dans la sainteté », 1 Th 4, 3) – cet état auquel nous sommes en effet appelés, qui est déjà une partie de notre nature, mais que chacun doit réaliser pleinement, en laissant agir la grâce divine et en suivant son chemin propre. Ce n'est pas en effet par le même chemin ni dans la même fonction que tous nous sommes appelés. Et c'est la tâche des ministres d'aider chacun non seulement à entendre

1. 20 juin 1840.

l'appel, mais à discerner son exacte nature et la voie particulière par laquelle on doit y répondre.

L'Église, qui professe l'universalité de la vocation à la sainteté, se montre ici particulièrement attentive et prudente, offrant à chacun l'assistance lui permettant de discerner son appel propre – qui ne passe pas seulement par l'entrée dans les ordres. Mais c'était une double vocation que le jeune Liszt, à qui rien ne semblait alors « aussi naturel que le Ciel, aussi vrai et doux que la bonté et la miséricorde de Dieu[1] », sentait se battre et claironner en lui : religieuse d'un côté, artistique de l'autre. C'étaient là deux appels qui lui parurent contradictoires, et que son confesseur de l'époque, le bon abbé Bardin, comme tout directeur de conscience, eut à cœur de démêler. Il aura mis toute son expérience, n'en doutons pas, pour débrouiller la voie selon laquelle ce jeune pénitent trop bien doué devait réaliser une vocation qui par ailleurs ne faisait pas de doute.

« "Jésus-Christ crucifié", "la folie et l'exaltation de la Croix", c'était là ma véritable vocation » : ces mots par lesquels s'ouvre le testament de 1860, Liszt ne les a certes pas écrits pour rien. Ils correspondent à un sentiment chez lui trop permanent pour ne pas exprimer un regret véritable, d'ailleurs incessamment exprimé – celui d'une aspiration refoulée. L'abbé Bardin ne l'aura à coup sûr pas ignoré : gageons qu'il lui parut seulement que la vocation de son jeune protégé à *servir* devait être réalisée autrement que dans l'Église. En lui conseillant de renoncer « aux sublimes vertus du sacerdoce » pour « servir Dieu et l'Église dans [s]a profession d'artiste », l'abbé ne fit que résumer le véritable ordre de la vocation lisztienne : il avait *vu* que des deux vocations de ce jeune cœur si intense et si pur, l'artistique correspondait à son don propre. L'énormité du talent du jeune musi-

1. À Anna Liszt, 2 décembre 1862. Cf. p. 133.

cien était comme un nez au milieu de la figure et l'abbé savait à coup sûr quel ogre est une vocation aussi puissante, et de quelle vengeance terrible elle se chaufferait, dès lors qu'on l'empêcherait de s'exprimer. Quoi que Franz en pût dire et penser par la suite, le don artistique chez lui était trop fort pour ne pas réclamer un dû *total* – de ceux qui exigent le sacrifice de tous les autres dons. En vérité, la priorité avait été établie non par l'abbé, mais par l'évidence de ce talent considérable dont Liszt était déjà tout empli et dont les fruits à venir réclamaient par anticipation l'épanouissement. Ce qu'il reconnaîtra d'ailleurs tacitement quelques années plus tard, dans cet autre passage de la deuxième *Lettre d'un bachelier ès musique* : « Triste et grande destinée que celle de l'artiste ! Il naît marqué d'un sceau de prédestination. Il ne choisit point sa vocation ; sa vocation s'empare de lui et l'entraîne[1]. »

Contrairement à ce qu'il écrira par la suite et qu'il semble n'avoir plus cessé de penser (« L'abbé Bardin, assez amateur de musique, tint peut-être trop compte de ma petite célébrité précoce »), ce n'est assurément pas par penchant mondain que le vicaire de Saint-Vincent-de-Paul confirma l'injonction qu'Adam Liszt avait faite sur son lit de mort à son fils (« Tu appartiens à l'art, non à l'Église »). En lui préconisant toutefois dans le même temps de *servir Dieu et l'Église dans sa profession d'artiste*, l'abbé lui indiqua une direction à la fois raisonnable et éclairée : bon an mal an, Liszt en fera sa perspective. Dans un siècle où les lumières du *star system* occultaient déjà celle de l'Évangile, Franz Liszt, qui succomba à maints égards aux gratifications des premières, n'oublia pas pour autant la présence sanctifiante du tabernacle : contre vents et marées, elle ne cessa de lui fournir un orient qu'il perdit souvent, mais sous lequel il

1. LBM, p. 31.

chercha sans cesse à se replacer. Ce fut là le socle de son cheminement d'homme et c'est aussi ce que dit sa musique. En 1868, il écrira ainsi : « Il me semble que je suis resté tout enfant devant Dieu, tellement le mauvais amas des impressions étrangères et contraires à ma véritable nature s'efface. Comme l'empereur Héraclès, je me dépouille du pesant clinquant de mon costume pour replacer la croix en son lieu » – ajoutant : « Je sais que je ne suis qu'un pauvre histrion et crois avec Shakespeare qu'en général, *Man is a poor player*[1]. »

Un fil qui court sur toute une vie ne peut être ni droit ni uniforme ni continu. Et en effet, du *Grand Galop chromatique* de 1838 à *La Lugubre gondola* (1885), le chemin musical de Franz Liszt s'incline considérablement. Qu'il parte des débordements extériorisés de la jeunesse pour aboutir aux lourdes pensées intérieures du vieil homme, rien de plus naturel. Mais entre ces deux points, si la route n'a rien de rectiligne, elle n'en suit pas moins un Idéal qui fait l'unité de l'œuvre de Liszt, une intention d'élévation qui mérite aux mots leur majuscule : elle se rattache à l'injonction première de l'abbé Bardin *de servir Dieu et l'Église par la musique.*

Le jeune Liszt exprima avec exaltation ses vues artistiques dans deux séries d'articles parues dans la *Gazette musicale de Paris*, la première traitant *De la situation des artistes et de leur condition dans la société*, publiées en cinq livraisons en 1835, la seconde constituant les fameuses *Lettres d'un bachelier ès musique*, parues de décembre 1835 à septembre 1841[2]. Ces

1. À Carolyne von Sayn-Wittgenstein, 14 septembre 1868.

2. Les deux séries ont été réunies par Rémy Stricker, avec quelques autres textes, dans *Franz Liszt : Artiste et société* (Flammarion, 1995).

écrits des premiers temps développent une conception altière de l'art et de sa mission qui attribue à l'artiste un statut qui le rapproche du prophète ou du prêtre. Liszt, qui parle notamment d'une « prédestination sacrée qui marque [l'artiste] à sa naissance », écrit ainsi : « Le génie n'est-il pas identique à la puissance sacerdotale qui révèle Dieu à l'âme humaine ? » Et : « Tout est transitoire excepté la Parole de Dieu, qui est éternelle – et la Parole de Dieu se révèle dans les créations du Génie[1]. » C'est en ce sens aussi qu'il adopta alors la fameuse devise « Génie oblige ! », qui résume le *credo* artistique de la première moitié de son existence : le génie, qui doit ses dons non à son mérite propre mais à une grâce particulière, a mission de les faire fructifier pour les autres, selon un dévouement qui lui interdit aussi d'en recevoir une trop grande rétribution.

Liszt adhéra jusqu'au bout à cette dimension altruiste du don artistique, qui s'exprima dans la fameuse générosité dont il fit toujours preuve, à l'égard des autres compositeurs comme à celui de ses nombreux élèves, mais aussi par les concerts de charité qu'il donna pour diverses causes. Il pondéra en revanche, au fur et à mesure de son retour à Dieu, l'entremêlement tendancieux du Beau artistique et des Vérités de la foi qui sous-tend ses premiers écrits, qui reflète naturellement le culte romantique du génie artistique, mais résulte aussi du dégoût qu'avait fini par lui inspirer le rôle d'amuseur public qu'on lui avait fait tenir au temps de son enfance. Le retour vers la foi et à la pratique de la foi lui fit en effet peu à peu considérer avec réserve la dérive idolâtre et autocélébratoire que la vision sublime de l'art portait en elle-même, qu'il observa notamment chez Wagner, et qui donna tant d'exemples bien après lui, jusqu'à Mahler et Schönberg, voire jusqu'aux modernes d'après guerre (Boulez, Stockhausen,

1. Cf. WALKER I, p. 869 et 1031.

Nono). Si Liszt garda toujours à l'égard de l'art quelque chose de sa conception idéale initiale, il sut aussi le remettre peu à peu à sa juste place, reconnaissant d'un côté la valeur et la légitimité suffisante de l'expression personnelle (« La musique n'est certes pas un art *d'agrément* pour moi – mais elle comble un vide, qui sans elle reste béant dans l'âme[1] ») et recentrant par ailleurs la mission de l'artiste dans l'ordre du *service*, dans le rapport de l'art au religieux tout particulièrement. C'est ce qu'il tâcha de faire en cherchant dès l'époque de son action de *Kapellmeister* à Weimar (1848-1861), et après plus encore (on va le voir), à mettre son talent musical au service de la liturgie, selon l'ancien conseil de l'abbé Bardin. À un vieil ami de sa jeunesse parisienne, Joseph d'Ortigue, il écrira ainsi en 1862 : « D'après mon opinion, l'art n'a qu'une vraie raison d'être dans l'Église, s'il fond en soi la prière dans sa parfaite humilité, piété et sa ferveur ardente et s'il l'illumine et la glorifie[2]. »

La haute conception que le Liszt des premières décennies se faisait de la mission singulière du génie ne se réduisait pas en tout état de cause à une vision idéale indolore. Elle avait au contraire à voir avec une condition vécue et à maints égards pénible et difficile : celle d'une destinée tout entière induite par le don singulier qu'elle a reçu, qui met l'artiste de côté et l'oblige à poursuivre son chemin, sans s'inquiéter des souffrances qu'il lui coûte et sans non plus se laisser dévoyer par les gloires qu'il peut aussi lui rapporter. « Il faut qu'il chante et qu'il passe, qu'il traverse la foule en lui jetant sa pensée, sans s'inquiéter où elle va tomber, sans écouter de quelles clameurs on l'étouffe, sans regarder de quels lauriers dérisoires on la couvre[3]. » C'est

1. À Agnès Street-Klindworth, 31 mars 1858.

2. 28 novembre 1862.

3. LBM, p. 31 (Lettre n° 2, 30 avril 1837).

là qu'il faut relier l'intention à la vie vécue : car, de l'échec ou du succès, ce n'est pas le premier qui s'avéra le plus *dangereux* pour Liszt, mais le second.

De fait, l'écartèlement entre la vocation religieuse et la vocation artistique fut d'autant plus ardu pour Liszt que les dons hors norme dont il était doté lui rendirent le chemin particulièrement doux et profitable : en lieu et place du chemin de Croix auquel l'avait appelé « le penchant catholique de [s]a jeunesse », il lui fallut emprunter celui de la gloire du monde, qui apporte toutes les douceurs d'orgueil dont meurt une âme : puissance, vanités, flatteries, plaisirs et biens matériels et immatériels en tout genre. Lui qui avait rêvé de la gloire mystique de l'anonymat vantée par *L'Imitation de Jésus-Christ* (« Aime à être méprisé et ignoré dans le siècle ») suivit un chemin qui l'amena à compter parmi les plus grandes célébrités de son temps et à connaître un à un tous les contentements de cette position. Chemin irrésistible, comme le sont tous les chemins du Tentateur. Pour avoir suivi le conseil de l'abbé Bardin, *de servir Dieu et l'Église dans sa profession d'artiste*, Liszt emprunta ainsi à vingt ans la seule voie à laquelle il était à coup sûr voué ; il est certain aussi qu'en se substituant aux « sublimes vertus du sacerdoce » auxquelles il lui fallut renoncer, les succès mondains dont le couvrit son immense talent le chargèrent d'un pesant de péchés qu'expriment les remords lancinants qu'il ne cessera plus d'exprimer au fil des ans. Que ce chemin de roses fût la Croix paradoxale que Franz Liszt était destiné à porter, c'est bien sûr ce qu'il ne put pas envisager avant longtemps. Il en aura peu à peu la lumière, qu'il exprima d'abord dans une dévotion retrouvée à la Croix, puis dans un attachement à la figure singulière du Bon Larron – ainsi qu'on le verra en bout d'enquête.

Chapitre IV

La folie de la Croix

La folie de la Croix : c'est l'expression que Liszt utilise dans le testament de 1860, on l'a vu, pour énoncer ce qu'il désigne comme sa *véritable vocation*, plus de trente ans après les tentations religieuses de l'adolescence : « Oui, "Jésus-Christ crucifié", "la folie et l'exaltation de la Croix", c'était là ma véritable vocation… » *La folie de la Croix* : l'expression n'est pas de Liszt mais de saint Paul, à qui il l'emprunte, ce qui explique les guillemets.

Centre de la foi chrétienne dont elle est l'emblème depuis l'origine, la croix est aussi ce qui sépare les fidèles du Christ de ceux des autres religions, et naturellement aussi des agnostiques. Ni les uns ni les autres ne comprennent ce qu'elle est, voyant dans la vénération de l'instrument de la passion du Christ une fascination morbide pour la souffrance et la mort. La croix est aussi en cela le lieu d'un malentendu perpétuel qui vaut d'être dissipé – y compris pour suivre et comprendre Franz Liszt qui, lui, savait ce qu'elle est et lui resta fidèle.

Nulle part dans l'Évangile, Jésus ne vante la souffrance ni la mort. Dans ses propos comme dans ses gestes, mort et souffrance apparaissent bien plutôt comme appartenant au domaine du mal : Jésus, qui si souvent agit en médecin et en exorciste, libérant les corps et les âmes de leurs maux respectifs, a lutté partout contre l'emprise de la souffrance et de la mort. Ses actes le disent sans détour : la souffrance en elle-même ne contribue pas au salut, elle n'en constitue pas le chemin. Ce n'est donc pas la souffrance qui oriente la foi chrétienne, ce dont témoigne l'action en faveur des démunis, des pauvres et des malades, qui se fond avec l'histoire du christianisme, au point d'en être l'un des visages. S'il en avait été autrement, le christianisme n'aurait d'ailleurs pas trouvé l'écho qu'il a trouvé : les hommes peuvent bien nourrir d'obscurs penchants ; ils ne veulent pas souffrir et fuient ceux qui se complaisent dans la souffrance, car eux aussi voient la souffrance comme un mal – et ils ont raison. Ce que désigne la Croix est donc tout autre chose qu'une exaltation de la souffrance, quoique dans le même temps elle exalte une certaine souffrance. Ce qu'est exactement cette souffrance, l'un des propos de Jésus rapportés par l'Évangile nous aide à le comprendre : on le trouve dans Matthieu, dans Luc et dans Marc (8, 31-35), que je choisis.

À l'issue d'un dialogue avec ses disciples, Jésus dit « pour la première fois » ce qui par lui doit finalement s'opérer, que les apôtres ne vont naturellement pas comprendre immédiatement : « Et pour la première fois il leur enseigna qu'il fallait que le Fils de l'homme souffre beaucoup, qu'il soit rejeté par les anciens, les chefs des prêtres et les scribes, qu'il soit tué, et que, trois jours après, il ressuscite. Jésus disait cela ouvertement. » La phrase suivante exprime en quelques mots ce que les disciples ont pu penser de ce programme inattendu : « Pierre, le prenant à part, se mit à lui faire de vifs reproches. » L'Évangile ne précise pas la nature des reproches que l'apôtre adressa à son maître, mais il est aisé de l'imaginer : pour Pierre comme pour tous les disciples et tous les hommes (nous avec), le Messie ne peut être que glorieux et victorieux ; il ne peut en aucune façon être martyrisé et mis à mort par des hommes. Ce que Pierre, comme tous les disciples, attend de Jésus, c'est ce que tout croyant, quelle que soit sa religion, attend de l'envoyé du Dieu en qui il met son espérance : qu'il assoie son règne dans la puissance ; qu'il anéantisse les méchants (les autres) et récompense les bons (dont soi-même...). La réplique de Jésus oppose un démenti cinglant ; elle est aussi d'une grande dureté, puisque le chef de l'Église à venir est ici assimilé à l'Adversaire : « Mais Jésus se retourna et, voyant ses disciples, il interpella vivement Pierre : "Passe derrière moi, Satan ! Tes pensées ne sont pas celles de Dieu, mais celles des hommes." » La réprimande est sévère ; mais elle met à la lumière ce à quoi elle s'oppose et qu'elle dénonce : l'attente d'un Dieu vainqueur, qui intervienne dans toute sa prodigieuse puissance pour imposer la Vérité et la Justice. Le « passe derrière moi, Satan » dit que c'est là une attente qui appartient au mal et non au bien. Et les versets qui suivent indiquent aussitôt à quoi correspond ce bien que Jésus a voulu éclairer en annonçant sa Passion : « Appelant la foule avec ses disciples, il leur dit : "Si quelqu'un veut marcher derrière moi, qu'il renonce à lui-même, qu'il prenne sa croix, et qu'il me suive. Car celui qui veut sauver sa vie la perdra ; mais celui qui perdra sa vie pour moi et pour l'Évangile la sauvera." »

« Celui qui perdra sa vie pour moi et pour l'Évangile » : c'est *cette souffrance-là* que le Christ désigne comme rédemptrice, et celle-là seule ; celle que Jésus lui-même accepta de souffrir par sa Passion, dont il a voulu prévenir ses disciples dans le court extrait qu'on a lu, et qu'il nous convie à ne pas refuser nous-mêmes, car c'est le chemin qui mène à Dieu. La Croix où le Fils se laissa crucifier nous dévoile que le Père est Celui dont le règne s'impose – dans nos cœurs comme dans le monde – non par la force, mais par ce que nous considérons comme faiblesse. Par la Croix où Il a souffert en Jésus, Dieu nous engage à renoncer à la seule chose que nous craignons et respectons vraiment, que nous requérons si aisément et qui nous fascine tant : la force – qui n'est que l'expression de notre violence. Ce que nous dit le supplice de la Croix, que le Christ a accepté pour cela de subir de mains d'hommes, c'est que la force n'a rien à voir avec la puissance de Dieu, mais qu'elle est la manifestation d'un désir archaïque et obscur qui appartient au mal : celui de la domination par la violence. La puissance de Dieu, qui est la Vérité ultime pour laquelle nous sommes faits et à laquelle nous sommes destinés, montre son vrai visage non dans l'imposition que nous attendons, mais dans la docilité de Jésus crucifié, qui est aux yeux des hommes le comble de la faiblesse. Une faiblesse qui a pourtant eu définitivement raison de la force au Golgotha. En dénonçant par son corps meurtri le culte secret que nous vouons à la violence, ce Dieu cloué au bois, qui a imposé son règne par le refus de la force, nous engage à considérer l'obscure fascination que nous nourrissons pour la violence et à y *renoncer*, afin de reconnaître la force véritable dans ce que nous dénommons faiblesse – qui est l'autre nom de l'amour. C'est là le sens véritable de la Croix, qui dénonce la perversion de nos cœurs pour rétablir l'amour qui y demeure gravé sous l'immensité de nos péchés. C'est la raison pour laquelle les chrétiens vénèrent la Croix, car ils voient en elle l'invitation à la conversion, ce renversement qui ouvre à l'œuvre réparatrice de l'Amour et du Pardon, qui est le chemin du Salut.

Dans ses lettres, l'apôtre Paul explicite à merveille ce renversement auquel la Croix nous engage, qui est à la base de la Révélation chrétienne et constitue le seuil de la conversion. À plusieurs reprises, Paul souligne l'aberration que représente *a priori* pour tout homme la vénération de la souffrance endurée par Jésus. Au début de la première Lettre aux Corinthiens (1, 18-25), l'apôtre utilise en ce sens le mot *folie*, pour opposer la sagesse des hommes (qui était en son temps celle de la philosophie grecque) à la sagesse qui vient de Dieu, la seule vraie *sophia*. Une opposition que l'Ancien Testament avait déjà énoncée, mais en vain, et que le supplice de la crucifixion imposé à Jésus est venu en quelque sorte exposer aux regards du monde, et pour toujours : « Car le langage de la croix est folie pour ceux qui vont vers leur perte, mais pour ceux qui vont vers leur salut, pour nous, il est puissance de Dieu. L'Écriture dit en effet : La sagesse des sages, je la mènerai à sa perte, et je rejetterai l'intelligence des intelligents. Que reste-t-il donc des sages ? Que reste-t-il des scribes ou des raisonneurs d'ici-bas ? La sagesse du monde, Dieu ne l'a-t-il pas rendue folle ? Puisque le monde, avec toute sa sagesse, n'a pas su reconnaître Dieu à travers les œuvres de la sagesse de Dieu, il a plu à Dieu de sauver les croyants par cette folie qu'est la proclamation de l'Évangile. Alors que les Juifs réclament les signes du Messie et que le monde grec recherche une sagesse, nous, nous proclamons un Messie crucifié, scandale pour les Juifs, folie pour les peuples païens. Mais pour ceux que Dieu appelle, qu'ils soient Juifs ou Grecs, ce Messie est puissance de Dieu et sagesse de Dieu. Car la folie de Dieu est plus sage que l'homme, et la faiblesse de Dieu est plus forte que l'homme. »

La souffrance dont Jésus avait prévenu ses disciples bien avant sa Passion, les engageant dès ce moment à ne pas l'écarter (« Si quelqu'un veut marcher derrière moi, qu'il renonce à lui-même, qu'il prenne sa croix, et qu'il me suive »), ce n'est donc pas n'importe quelle souffrance : c'est celle-là seule de la Croix. Une souffrance endurée pour la conversion de nos cœurs, c'est-à-dire pour recevoir et partager cette Sagesse de Dieu qui défie notre entendement, car elle nous appelle à ce à quoi la partie superficielle de notre être s'oppose radicalement, mais à quoi sa partie profonde aspire dans le même temps ardemment, et dont nous sommes capables : le sacrifice de nous-mêmes pour le don à Dieu et aux autres, qui est le chemin véritable du croyant et correspond à la propension foncière de nos cœurs. C'est ainsi que Jésus proclame encore dans les Béatitudes : « Heureux serez-vous si l'on vous insulte, si l'on vous persécute et si l'on dit faussement toute sorte de mal contre vous, à cause de moi » (Mt 5, 11). C'est cette souffrance de la Croix qu'à la suite du Christ, la foi chrétienne n'a cessé d'encourager les fidèles à endurer, non par masochisme, mais afin de convertir les cœurs à la seule puissance qui soit : celle de l'amour total où le Père nous veut, placardé dans le don de son Fils crucifié, *scandale* pour tous les croyants qui ne sont pas chrétiens, et *folie* pour ceux qui n'ont que la raison humaine pour guide et inspiratrice.

Ce n'est pas toute croix qu'il s'agit donc d'aimer, mais celles faites du bois auquel Jésus a été crucifié, car ce bois de torture et de mort signe l'extrémité jusqu'à laquelle est allé l'amour dont Dieu nous aime, afin de proclamer une double espérance à qui Le suivra jusque-là : l'effacement de la tache du péché et l'assurance de la Vie éternelle. D'instrument de supplice, la Croix est devenue ainsi le lieu de la révélation de l'amour infini de Dieu et le chemin du Salut ; le point de départ de la *conversion* qui nous est demandée, dont l'apôtre Paul fit l'expérience sur le chemin de Damas : un retournement spirituel capable de nous faire embrasser tout ce que nous sommes portés à mépriser et de nous faire mépriser tout ce que nous sommes portés à admirer et désirer – capable de nous faire aimer les « croix » dont est nécessairement semé ce chemin si contraire à nos mouvements premiers, mais qui correspond au fond lumineux de nos cœurs.

C'est à cette Croix salvatrice que Liszt s'en remettait – « cet ardent et mystérieux sentiment qui a transpercé comme d'un stigmate [s]a vie entière ». À une dame selon son cœur dont il sera question plus loin (Agnès Street-Klindworth), il écrira ainsi : « Ne nous laissons pas arrêter par [...] le déplorable change qu'on peut prendre sur tout ce qui s'appelle vérité en ce monde, et collons indissolublement notre âme au Verbe, jusque sur la croix, pour nous allaiter dans les larmes et le sang de rédemption et d'immortalité[1] » – « Respirons l'éternité au pied de la Croix de N. Seigneur et Sauveur Jésus-Christ ! » écrira-t-il plus de vingt ans plus tard encore, cette fois-ci à la princesse Wittgenstein[2].

Cet attachement à la Croix, le musicien l'a exprimé dans plusieurs de ses œuvres, y compris dans certains titres de sa production non religieuse. Il est à lui seul le thème du poème symphonique *La Bataille des Huns*, que Liszt composa à Weimar en 1856-1857, d'après un tableau de son « excellent ami » Wilhelm von Kaulbach, qui fit aussi durant cette période deux célèbres portraits du musicien. À l'instar du tableau de Kaulbach, le poème symphonique de Liszt illustre le terrible combat qui opposa en 451 les hordes païennes conduites par Attila aux armées chrétiennes, finalement victorieuses, menées par Théodoric. Dans la préface qu'il écrivit pour sa partition, Liszt décrit

1. 23 mai 1857.
2. 3 juillet 1880.

ainsi le tableau de son ami : « Kaulbach vit en cette lutte suprême de Théodoric contre Attila, deux principes s'entrechoquer : la barbarie et la civilisation, le passé et l'avenir de l'humanité. Aussi, en mettant en présence ses deux héros, il éclaira l'un d'une lueur verdâtre, livide, cadavéreuse, comme un fait malfaisant, malgré la hauteur, l'audace, la puissance de volonté spontanée qui éclate dans toute sa personne ; il enveloppa l'autre, plus concentré dans son attitude, plus calme, plus faible aussi comme individu [...] d'une lumière solaire, féconde, bienfaisante et envahissante, qui émane de la Croix dont il est précédé, comme d'un drapeau vainqueur. » Pour illustrer en musique cet affrontement des « hordes païennes » et « des peuples chrétiens », Liszt a basé sa partition sur l'opposition de deux motifs musicaux contrastés, l'un, dynamique et véhément, représentant la force physique des premiers, l'autre la force spirituelle des seconds. Pour ce dernier motif, il eut l'idée de recourir aux premières notes de l'hymne grégorienne *Crux fidelis*, écrite au VIe siècle par saint Venance Fortunat, « en l'honneur de la Sainte-Croix » :

> Croix, signe de foi, entre tous, arbre d'unique noblesse,
> Nulle forêt n'a ton pareil, en branchages, fleurs et fruits !
> Bois et clous très doux, vous portez un doux fardeau[1] !

« Le peintre – poursuit Liszt – crut voir surgir ses personnages dans les brumes d'un soir d'été ; le musicien crut entendre, au sein de la mêlée sanglante, s'élever en un chœur formidable les cris des assaillants, le choc des armes, les rugissements des blessés, les imprécations des vaincus, les gémissements des mourants pendant qu'il saisissait, venant d'un vague lointain, les accents d'une prière, d'un chant

1. *Crux fidelis, inter omnes arbor una nobilis, / nulla talem silva profert flore, fronde, germine, / dulce lignum dulce clavo dulce pondus sustinens.*

sacré, montant au ciel du fond des cloîtres, dont il emplissait seul le silence. Plus le tumulte de la bataille devenait assourdissant, plus ce chant grandissait en force et en puissance. Les deux thèmes, se rapprochant toujours, finirent par se toucher, s'étreindre, lutter corps à corps, comme deux géants, jusqu'à ce que celui qui s'identifie avec le vrai divin, la charité universelle, le progrès dans l'humanité, l'espérance transmondaine, fût victorieux et répandit sur toutes choses son jour radieux, transfigurant, éternel. » À l'épouse du peintre qui l'avait inspiré, Liszt souligna toutefois que son œuvre accordait plus de place que celle de Kaulbach à la « lumière solaire du christianisme », parce qu'il « ne voulait pas y renoncer aussi bien comme catholique que comme musicien ».

Les trois notes de l'incipit du *Crux fidelis*, que Liszt utilisa dans *La Bataille des Huns* pour symboliser la Croix, se retrouvent dans plusieurs de ses œuvres. On entend par exemple ce court motif dans le thème *Grandioso* de la *Sonate en si mineur* (mes. 105). On le retrouve plus sûrement dans plusieurs œuvres datant de ce tournant des années 1850-1860 : la *Dante-Symphonie*, la *Messe de Gran*, l'oratorio *La Légende de sainte Élisabeth*, et dans une composition où il a une place toute trouvée : l'austère et belle *Via crucis*, que Liszt composa en 1878-1879 – chef-d'œuvre de la dernière période et l'une de ses partitions assurément les plus impressionnantes.

Désigné par Liszt lui-même comme « symbole sonore de la Croix », l'incipit de l'hymne *Crux fidelis* montre un dessin d'une simplicité extrême qui le rend à la fois aisément repérable et capable de toutes les métamorphoses : il consiste en l'enchaînement d'une seconde majeure et d'une tierce mineure. « On remarque que l'intonation est très souvent employée dans le chant grégorien, Liszt écrit-il dans la préface à sa *Légende de sainte Élisabeth*. Par exemple dans le *Magnificat* et l'Hymne *Crux fidelis*, etc. Le compositeur de cette œuvre a plusieurs fois utilisé cette séquence sonore comme symbole sonore de la Croix. » Ces « trois notes trouvées à Rome », ainsi que Liszt l'écrit, imprègnent tout le tissu de sa *Via Crucis*. C'est naturellement par elles que la partition commence (à l'orgue, puis au chœur). Elles résonnent à plusieurs reprises encore, jusqu'à la douzième station (« Jésus meurt sur la Croix »), où le motif est énoncé à l'orgue seul, en écho aux dernières paroles du Christ (« *In manus tuas, commendo spiritum meum* »[1]). Ce sont encore par ces trois simples notes que l'œuvre se referme, après un ultime *« Ave Crux ! »*.

Liszt, qui rêvait que sa *Via crucis* puisse être donnée un jour lors du chemin de Croix du Vendredi saint traditionnellement organisé à Rome au Colisée, « en ce lieu dont le sol est abreuvé du sang des martyrs » où il suivit lui-même parfois la procession, n'entendit jamais son œuvre qu'intérieurement : elle fut donnée près de quarante années après sa mort, le Vendredi saint de 1929, à Budapest. Il avait achevé l'avant-propos de sa partition par ces mots : « Je serais heureux qu'un jour on y puisse entendre ces accents, qui ne rendent que trop faiblement l'émotion dont j'étais pénétré, lorsque plus d'une fois j'ai répété, agenouillé avec la procession pieuse : *O ! Crux Ave ! Spes unica*[2] *!* »

« Salut, Ô Croix ! Notre seule espérance ! » : ce salut ne traverse pas en vain la *Via Crucis* et tant d'autres œuvres du

1. « Entre tes mains je remets mon esprit » (Lc 23, 46). Pour plus de renseignements sur la *Via crucis*, voir le très beau texte de Philippe Charru cité en bibliographie.

2. Avant-propos de la partition.

musicien. Il exprime ce « stigmate sacré » dont Liszt parle dans son testament, qui « transperça sa vie entière ». Ce qu'on découvrira encore confirme que la vénération de la Croix constitua en effet la part essentielle de sa dévotion intime : à quiconque se reconnaissant infidèle à la vocation à la sainteté à laquelle nous sommes tous appelés, la Croix dressée au bout du chemin demeure l'unique espérance sur quoi chacun peut finalement compter. C'est ce que Liszt savait, qui ne constituait plus pour lui depuis longtemps une surprise lorsqu'il composa son beau *Chemin de Croix*, auréolant au contraire ses tourments intérieurs de la lumière dont bénéficie toujours celui qui *ose* cette conversion. Il savait que la Croix, qui brandit l'Amour dont Dieu nous aime, porte aussi Sa Miséricorde, cette loi qui sauve quiconque se tourne vers elle en implorant pardon. La faiblesse – on l'a vu – n'est pas pour Dieu un titre d'accusation. Seul le Diable accuse l'Homme de ses fautes – pour le réduire à rien. *La folie de la Croix* : que par Elle le péché puisse devenir la voie du Salut, il faut du temps pour simplement l'envisager, et il en fallut à Liszt comme à quiconque, au point de sa jeunesse où nous l'avons laissé.

Chapitre V

La gloire du monde

De Genève, en novembre 1835, Franz confie à sa mère son bonheur de vivre auprès de Marie : « Je suis heureux, très heureux, extraordinairement heureux. » Neuf ans plus tard, les amants ne sont pourtant plus ni en Suisse ni en Italie, mais à Paris : Marie d'Agoult y est pour s'y être réinstallée en octobre 1839 – seule. Liszt, qui parcourt depuis lors les villes et capitales de l'Europe, ne fait de son côté que s'y trouver, pour deux concerts qu'il doit notamment y donner, qui renouvelleront le triomphe usuel. Les amants de Genève et de Côme le sont-ils encore ?

Depuis la séparation de l'automne de 1839, ils ne font guère en vérité que se croiser, selon les creux que parviennent à leur ménager les tournées incessantes de Franz. Ils ont eu toutefois de beaux moments encore, lors notamment des trois étés passés à Nonnenwerth, l'île romantique du Rhin, où ils se sont retrouvés de 1841 à cet été de 1843, deux mois et demi durant, seuls avec leurs trois enfants. Il fallut bien pourtant se rendre à l'évidence : la flamme cette fois-ci est demeurée éteinte. C'est au temps des explications bien plutôt qu'ils en sont désormais.

Elle a tourné à l'orage au début de ce mois d'avril parisien de 1844, au cours de deux dîners qui n'auront rien dénoué et tout envenimé. Le 10 sans doute (la lettre n'est pas datée), Marie adresse à Franz des mots sans retour : « Si je n'avais pas la conviction, mon cher Franz, que je ne suis et ne puis être dans votre vie qu'une douleur et un déchirement importun, croyez bien que je ne prendrais pas le parti que je prends dans la plus profonde douleur de mon âme. Vous avez beaucoup de force, de jeunesse et de génie, beaucoup de choses repousseront encore pour vous sur la tombe où vont dormir notre amour et notre amitié. » À quoi Liszt répond : « Je suis fort triste et profondément affligé. Je compte une à une toutes les douleurs que j'ai mises dans votre cœur. Et rien ni personne ne pourra jamais me sauver de moi-même. Je ne veux plus ni vous parler, ni vous voir – moins encore vous écrire[1]. » Il y aura bien une autre entrevue quelques jours plus tard, mais elle tournera comme les précédentes. Franz en tombera malade et mettra plusieurs semaines à se remettre, avant d'entamer à l'été une tournée triomphale dans le sud de la France, où il ira consoler une peine bien réelle.

Laissons qui le voudra désenchevêtrer les fils des amours de la comtesse et du pianiste, sauf de dire que la rupture dont Marie a été l'initiatrice est intervenue dans un contexte d'infidélité patente de la part de Liszt, qui s'était notamment montré fin février à l'Opéra de Dresde au bras d'une danseuse dont l'histoire a retenu le nom pour ses pas scandaleux plutôt que pour ceux qu'elle put accomplir sur la scène : Lola Montès. Relation réelle ou amusement imprudent et douteux ? La presse, comme toujours, n'y alla pas voir de plus près, s'emparant du coude à coude du pianiste et de la danseuse pour alimenter les choux gras dont elle vit : que la relation de Liszt avec Lola fût supposée ou réelle, l'affaire aura été la goutte d'eau imbuvable pour

1. 11 avril 1844.

Marie d'Agoult, qui refusera de devoir se résoudre à n'être que « l'une des maîtresses » de Liszt – ainsi qu'elle le lui avait écrit. Lola Montès n'était pas en effet la première occasion de trouble entre Franz et Marie, les infidélités que l'amante avait déjà imputées à l'amant n'ayant pas toutes été imaginaires. Dès 1835, une aventure avec la pianiste Marie Pleyel avait mis Marie à l'épreuve. Il y avait eu plus tard encore l'actrice Charlotte von Hagn, à Berlin (l'une des beautés du temps), et quelques autres peut-être (sans doute ?), telle Eva Hanska. Les frasques de Franz ne furent pourtant qu'une partie de la cause de la rupture, si pénible que fût pour Marie son infidélité.

Je l'ai déjà laissé entendre au premier chapitre : malgré l'amour et ses transports, Franz s'était rapidement ennuyé auprès de Marie. On ne cherchera pas à démêler cet indémêlable qui se retrouve toujours au cœur des cœurs qui s'aiment et puis ne s'aiment plus. Je m'attacherai bien plutôt à un point qui aimante davantage l'intérêt : « Je suis heureux, très heureux, extraordinairement heureux » clamait donc Franz à sa mère en 1835 ; il ajoutait toutefois, dans l'espace d'une parenthèse qui vaut qu'on s'y arrête : « sauf une petite ambition qui grelotte ». Euphémisme, litote, antiphrase... Appelons-la comme on voudra : la *petite ambition* était de celles qui avalent leur homme tout entier. Il est d'ailleurs aisé d'en glaner l'expression dans la correspondance du Liszt des jeunes années.

De Côme, en pleine lune de miel avec Marie, quelques jours avant la naissance de Cosima, Franz confiait à un auguste correspondant dont on aura à reparler (Félicité de Lamennais) : « Ma vie sera-t-elle toujours entachée de cette oisive inutilité qui me pèse ? L'heure du dévouement et de l'*action virile* ne viendra-t-elle point ? Suis-je condamné sans rémission à ce métier de baladin et d'amuseur de salon[1] ? » De San Rossore deux ans plus tard (octobre 1839), cette fois à la princesse Belgiojoso : « Voilà six ans au moins que je me dis que ma carrière musicale devra commencer l'an quarante ; et voilà l'an quarante qui vient ! Traitez cela d'enfantillage ou tout ce que vous voudrez, il n'en reste pas moins vrai que j'obéis à une sorte d'impulsion superstitieuse en me jetant ainsi que je vais le faire, à corps perdu, dans la vie extérieure. Il est d'ailleurs plus que temps pour moi de songer aux *choses positives* ; la rêverie, la passion et les folies n'ont tenu que trop de place dans ma vie. Une sorte d'activité (mesquine et misérable au fond) me fera toujours un certain bien. Et puis, ma bourse est à sec. Un voyage d'Allemagne et d'Angleterre la remontera. *Amen* donc ! »

Il y a bien d'autres aveux encore à glaner sous la plume du jeune musicien en mal d'action ; ceux-là suffisent à nous dire sans détour la vérité toute nue : Franz put bien être transi, ni Marie ni l'amour qu'il avait pour elle n'étaient en mesure de combler un besoin aussi impérieux qui réclamait lui aussi son épanouissement. Ce que résument ces quelques lignes adressées à Marie peu avant leur rupture : « Pour moi, le mien [de jeu] est à la fois plus simple et plus compliqué. N'*étant personne, il faut* que je devienne *quelqu'un*[2]. »

Cette ambition déclarée, qui est un *Leitmotiv* dans la correspondance de ces années 1840, peut bien révéler un désir de revanche sociale à la Julien Sorel si souvent observé chez le Liszt des années de gloire. Le fait est indéniable et paraît tôt et longtemps encore dans ses propos (« Faites donc quelque chose ou *quelqu'un* de moi » écrivait-il déjà à Marie en 1836), manifestant le désir qu'il nourrit longtemps de conquérir le rang que la naissance ne lui avait pas

1. 18 décembre 1837.
2. 3 mars 1843.

donné. Les deux femmes de sa vie suffisent à en témoigner : une comtesse d'abord (Marie d'Agoult), une princesse ensuite (Carolyne von Sayn-Wittgenstein), aussi riches et en vue l'une que l'autre, et enlevées l'une comme l'autre à leur milieu. La lecture est à la fois fondée et attestée ; elle n'en est pas moins très insuffisante.

L'ambition de Franz Liszt ne fut pas certes que musicale ; elle ne peut pourtant être saisie sans être reliée d'abord à cette force qui rugissait en lui et réclamait son dû ; une force démesurée, effet du don diagnostiqué dans les pages précédentes comme un appel : le don artistique. Seul ce don immense et formidable donne la mesure, ou bien plutôt la démesure de l'énergie que Liszt déploya dans sa vie tout entière. Contrairement à ce qu'il écrivait lui-même, parce qu'il sentait seulement la force qui travaillait en lui, sans bien l'analyser, il ne s'agissait pas en vérité de *devenir quelqu'un*, mais de laisser l'envol à l'être royal que son immense talent avait entièrement formé en lui, qui coûte que coûte devait naître et s'épanouir. Pour nous qui n'avons au mieux qu'une ambition pour nous-mêmes, la chose est à peine imaginable ; chez un homme tel que Liszt, elle est une puissance inconcevable, un appel qui *exige* d'être entendu et satisfait – ce que l'abbé Bardin avait compris. C'est du fait de cet appel *intolérant* lancé par l'immense talent qui bouillonnait en lui que Liszt s'ennuya si vite auprès de Marie. Le jeune homme qu'il était encore ne savait pas, bien sûr, ce qui l'habitait, qu'il comprit plus tard : « Je sentais déjà alors [vers 1844] très pleinement que mon lot et mon partage étaient tout autres que celui des sentiments de famille, – de la propriété, de l'établissement etc. etc. – etc. – etc. – "*Ce n'est pas pour mon plaisir*" que j'entends ou fais de la musique[1]. »

1. À Agnès Street-Klindworth, 31 juillet 1856.

Jusqu'aux premiers temps des amours avec Marie, la musique n'avait été pour Franz qu'un jeu d'enfant, en tout sens du terme, et une obligation paternelle. Tant qu'Adam Liszt le gouvernait, Franz *jouait* du piano, et la chose était dite. Il lui avait fallu rompre la ronde incessante des concerts pour ressentir l'appel sans appel de ses dons insensés.

Ce démon intérieur l'avait déjà engagé en vérité à remonter à plusieurs reprises sur l'estrade, au long des quatre années de la fugue amoureuse avec Marie. La rivalité de Sigismund Thalberg – l'autre jeune et grand pianiste du temps – en avait constitué la plus fameuse occasion : après un duel entrepris par récitals interposés (celui que Thalberg donna le 12 mars 1837 au Conservatoire de Paris, auquel répliqua le concert triomphal que Liszt donna à l'Opéra le 19), les deux pianistes s'étaient affrontés à coup de fantaisies acrobatiques, le 31, dans les salons de la princesse Belgiojoso. On connaît le résultat par le mot fameux que la princesse organisatrice aurait prononcé à l'issue du duel : « Thalberg est le premier pianiste du monde – Liszt est le seul. » Franz et Marie purent bien reprendre leur *fugue* interrompue, poursuivie sur les rives enchanteresses du lac de Côme ; la flamme qui avait été rallumée dans le cœur de Franz le consumait en grand secret : celle de se produire devant un public toujours prêt à l'aduler. Les quelques concerts qu'il donna à Milan ne pouvaient certes pas suffire à la contenter.

Un an après le *duel* avec Thalberg, Liszt, tout juste installé avec Marie à Venise, s'embarque seul pour Vienne (7 avril 1838), pour une succession de concerts triomphaux donnés cinq semaines durant. C'est le désastre des inondations du Danube, qui avaient fait à Pest d'innombrables victimes et dont Liszt avait appris la nouvelle par la presse allemande, qui fournit cette fois-ci au *vocare* artistique l'élan qu'il réclamait – en même temps qu'un premier abandon que Marie fut bien sûr seule des deux à ressentir comme tel. Elle écrira dans ses *Mémoires* : « C'est affreux, me dit-il, ce qui arrive à mes compatriotes ! Je voudrais leur envoyer tout ce que je possède... Mais je ne possède que mes doigts et mon nom. Qu'en dites-vous ? Si je tombais à Vienne à l'improviste ? L'effet serait prodigieux. Toute la ville voudrait entendre l'enfant prodige. On est enthousiaste à Vienne, je gagnerai des sommes folles... » Et c'est bien en effet ce qui se passa.

Au violoniste Lambert Massart, c'est un Liszt grisé de lui-même qui écrit de Venise, où il a fini par revenir : « Je ne vous ennuierai pas beaucoup de mes succès de Vienne. En résumé, sept concerts à mon bénéfice, dont le moins brillant, c'est-à-dire le premier, a produit trois mille cinq cents francs net. Trois concerts au profit des inondés, de l'institut des aveugles et des sœurs grises, et un autre concert de charité, un concert à la Cour, chez l'impératrice et chez l'archiduchesse Sophie (nonobstant toutes les petites menées et intrigues de cour). Un effet *personnel* et artistique inouï à Vienne, une popularité toujours croissante, et l'estime sympathique et enthousiaste de la foule, tel a été le résultat de mes cinq semaines de séjour à Vienne[1]. » Les triomphes en effet ont été insensés. « Succès énorme. Acclamations. Rappelé quinze à dix-huit fois. Salle comble. Émerveillement universel [...]. Jamais je n'ai eu un succès semblable ni comparable » a-t-il écrit un soir à Marie. Et de fait, applaudi par le public, encensé par la presse, partout reçu et partout adulé, l'ancien enfant pro-

1. 3 juin 1838.

dige recueillit autant d'admiration que d'argent – dont une large partie ira bien aux victimes hongroises du Danube.

Le premier résultat est toutefois plus lourd de conséquences pour sa vie à venir : la gloire qui a repris Liszt à Vienne ne le quittera plus. Franz, qui a cédé aussi aux premières infidélités, peut bien revenir vers Marie, qui a sombré de son côté dans une dépression dont il s'est ému. Ce retour ne sera qu'un intermède d'une nouvelle année dans la reprise de la carrière du virtuose : après avoir poursuivi son périple à travers l'Italie, le couple se séparera un an plus tard à Florence : Marie, on l'a vu, partira pour Paris, tandis que Franz, par Bologne, Venise et Trieste, rejoindra Vienne à nouveau, point de départ de l'incroyable carrière de virtuose que la mort de son père avait interrompue douze ans plus tôt. Ici s'ouvrent des années d'une griserie que le pianiste boira jusqu'à l'écœurement, que les lisztiens ont coutume de désigner du juste vocable allemand de *Glanzperiode* : période d'un brio total en effet, dont bien peu d'artistes et bien peu d'hommes – sauf les héros – connurent et connaîtront d'équivalent. Elle mène jusqu'à l'installation de Liszt à Weimar, début 1848.

Durant ces années d'une tournée permanente qui lui fait parcourir l'Europe et ses confins – de Glasgow à Kiev et Moscou, de Copenhague jusqu'à Gibraltar et Constantinople –, Liszt vit malgré tout largement encore sous l'étoile de Marie d'Agoult, du moins jusqu'en 1844. C'est durant cette période qu'il met en œuvre les deux premiers volumes du cycle des *Années de pèlerinage*, où se mêlent des pièces nouvelles et des nouvelles versions de pièces écrites durant la *fugue* en Italie avec Marie (le plus souvent entre 1835 et 1839). La chronologie pièce à pièce est souvent incertaine et surtout embrouillée, mais le fait est que ces deux premiers volumes, sous-titrés *Suisse* et *Italie* (publiés en 1855 et 1858), jettent un regard arrière. On ne peut dès lors admettre le titre général du recueil sans se demander de quel pèlerinage il s'agit.

Parce qu'il évoque les jours désormais clos passés en Suisse et en Italie avec Marie, le pèlerinage nous paraît être celui que Liszt voulut faire en musique vers ses amours en voie d'être passés. Ce n'est pourtant pas ce que le titre du recueil dit à véritablement parler. Ceux des pièces qui composent les deux premiers volumes, et ce à quoi chacune d'entre elles est reliée, laissent plutôt comprendre que le recueil n'est pas seulement l'expression d'un pèlerinage sentimental secrètement remémoré, que celle d'un autre pèlerinage qui se serait accompli parallèlement durant ces mêmes années, sans que Franz Liszt en eût eu peut-être véritablement conscience : un pèlerinage passant *par la nature* pour le périple suisse et *par l'art* pour l'italien.

Les deux premiers volumes des *Années de pèlerinage* élèvent en effet un même chant de gloire devant la grandeur de ce qu'ils recueillent et transcrivent. Grandeur de la Nature dans le premier cas, manifestée dans l'orage (n° 5), dans les eaux dormantes ou courantes (n° 2, n° 4), dans les paysages alpins (n° 6, n° 8), comme dans la vie qui anime le village (n° 3)[1]. Grandeur de l'esprit humain dans le second volume, que manifeste l'art de Raphaël, de Michel-Ange ou de Salvator Rosa (n°s 1 à 3), et la poésie de

1. La première *Année de pèlerinage* (« Suisse ») est composée des pièces suivantes : 1. « Chapelle de Guillaume Tell ». 2. « Au lac de Wallenstadt ». 3. « Pastorale ». 4. « Au bord d'une source ». 5. « Orage ». 6. « Vallée d'Obermann ». 7. « Églogue ». 8. « Le Mal du pays ». 9. « Les Cloches de Genève ».

Pétrarque ou de Dante (n°s 4 à 7)[1]. Une même louange s'élève ainsi des deux premières *Années de pèlerinage*, qui consacrent la grandeur de la Création dans le double reflet qu'en donnent la Nature et l'Homme. L'un et l'autre ne cessent d'ailleurs de s'épauler ici, Liszt ayant placé la plupart des évocations *naturelles* du premier volume sous la coupe d'épigraphes tirées de Senancour, de Byron ou de Schiller, et parsemé encore ses pièces d'une multitude de références musicales – écho de la flûte d'un berger ou du ranz des vaches, chansons de gondoliers, airs de Rossini ou psaumes entendus à la cathédrale de Genève. Un intense sentiment de communion et de médiation traverse ainsi ces pièces tour à tour sereines ou hallucinées, délicates ou tonitruantes, recueillies ou batailleuses, mais animées toutes du même sentiment de grandeur et d'exaltation de la beauté. Beauté des œuvres de la Création (« Suisse ») et beauté de celles de l'Homme (« Italie ») : premiers stades d'une exaltation ultime à laquelle le Liszt de la *Glanzperiode* ne peut pas encore songer, qu'il va accomplir à l'automne de sa vie.

Parallèlement aux compositions religieuses de la dernière période, *l'abbé* Liszt composera en effet entre 1867 et 1877 les sept pièces qui apportent aux *Années de pèlerinage* l'élévation inattendue d'une « Troisième année » qui ne se rattache plus à aucun souvenir ni à aucune région terrestre, parce qu'elle tourne le regard vers l'au-delà de toute chose. Publié en 1883, trois ans avant la disparition du compositeur, ce volume conclusif s'ouvre sur une prière (n° 1), se poursuit par des méditations sur le mystère de la mort

1. Composition de la deuxième *Année de pèlerinage* (« Italie ») : 1. « Sposalizio ». 2. « Il Penseroso ». 3. « Canzonetta del Salvator Rosa ». 4. « Sonetto 47 del Petrarca ». 5. « Sonetto 104 del Petrarca ». 6. « Sonetto 123 del Petrarca ». 7. « Après une lecture de Dante : Fantasia quasi una sonata » (à quoi s'ajoutent trois pièces sous le titre général de « Venezia e Napoli – Supplément » : 1. « Gondoliera ». 2. « Canzone ». 3. « Tarantella »).

(n°s 2, 3, 5 et 6) et se referme sur l'injonction qu'au cœur de la messe catholique le prêtre lance à l'assemblée (n° 7, « Sursum corda » : « Élevons notre cœur »), que Liszt relaie de son éternel piano, pour lui-même et pour ses auditeurs. Et l'on verra que les fameux « Jeux d'eau à la Villa d'Este » (n° 4), qui semblent faire contraste ici, approfondissent en vérité la contemplation des premiers temps en reliant les eaux courantes de la Villa romaine aux vertus vivifiantes de l'eau consacrée du baptême[1].

Parti d'une aventure amoureuse de jeunesse, les *Années de pèlerinage* ne font pas ainsi que traverser le siècle et accompagner l'existence de Liszt : elles manifestent ce qui est au cœur de chaque vie et vont ainsi bien au delà du pittoresque qu'arborent parfois les pièces qui composent le recueil. Le cycle ne forme en tout cas nullement le simple journal des mois passés naguère avec Marie d'Agoult sous les ciels suisse et italien, mais révèle l'accomplissement mystérieux d'une marche qui mène là où l'on ne pensait pas aller et qui dévoile aussi le substrat foncièrement religieux du chemin.

On a en mémoire la ligne d'action dessinée par la lettre à Marie du 3 mars 1843 (« N'*étant personne, il faut* que je devienne *quelqu'un* »). Je l'ai citée tronquée, afin d'introduire mon propos. Il vaut pourtant de lire la citation en entier, car Liszt porte loin en vérité la projection : « Pour moi, le mien [de jeu] est à la fois plus simple et plus compliqué. N'*étant personne, il faut* que je devienne *quelqu'un.* Ce quelqu'un fera ensuite quelque chose, et crèvera en étant très peu de chose. » Résumé saisissant, lancé au cœur

1. Voir p. 186. La troisième *Année de pèlerinage* se compose de sept pièces : 1. « Angelus ! – Prière aux anges gardiens ». 2. « Aux cyprès de la Villa d'Este – Thrénodie n° 1 ». 3. « Aux cyprès de la Villa d'Este – Thrénodie n° 2 ». 4. « Les Jeux d'eau de la Villa d'Este ». 5. « Sunt lacrymæ rerum ». 6. « Marche funèbre ». 7. « Sursum corda ».

de la *Glanzperiode*, qui montre aussi que le succès pouvait griser l'homme mais non ternir une lucidité dont sa correspondance témoigne comme peu d'autres le font. Avec une crudité sans fard et sans affectation, le mot pousse jusqu'à l'humilité obligée de son terme une ligne de vie déjà bien entamée, sans égard pour toute éventuelle espérance de gloire artistique, mais en oubliant aussi celle du salut spirituel à quoi Liszt n'est pas alors revenu encore – vers laquelle il retourna dans les années qui suivirent.

Que toute vie soit en elle-même un pèlerinage et que ce pèlerinage soit *toujours* religieux, ainsi que semble finalement le proclamer le troisième volume des *Années de pèlerinage*, c'est là un sentiment que le vieux Liszt exprima encore dans une curieuse et belle page d'orchestre qui n'est hélas que très rarement jouée, *Du berceau jusqu'à la tombe*, treizième et dernier de ses poèmes symphoniques, le plus nu et limpide de tous, écrit en 1881-1882, plus de vingt ans après les autres – sorte de double anticipé à la *Unanswered Question* de Charles Ives. Selon le programme donné par le titre, la partition (inspirée du dessin presque homonyme d'un artiste hongrois qu'il n'y a pas lieu de commenter ici) commence par « Le Berceau », musique *Piano, sempre dolce*, éthérée, sans trompettes (2 flûtes, harpe et les seuls violons et altos *con sordini*) mais sans berceuse non plus, quoique d'un rythme berçant, aux harmonies simples et doucement inattendues. Elle s'achève sur « Vers la tombe », sous-titrée « Le berceau de la vie future », musique non moins inattendue, qui s'ouvre sur un austère appel *fortissimo* en triton (*diabolus in musica !*), mais reprend vite le matériel de la première, en l'altérant, pour se perdre sur quelques notes aux violoncelles seuls, *Dolcissimo* et *perdendo*, après s'être souvenue d'une mélodie apparue entre-temps. Entre ces deux *berceaux*, un mouvement central violent et fébrile, marqué *Agitato rapido* et intitulé « Le Combat pour l'existence », figure la vie en 153 mesures. Il entraîne notamment un motif du berceau dans une danse agitée, qui s'enflamme avant d'être sapée par quelques coups de timbales vite éteints…

Était-ce cela, la vie selon le vieux Liszt ? Une marche rapide et boiteuse tendue entre deux berceaux incertains ? À Agnès Klindworth, Liszt avait naguère conseillé : « Tu sais que j'ai pour maxime qu'il faut *étouffer* et *égorger* certaines émotions, et ne tenir aucun compte de ce je ne sais quoi qui est le fond de notre vie même[1] ! » Il lui avait encore écrit, quelques jours plus tard : « Oui, tu as raison, "la vie n'est qu'un long et amer suicide", et la foi seule, mais une foi ardente, positive, celle qui transplante les montagnes, transforme ce *suicide* en *sacrifice* et résout ainsi lumineusement toute énigme, toute défaillance. Par elle seule chacune de nos moindres actions, et jusqu'à nos pensées les plus secrètes acquièrent une valeur éternelle, un prix infini, et je ne sais quel parfum, quelle sonorité inconnue au *monde*. » Gageons que c'est cette *sonorité inconnue* que cherche à nous faire connaître l'ultime et curieux poème symphonique de Franz Liszt, qui concentre non seulement la philosophie existentielle de l'artiste mais résume en musique son espérance de croyant. À Joseph d'Ortigue, qui comptait parmi les grands amis de sa jeunesse parisienne, il écrira en 1862 : « Cette foi qui m'a lui dès ma jeunesse et nous a rapprochés, cher ami, à notre première connaissance, ne s'est jamais éteinte dans mon cœur. Bien des secousses, des fautes, des travers m'en ont détourné souvent, hélas ! Cependant Dieu m'est resté dans son infinie bonté et miséricorde. Du fond des entrailles, je me sens chrétien, et j'incline avec allégresse toute mon âme

1. 7 juillet 1855. La suivante : 15 juillet.

sous le joug doux et léger du Christ, notre Sauveur, en tâchant de pratiquer humblement ce que son Église nous commande par amour de nous[1]. »

Et une chose est sûre en effet : les années Marie d'Agoult et celles de la *Glanzperiode* furent aussi celles d'un long sommeil religieux. Période de déplacements incessants, de rencontres multiples, pleine d'aventures, de satisfactions et de grandeurs, mais sans la Croix – et sans croix personnelle non plus, malgré des fatigues harassantes dominées d'ailleurs avec héroïsme, et malgré quelques déconvenues et quelques combats perdus ou à demi gagnés. Liszt évoquera plus tard cette abstinence religieuse de trente années : « Après m'être douloureusement privé pendant trente années, de 1830 à 60, du sacrement de la pénitence… » écrira-t-il le 1er décembre 1877 à Carolyne von Sayn-Wittgenstein, la seconde femme de sa vie, rencontrée en 1847, par qui *le penchant catholique de sa jeunesse* fera un retour définitif.

Celui qui connut à l'adolescence l'ardente brûlure de la vocation religieuse, celui qui devait demander et recevoir les ordres mineurs à cinquante ans passés, connut cette plongée dans la vie sans Dieu, sans prière et sans sacrement, qui n'est pas le seul chemin des esprits agnostiques. Ce chemin de désertion peut paraître *à jamais* à celui qui l'emprunte : il est seulement en vérité la première partie de celui du fils prodigue, commun à tous. Cavalcade des enfants usant pour eux-mêmes d'une liberté qui est le premier don du Père, qui permet de s'en éloigner autant que de Lui revenir, car ce n'est pas par la maréchaussée mais par eux-mêmes qu'un père veut voir ses enfants revenir à lui : la liberté est la première valeur du retour. C'est pour-

1. 28 novembre 1862.

quoi il est finalement heureux de succomber aux tentations, afin de connaître un enchaînement qu'il faut avoir senti pour souhaiter s'en libérer, de peur en cas inverse de lui conserver l'attachement du regret. C'est ce que dit *aussi* la fameuse parabole du Fils prodigue rapportée par l'Évangile, dans l'aigre et si humaine réaction de l'aîné, à l'heure du retour de son frère. Parce qu'il n'est pas nécessairement connu de tous, je propose de relire ce récit central de la prédication de Jésus, qui trace en quelques lignes le commun de nos vies et aide aussi beaucoup à suivre celle de Franz Liszt. Saint Luc le rapporte ainsi (15, 11-32) :

> Un homme avait deux fils. Le plus jeune dit à son père : « Père, donne-moi la part d'héritage qui me revient. » Et le père fit le partage de ses biens. Peu de jours après, le plus jeune rassembla tout ce qu'il avait, et partit pour un pays lointain où il gaspilla sa fortune en menant une vie de désordre. Quand il eut tout dépensé, une grande famine survint dans cette région, et il commença à se trouver dans la misère. Il alla s'embaucher chez un homme du pays qui l'envoya dans ses champs garder les porcs. Il aurait bien voulu se remplir le ventre avec les gousses que mangeaient les porcs, mais personne ne lui donnait rien. Alors il réfléchit : « Tant d'ouvriers chez mon père ont du pain en abondance, et moi, ici, je meurs de faim ! Je vais retourner chez mon père, et je lui dirai : Père, j'ai péché contre le ciel et contre toi. Je ne mérite plus d'être appelé ton fils. Prends-moi comme l'un de tes ouvriers. » Il partit donc pour aller chez son père. Comme il était encore loin, son père l'aperçut et fut saisi de pitié ; il courut se jeter à son cou et le couvrit de baisers. Le fils lui dit : « Père, j'ai péché contre le ciel et contre toi. Je ne mérite plus d'être appelé ton fils... » Mais le père dit à ses domestiques : « Vite, apportez le plus beau vêtement pour l'habiller. Mettez-lui une bague au doigt et des sandales aux pieds. Allez chercher le veau gras, tuez-le ; mangeons et festoyons. Car mon fils que voilà était mort, et il est revenu à la vie ; il était perdu, et il

> est retrouvé. » Et ils commencèrent la fête. Le fils aîné était aux champs. À son retour, quand il fut près de la maison, il entendit la musique et les danses. Appelant un des domestiques, il demanda ce qui se passait. Celui-ci répondit : « C'est ton frère qui est de retour. Et ton père a tué le veau gras, parce qu'il a vu revenir son fils en bonne santé. » Alors le fils aîné se mit en colère, et il refusait d'entrer. Son père, qui était sorti, le suppliait. Mais il répliqua : « Il y a tant d'années que je suis à ton service sans avoir jamais désobéi à tes ordres, et jamais tu ne m'as donné un chevreau pour festoyer avec mes amis. Mais, quand ton fils que voilà est arrivé après avoir dépensé ton bien avec des filles, tu as fait tuer pour lui le veau gras ! » Le père répondit : « Toi, mon enfant, tu es toujours avec moi, et tout ce qui est à moi est à toi. Il fallait bien festoyer et se réjouir ; car ton frère que voilà était mort, et il est revenu à la vie ; il était perdu, et il est retrouvé ! »

Je ne me permettrai pas de commenter – tant l'ont fait et si bien – ce beau récit de retrouvailles et de pardon, obscurci non par les péchés du fils revenu vers son père, mais par celui qui n'en commit sans doute jamais de tels, et dont la fidélité menace du plus terrible de tous : l'assèchement du cœur – le danger propre du *fidèle*. Je me contenterai seulement de souligner l'écho que cette parabole du Fils prodigue fait à une autre (celle du berger parti à la recherche de la brebis égarée), à l'issue de laquelle Jésus déclare : « C'est ainsi qu'il y aura de la joie dans le ciel pour un seul pécheur qui se convertit, plus que pour quatre-vingt-dix-neuf justes qui n'ont pas besoin de conversion » (Lc 15, 7). C'est là l'heureuse nouvelle qui nous est réservée : elle rappelle en effet que le retour est toujours possible et donne à nos éloignements un éclairage qui porte plus loin que la courte marche du bon plaisir si universellement claironnée par les marchands de bonheur.

Liszt en serait à lui seul un bel exemple. Parce qu'il fut rapide à se lasser des fameuses *séductions du monde* ? C'est ce que peut amener à penser ce qu'il écrivit un jour à Marie d'Agoult : « Maintenant, au lieu d'étoile, je n'ai qu'une chandelle. C'est la meilleure comparaison pour je ne sais quel amour-propre, quel point d'honneur qui me fait continuer ce triste et interminable jeu où j'ai engagé toutes mes forces[1]. » D'autres déclarations de ces années de la *Glanzperiode* attestent en effet du désintérêt que suscita peu à peu la course vers la gloire dans laquelle il s'était lancé, dont il put continuer de goûter les effets, mais qui se prit à lui peser chaque jour davantage. A-t-on pourtant idée de la gloire sans partage qui lui échut ? Une gloire de *star* sans égale, de celles que les médias de tous les temps ont toujours relayées, pour tirer un revenu confortable de l'avide aspiration au bonheur narcissique qui nous habite. « Jamais homme ne fut adulé à jet aussi continu – écrit dans ses *Souvenirs* une proche hongroise du maître dont nous retrouverons encore le nom (Janka Wohl). Littéralement parlant, il a marché sur les fleurs toute sa vie. [...] À ses jours de fête et de naissance, les offrandes de fleurs s'accumulaient de telle façon qu'on était obligé de leur consacrer plusieurs chambres. J'ai été témoin de ce fait à Rome et à Budapest plus d'une fois... [...] Lorsqu'on illumina Berlin en son honneur, le roi et la reine s'en furent en voiture découverte pour assister aux ovations dont on comblait ce favori des dieux... Ces sortes d'incidents [...] avaient fait de Liszt un personnage légendaire déjà de son vivant. Son nom, aussi connu dans la cabane qu'au château, agissait sur les populaces comme une étincelle électrique. Riches et pauvres étaient sous le charme de ce magnétisme contagieux, qui émane de certaines personnes prédestinées. »

1. 19 juin 1841.

C'est là un témoignage parmi d'autres[1]. Il dit d'ailleurs très bien ce qu'il veut dire : cet encensement qui fait depuis toujours courir le monde, Liszt le connut en effet comme peu. À ce fils de petit fonctionnaire autrichien voué à être seulement un peu plus que cela, la gloire apporta toutes les satisfactions dont nous rêvons. Tentera-t-on de dresser la liste de ces agents du narcissisme qui lui furent autant d'occasions de chute ? Ils sont légion. De les avoir connus un à un et de s'en être lassé ne suffit pas pourtant à ramener Liszt directement au Bon Dieu... De son aveu même, on a vu que ce chemin-là, il mit trente ans à le faire. La phrase qui conclut ce qu'il écrivait en 1841 à Marie nous éclaire à ce sujet : « Enfin il faudra bien que je finisse par avoir... quoi ? une espèce de réputation et de position en Europe. » C'est là le second stade du chemin de *détour* du fils prodigue qui ne l'est encore qu'en puissance : se hausser non plus seulement à la hauteur de son temps, mais à celle de l'Histoire tout entière... Comme tout *grand homme*, Liszt fit rapidement le tour des plaisirs du succès, qu'il put continuer à gober, mais qui n'étaient plus en mesure de satisfaire la grenouille qui veut en nous se faire aussi grosse que le bœuf. Il lui fallait plus haut : il s'agissait désormais non plus de conquérir le monde par son seul talent de pianiste, mais

1. Voir notamment la description que fit le critique Ludwig Rellstab du départ triomphal de Liszt de Berlin, le 3 mars 1842 : « Sur la Schloßplatz et la Königstraße, une multitude innombrable. Un riche carrosse, attelé de six chevaux, attendait devant l'hôtel de l'artiste. Liszt fut porté sur l'escalier par la foule, élevé et déposé dans le carrosse, tandis que les gens hurlaient, il prit place parmi les doyens de l'université. Trente attelages à quatre chevaux et une foule d'étudiants à cheval, en costume d'apparat, escortait son carrosse. De nombreuses voitures suivaient le cortège qui descendit par l'Unter den Linden jusqu'à la place destinée au monument de Frédéric le Grand, puis de la Königstraße jusqu'au Frankfurter Thor. Chaussée et trottoirs partout archibondés. Le public ne cessait de crier vivat. Ce cortège triomphal se déroula jusqu'à Friedrichsfeld » (cité par HARASZTI, p. 117).

de s'inscrire par ses œuvres tout en haut de l'histoire des hommes, dans le domaine supérieur de l'esprit créateur – là où éternellement siègent Bach, Mozart ou Beethoven, Dante, Shakespeare ou Goethe. À Marie encore, Liszt écrira ainsi : « De deux choses l'une, ou bien je représente ou finirai par représenter en Europe un élément d'intelligence, d'honneur et de talent, ou bien je ne représente rien autre que ma sotte figure[1]. » Il faudra quelques années supplémentaires encore, et quelques déceptions, pour que Liszt renonce *aussi* à cette ultime *séduction du monde* – la gloire de la postérité.

1. 10 février 1847.

Chapitre VI

Vérités philosophiques…

Poursuivons par une citation. Je l'emprunte encore à la plume de cette Janka Wohl dont on vient de croiser le nom.

Il faut certes toujours se méfier des remémorations des témoins. On parle du grand homme qu'on a connu pour rehausser sa petite personne à la lumière de son nom. Mais outre que les *Souvenirs* de Janka Wohl font partout figure de source digne d'intérêt, l'extrait que je souhaite proposer souligne un point qu'il est utile de commenter, car il concerne un élément qui permet de s'approcher d'un peu plus près encore du croyant qu'était Liszt. Le fait rapporté par ce témoignage est d'ailleurs attesté par la lecture de la correspondance du musicien. « La philosophie allemande – écrit Janka Wohl – n'avait pas non plus de secrets pour Liszt, et je n'ai jamais pu comprendre comment le même cerveau pouvait être en si bons rapports avec tous les grands athées, déguster leurs argumentations en connaisseur et en gourmet, et avoir en même temps une foi aussi vive, aussi naïve et profonde, la foi de quelque jeune villageoise qui ne sait pas lire. »

La surprise qui s'exprime ici est usuelle : c'est celle que suscite la coexistence paisible de perspectives jugées inconciliables. La chose n'est pas si banale il est vrai, et nous savons quel sentiment de rejet au mieux, de haine au pire, peut en effet susciter en nous la confrontation avec des opinions contraires aux nôtres. Ne nous y trompons pas : la relation sereine aux partis adverses dont Janka Wohl s'étonna ne résultait pas chez Liszt de cette simple vertu de tolérance dont les intolérants ont toujours fait grand cas pour ôter tout crédit à leurs adversaires et imposer leurs vues, qui pour cela même n'était pas son genre. Au minimum était-elle la manifestation de sa générosité de cœur bien connue, qui l'amenait à considérer l'intelligence qui lui faisait face avec respect et bienveillance, et avec intérêt – une qualité bien rare et reposante. Elle était surtout la preuve d'un esprit intellectuellement curieux et alerte, et d'une stabilité tranquille au plan de ses convictions propres – en l'occurrence celles de la foi. Janka Wohl le dit d'ailleurs dans les phrases qui suivent : « L'idée de Dieu était toujours présente à son esprit depuis son enfance. Son âme semblait un diamant sur lequel le doute corrosif était sans prise. Le feu sacré qui l'animait le rapprochait de si près de sa source divine qu'aucune philosophie ne put donner le change à cette intuition intime qui l'attirait vers l'Éternel. » Mais outre que Liszt – croyons ce qu'il affirma lui-même – se tint plus ou moins durant trente ans à portée de ladite *source divine*, il est utile, pour avancer d'un nouveau pas dans la perspective que je me propose d'explorer, de considérer l'attachement qu'il put manifester pour les idéaux de son temps, et de tenter aussi de déterminer l'éventuelle empreinte que ces attachements laissèrent sur son esprit.

Les sophismes anti-religieux ne pouvaient certes guère atteindre un cœur en effet aussi tourné *vers l'Éternel* que le sien, même aux moments de désert ; ils le touchèrent toutefois en empruntant si je puis dire l'habit du moine. L'intérêt intellectuel pour les vues opposées est celui, légitime et bienheureux, du couteau pour l'affûtoir : on aiguise ses idées au tranchant des idées opposées. Mais il arrive que le discernement s'affaisse et laisse ce à quoi on ne souscrit pas, mordre plus ou moins loin sur ce à quoi on souscrit. Cela arrive même presque toujours. Et c'est en ce sens que les égarements les plus dangereux ne sont pas tant ceux du corps, qui instituent un engagement concret qui finalement protège du pire – c'est la vertu salvatrice de la chair, qui ne se contente pas de peu –, que ceux de l'esprit, qui navigue dans cette sphère diffuse et multiforme des idées où le mal imite facilement le bien, pour détourner les fils du Père – les fidèles fils aînés autant que les terribles enfants prodigues.

On sait qu'à la lueur révolutionnaire de 1830, Franz Liszt se montra sensible aux idéaux de progrès et de justice sociale qui trouvèrent un renouveau révolutionnaire dans la France conservatrice de la Restauration. On en retrouve partout la trace dans les écrits des années 1830 – dans le plaidoyer *De la situation des artistes et de leur condition dans la société*, comme dans les *Lettres d'un bachelier ès musique* –, ainsi que dans nombre de lettres que le musicien écrivit durant cette période. La compassion que Liszt ne cessa jamais de ressentir pour les déshérités (les pauvres, les malades, les fous, les prisonniers, qu'il lui arrivait de visiter alors et pour lesquels il joua parfois du piano) l'avait amené à s'intéresser aux idées des saint-simoniens, qui défendaient l'application des préceptes évangéliques de fraternité dans des actions sociales et politiques concrètes.

Le jeune Liszt assista parfois, et peut-être même souvent, au début des années 1830, aux réunions des disciples du

Père Enfantin, dans leur quartier général de la rue Monsigny ou à la salle de la rue Taitbout, que fréquentèrent également d'autres musiciens (Hector Berlioz, Félicien David, la Malibran), ainsi que des écrivains (Henri Heine, Sainte-Beuve, George Sand) et aussi quelques hommes politiques (tels Lazare Carnot ou le général La Fayette). Quoiqu'il ne portât jamais le béret rouge ni l'habit *bleu barbeau* des saint-simoniens, la sympathie que Liszt manifesta durant cette période pour les idées « proto-socialistes » que ceux-ci professaient n'est pas douteuse, comme il n'est pas douteux qu'il s'en détacha assez rapidement. C'est notamment ce que dit la sixième *Lettre d'un bachelier,* adressée à Henri Heine, où Liszt situe dans un passé déjà révolu (on n'est pourtant qu'en 1838) ses soirées saint-simoniennes (« alors que je suivais obscurément les prédications saint-simoniennes à côté de beaucoup d'autres[1] »). Il niera même plus tard avoir été plus qu'un simple curieux, écrivant à l'éditeur Heinrich Brockhaus : « Je n'ai jamais eu l'honneur de faire partie de l'association, ou pour mieux dire, de la famille religieuse et politique du saint-simonisme. Nonobstant ma sympathie personnelle pour tel ou tel de ses membres, mon zèle n'a guère été au-delà de celui que montraient à la même époque Heine, Börne, et vingt autres dont les noms se trouvent dans le *Conversations Lexikon,* et qui se bornaient à suivre assez fréquemment les éloquentes prédications de la Salle Taitbout[2]. » Ce qui ne l'empêchera pas de conserver une sympathie pour certains aspects de la doctrine saint-simonienne, ainsi qu'il l'écrira en 1863 : « Au risque de vous paraître encore très naïf, je vous avouerai que j'ai meilleure opinion de l'utilité pratique de certaines

1. LBM, p. 88.

2. 22 mars 1853. *Conversations Lexikon* : encyclopédie allemande publiée par Brockhaus.

idées *prêchées* autrefois par les disciples de Saint-Simon, qu'il n'est d'usage de le dire dans les salons des *hommes d'état* (vocable très à la mode maintenant !) ; "l'amélioration morale, intellectuelle et physique de la classe la plus nombreuse et la plus pauvre", "l'exploitation pacifique du globe" – la Science associée à l'Industrie, l'Art relié au Culte, et la fameuse répartition "selon la capacité" ne me paraissent pas des simples fantaisies vides de sens[1]. »

C'est cet appel à un engagement concret dans l'ordre de la justice sociale, de la concorde universelle et de l'élévation de l'humanité par l'art, par la science et par l'amélioration des conditions de vie du peuple, qui l'avait d'emblée attiré dans la doctrine saint-simonienne, et ce pourquoi il lui conserva un certain attachement. Dans une de ses dernières lettres à la princesse Wittgenstein, le vieux Liszt, sans dénier la valeur *a priori* des vues sociales de Saint-Simon, exprima toutefois à l'égard de l'utopie qu'elles professaient une réserve qu'il appliquera à tous les autres penchants idéologiques de sa jeunesse : « Le principal axiome du nouveau christianisme de Saint-Simon est : "Toutes les institutions sociales doivent avoir pour but l'amélioration morale, intellectuelle et physique de la classe la plus nombreuse et pauvre." Là-dessus le vieux et le nouveau christianisme pourraient s'accorder en théorie – mais quand on en viendra à l'application, les querelles éclateront sur les moyens très difficultueux [...]. Un autre axiome du saint-simonisme dit : "À chacun selon sa capacité, à chaque capacité selon ses œuvres." Pascal avait pressenti la formule, et demandait pertinemment à qui appartiendrait de décider des capacités – chacune ayant même plus d'appétit que de faim ! Néanmoins, je crois qu'avec l'aide de la Providence et de la Rédemption de N. S. Jésus-Christ, à travers la lenteur des

1. À Agnès Street-Klindworth, 6 décembre 1863.

siècles, quelques grandes iniquités et barbaries qui dominent encore seront abolies en ce bas monde[1]. »

Le sage placement de la demande saint-simonienne d'équité et de progrès sous la Providence et la grâce indique rétroactivement que ce n'est pas en effet l'éventuelle dimension révolutionnaire de la doctrine qui fixa le jeune Liszt, mais cette attente – elle n'a jamais cessé de parcourir la chrétienté et s'exprime aujourd'hui comme hier – d'une Église œuvrant à la réalisation de l'injonction d'amour fraternel et d'attention aux pauvres énoncée par l'Évangile. Les termes utilisés par Liszt dans cette lettre indiquent qu'il sut toutefois évaluer peu à peu le danger latent que la critique de l'Église dont s'accompagnait le discours saint-simonien constituait pour la foi chrétienne : les saint-simoniens ne pouvaient en effet vilipender le clergé en place, dénoncé pour son alliance coupable avec les puissances temporelles, sans participer – y compris à leur corps défendant – à l'œuvre de destruction de l'Église ouvertement poursuivie par les courants politiques issus des Lumières et de la Révolution française. La critique de l'institution ecclésiastique pouvait être en large part fondée, et le but d'équité et de progrès légitime en lui-même et conforme au message évangélique : en le plaçant au cœur de son discours, la critique saint-simonienne n'en passait pas moins alliance avec les ennemis déclarés de la religion et, sous un dehors humaniste respectable et une visée chrétienne indéniable, concourait à l'œuvre de destruction de l'Église et, par là, d'éradication de la Révélation chrétienne.

La crise de la modernité que l'Église traversa tout au long de ce XIXe siècle agité et la tourmente qu'elle connut au cours du siècle qui suivit lui ont depuis appris qu'elle avait à jouer dans la conduite des peuples un rôle tout autre

1. 6 septembre 1885.

que celui des États. Ce que Léon XIII commença d'établir dans l'encyclique *Rerum novarum* (*Des choses nouvelles*) parue en 1891 – peu après la mort de Liszt – et que les papes ont approfondi et précisé depuis Vatican II[1]. Liszt, qui ne pouvait certes aller par lui-même jusque-là, n'en aura pas moins compris qu'un trouble danger guettait sous les élans généreux. Et c'est précisément ce qui l'amena à l'orthodoxie catholique dont il témoigna peu à peu, qui laisse les lisztiens si pantois et malhabiles, parce que ne la comprenant pas, ils la jugent simplement conservatrice. L'alignement progressif de Liszt sur les options de l'Église est en vérité la marque d'une sage défiance à l'égard des articulations trompeuses par lesquelles les idées parviennent parfois à nous faire glisser jusqu'au point même où nous ne souhaitions pas initialement aller, par le trouble jeu de principes proches en apparence et en vérité opposés, zone discrète où les meilleurs sentiments (sans parler des bons) s'apprêtent toujours à louer leurs services aux pires. C'est là que la confiance dans l'Église prend tout son sens, dans ces pentes imperceptibles où le discernement est d'autant plus impérieux qu'il est obscurci, ce qu'exprima la position d'obéissance que le vieux Liszt professa par la suite à l'égard du magistère, envers et contre les jugements qu'il proférait par ailleurs *in petto* à propos de certains aspects de l'institution – sa puissance, son centralisme, son organisation hiérarchique, son autoritarisme, ses pesanteurs ou sa rigidité face aux évolutions.

« Le pauvre musicien a encore la responsabilité la moins lourde, car celui qui ne tient pas la plume et qui ne porte pas l'épée peut s'abandonner sans trop de remords à ses curiosités intellectuelles, et se tourner de tous les côtés où il

1. Paul VI dans *Populorum progressio* (1967) ; Jean-Paul II dans *Sollicitudo rei socialis* (1987) et Benoît XVI récemment dans *Caritas in Veritate* (2009).

croit apercevoir la lumière » écrivait en 1838 le jeune Liszt à l'adresse d'Henri Heine, dans la *Lettre d'un bachelier* déjà citée[1]. Preuve qu'il cherchait en effet la lumière, mais craignait aussi les fausses lumières et s'efforçait d'exercer en ce sens son jugement, ou tentait tout au moins de le faire. L'attachement beaucoup plus vif que Lamennais lui inspira bientôt, qui marque sa rapide défiance à l'égard du jeu obscur que la doctrine saint-simonienne menait en quelque sorte malgré elle contre la foi, constitua dans le même temps le second degré de cette chausse-trape où choit tout homme de bonne volonté, chrétien ou non, dès qu'il s'agit de mettre la main aux nobles idéaux auxquels aspirent la légitime et belle soif de justice.

C'est en avril 1834 que parurent les *Paroles d'un croyant* de Félicité de Lamennais, prêtre breton réformateur, promoteur d'un catholicisme épris de liberté dans une société qui en réclamait. Lamennais avait déjà exprimé ses idées dans plusieurs ouvrages, dont l'*Essai sur l'indifférence en matière de religion* (1817-1823), qui lui valut un immense succès. Il avait créé en 1828 un institut de formation des prêtres (la Congrégation de Saint-Pierre), destiné à la formation d'un clergé apte à mieux comprendre son temps et à répondre aussi aux attaques des philosophes – et fondé également en 1830, avec Montalembert et Lacordaire, le journal *L'Avenir*, qui défendait ses idées chrétiennes libérales, lesquelles allaient bien au-delà de la seule implication sociale. Lamennais, qui faisait la promotion d'une Église adaptée aux exigences de son temps, la souhaitait pour cela forte et délivrée de la dépendance des États, raison pour laquelle il défendait l'ultramontanisme contre le gallica-

1. LBM, p. 89.

nisme, mais aussi la liberté de l'enseignement et de la presse, la démocratie politique et la séparation de l'Église et de l'État – toutes idées qui avaient produit l'effet inverse à Rome, où Grégoire XVI venait de publier l'encyclique *Mirari vos* (1832), valant condamnation du libéralisme et de l'indifférentisme religieux. Sans être cité en clair, Lamennais était directement visé pour s'en être fait le propagateur.

Fruit des ruminations du prêtre contrarié dans ses visées réformatrices et déçu par l'opposition de sa hiérarchie, les *Paroles d'un croyant* constituent le premier pas de Lamennais dans le sens de la rupture avec Rome. Si Liszt ne fit pas alors découverte du « noble prêtre », qu'il avait lu dans son adolescence, il fut saisi toutefois par le nouveau livre de l'abbé réformateur, au point d'aller passer les trois semaines de l'automne de 1834 auprès de lui dans son manoir breton de la Chênaie. Lamennais avait tout pour embraser le cœur du jeune musicien, conquis avant même de l'avoir rencontré. Liszt bravera dans sa défense ceux qui autour de lui ne partageaient pas son admiration, dont Marie d'Agoult, mais aussi Victor Hugo ou Lamartine, que Franz respectait plus que d'autres. Les paroles enflammées qu'il emploie pour parler de Lamennais à Marie suffisent à témoigner de la force de l'attraction : « Tant de génie et tant de cœur. Élévation, dévouement, ardeur passionnée, esprit perspicace, jugement profond et large, simplicité d'enfant, sublimité des pensées et des puissances de l'âme, tout ce qui fait l'homme à l'image de Dieu est en lui. Jamais je ne lui ai encore entendu dire : *moi*[1]. » À la même, Franz avait écrit quelques mois plus tôt : « Jusqu'ici, *ni* le grand V. [Victor Hugo], qui ne voit dans les *Paroles d'un croyant* qu'une *œuvre médiocre* par le fond et la forme, – un pastiche plein de redondances inutiles, totalement dépourvu d'idées, – ni

1. 16 septembre 1834.

Lamartine, qui en avait déconseillé la publication au noble prêtre, – ni les grossiers articles du Constitutionnel [...], *ni* même les palinodies et les effrois du noble faubourg n'ont ébranlé mes convictions[1]. »

On voit quelle flamme arracha au jeune Liszt la réforme prônée par Lamennais, où le pianiste trouva un surajout supérieur aux simples thèses sociales de Saint-Simon. Il est difficile de tenter d'un mot une évaluation comparative où les éléments documentaires manquent d'ailleurs. Étant prêtre, Lamennais jouissait indubitablement aux yeux de Liszt d'une autorité de fait. Elle lui paraissait d'autant plus grande que les propositions de l'abbé disaient vouloir rendre à l'Église sa mission propre : dégagement du temporel mais engagement social concret, conduite spirituelle des peuples et ferveur religieuse. Il est également certain que Liszt fut saisi par l'homme haut en couleurs qu'était l'abbé Lamennais dans sa vision sublime et son austère solitude, face à quoi les disciples saint-simoniens formaient à ses yeux une piétaille de petits agitateurs. « Génie oblige ! » : le mythe romantique du génie solitaire enflamma longtemps le cœur de Liszt, qui d'ailleurs aimait plus les hommes que les idées.

Le feu menaisien ne fut pourtant pas tellement plus long à s'éteindre que la courte flamme saint-simonienne. Liszt conserva certes à Lamennais toute l'estime et la tendresse dont son cœur fidèle et indulgent était capable (d'autant que Lamennais figurait au panthéon de la très catholique Carolyne von Sayn-Wittgenstein) ; mais il craindra vite que le *noble prêtre* et ses adeptes finissent malgré eux par participer *eux aussi* à l'œuvre de destruction de l'Église, en voulant la réformer de force. Liszt manifestera plus tard pour les disciples menaisiens la même défiance que pour les saint-simoniens, comme pour ceux des autres réformateurs

1. Lettre non datée (écrite avant le 16 mai 1834).

libéraux de son temps, tel l'abbé Antonio Rosmini, mis aussi à l'Index. La position définitive de Liszt à l'égard des thèses de Saint-Simon comme des propositions de Lamennais ou de celles de tout autre réformateur autodéclaré sera finalement toute simple de sagesse : c'est celle de la confiance placée dans le jugement de l'Église. Ce qu'il pensera, c'est que le fidèle a toute raison d'écouter *d'abord* la voix du magistère, qui ne cherche pas coûte que coûte à dogmatiser ni à freiner des évolutions irritant le conservatisme qu'on est rapide à lui prêter, mais bien plutôt à discerner les conséquences qu'enferme toute proposition et sa relation exacte avec la Révélation portée par l'Évangile.

L'exemple de Lamennais, dont la biographie lisztienne ne parle plus guère après la décennie 1830, est à ce titre éclairant. Si les propositions libérales dont il fut l'un des promoteurs ont apporté (avec d'autres) leur contribution quant au rôle que l'Église doit avoir dans la société, elles n'auront pas éclairé autant l'abbé lui-même, qui interpréta en termes toujours plus politiques le message évangélique qu'il voulait initialement sauver, passant du catholicisme libéral à un socialisme où le Christ n'était plus qu'une source originelle éventuellement admirée, mais sans être plus adorée, et qu'il devint possible d'oublier bientôt, chemin où une George Sand (qui en fit son saint) pouvait suivre Lamennais, ce que Liszt ne pouvait certes pas.

C'est là une manifestation des articulations trompeuses évoquées plus haut, par quoi des idées issues d'une source qu'elles prétendent défendre et purifier prêtent finalement la main à ce qui veut son assèchement – piège où depuis Judas se perdent d'autant plus ceux qui s'y aventurent qu'il n'autorise pas non plus à se prévaloir du danger pour se défiler. C'est en défiance à l'égard de ce piège, et non en vertu du retournement conservateur du vieil homme souvent évoqué par ses biographes, que Liszt se rangea peu à peu à l'orthodoxie catholique, optant pour l'écoute et l'obéissance, avec la certitude que l'Église aura toujours plus de raison que lui-même et qu'elle saura mieux que lui indiquer le véritable chemin de l'Évangile dans le temps, même avec cette *lenteur des siècles* qui n'est désespérante qu'à l'échelle d'une vie d'homme, mais non pas à celle de l'histoire du Salut. C'est en ce sens qu'en 1873 il put donner ainsi conseil à la princesse Wittgenstein, au sujet de l'éventuelle évaluation épiscopale de l'un de ses écrits sur la foi et l'Église dont il craignait à juste titre le pire : « Mais si, par malheur, il en arrivait autrement – vous n'avez qu'à vous soumettre et obéir humblement ; car c'est le premier devoir des catholiques, sur lequel il n'y a pas à composer ni broncher[1]. » Il n'en cessa pas moins dans le même temps de porter attention aux voix divergentes qui tonnent à l'extérieur comme au sein même de l'Église, aux nobles et hautes voix libérales surtout, quoique en attendant le jugement de l'Église, qui sait aussi, malgré la *lenteur des siècles*, tirer des philosophies neuves, celles y compris de ses opposants successifs, ce qu'elles contiennent en elles-mêmes de sagesse véritable – au sens que donne au mot le renversement qu'on a vu en méditant la folie de la Croix.

Mis côte à côte, Félicité de Lamennais (1782-1854) et Antonio Rosmini (1797-1855) offrent d'ailleurs l'occasion d'une comparaison qui éclaire cette sagesse de l'Église que proclame l'obéissance lisztienne : deux abbés philosophes investis dans la même défense d'un christianisme libéral, empreint de critiques à l'égard de l'Église et pour le bien de celle-ci, mis tous deux à l'Index à peu près en même

1. 17 mai 1873. Il lui écrira de même, à propos du fameux *Syllabus* de Pie IX, dont la princesse contestait certains aspects : « Je me range et soumets selon le devoir des catholiques » (10 janvier 1877).

temps, dont seul le second est pourtant sorti, parce que sa position portait cette juste lumière qu'un esprit vraiment éclairé finit toujours par apporter à la Vérité – qui la reconnaît pour cela tôt ou tard[1]. Reste que la Vérité a besoin de l'erreur pour se manifester, ainsi qu'on le disait pour commencer en parlant de l'alliance légitime du couteau et de l'affûtoir : que la Vérité s'aiguise au tranchant des erreurs et que les erreurs contribuent à l'affûtage de la Vérité, c'est là finalement la défaite du Diable, à qui Goethe fera justement dire : « Je suis cette force qui toujours veut le mal et toujours crée le bien. »

L'inclination de Liszt aux idéaux humanitaires et sociaux trouva une dernière cristallisation dans son entrée dans la franc-maçonnerie, au début des années 1840. Deux amis le conduisirent ici : le jeune comte Felix von Lichnowski, rencontré depuis peu et qui avait accompagné le pianiste dans une tournée en Rhénanie, et un notable de Francfort, le banquier Wilhelm Speyer, musicien amateur qui avait créé dans sa ville une Fondation Mozart et présidait une association chorale (la *Frankfurter Liederkranz*) pour laquelle Liszt composa quelques chœurs d'hommes.

C'est par l'intermédiaire de Speyer que Liszt, venu en septembre 1841 à Francfort avec Lichnowski pour y donner un concert au profit de la Fondation Mozart, fit part de son désir d'entrer en maçonnerie, ce qui fut fait le 18 septembre, par son initiation à la Loge de l'Union (*Zur Einigkeit*). Il reçut l'année suivante (8 février 1842), au côté du prince de Prusse (le futur empereur Guillaume Ier), le

1. Antonio Rosmini a été réhabilité par Benoît XVI et béatifié sur son décret, le 18 novembre 2007. Henri Lacordaire ou Frédéric Ozanam, que Liszt admirait tous deux, feraient ici un égal pendant à Lamennais.

deuxième grade de la maçonnerie à la Loge de la Concorde à Berlin, dont il avait été fait quatre jours plus tôt membre d'honneur et où il fut élevé au troisième grade quelques jours plus tard encore[1]. Jusqu'en 1845, Liszt fut également membre d'honneur de plusieurs loges allemandes, ainsi qu'à Zurich, et donna quelques concerts à leur profit. Quoiqu'il ne participât jamais aux travaux d'aucune loge, il s'impliqua de diverses manières dans la maçonnerie durant les derniers temps de la *Glanzperiode*, liant des amitiés et favorisant l'entrée en maçonnerie de quelques proches (dont le précepteur de ses enfants). Cette activité maçonnique, en elle-même limitée[2], n'alla pas toutefois au-delà de quelques années. Après 1845, Liszt ne s'intéressa plus guère à la franc-maçonnerie. Il prit plus encore ses distances après son installation à Weimar avec la princesse Wittgenstein en 1848 et son retour à une pratique religieuse suivie. Il ne répondit plus dès lors à aucune des lettres que lui adressèrent les loges dont il était membre et fut progressivement radié de leurs états. Certains commentateurs parlent d'une reprise de relations maçonniques dans les dernières années de la vie de Liszt ; les faits demeurent en vérité on ne peut plus minces[3]. Les liens que Liszt avait tissés avec l'obédience au début des années 1840 n'existaient plus depuis longtemps et il n'y avait aucune raison

1. 22 février 1842. L'incertitude qui demeura longtemps quant à la date de l'élévation de Liszt au grade de maître a été levée par Philippe A. Autexier, qui s'est livré à des recherches faisant ici référence. Mon résumé doit tout aux résultats de son enquête très documentée, qu'il a publiés en 1984 et en 1991 (cf. bibliographie). On pourra lire également sur ce sujet Gérard Gefen : *Les musiciens et la franc-maçonnerie* (Fayard, 1993, p. 177-184).

2. AUTEXIER 1984 (p. 67) comptabilise en tout et pour tout dix visites de Liszt à différentes loges entre septembre 1841 et décembre 1845.

3. AUTEXIER 1984 (p. 70) atteste une seule participation de Liszt à un « atelier » maçon (21 mars 1874, à Budapest) et confirme que l'appartenance de Liszt à une loge pestoise affirmée par certaines biographies est sans fondement.

qu'il cherchât à les renouveler, alors qu'il portait la soutane et était totalement investi dans la foi catholique et la fidélité à l'Église. Si Liszt put partager jusqu'au bout certaines des visées humanistes de la maçonnerie, il y a en revanche tout lieu de croire qu'il se conforma ici comme ailleurs à la position que l'Église avait adoptée à l'encontre de l'ordre.

Liszt ne s'est pour ainsi dire pas exprimé sur la franc-maçonnerie, ni sur les raisons du désir qu'il éprouva un jour de ses trente ans à y entrer. Les amitiés purent jouer ici un rôle, mais certainement pas le principal. L'humanisme défendu par la profession de foi franc-maçonne (concorde, tolérance, fraternité, progrès, liberté, perfectionnement de l'Homme) laisse aisément comprendre que son adhésion relevait du penchant progressiste qui l'avait amené auparavant à s'intéresser aux idées de Saint-Simon puis à celles de Lamennais. Les réponses écrites qu'il fit aux questions qui lui furent posées lors de son initiation francfortoise l'attestent. Celle qu'il apporta à la première (« Quelle est la destination première de l'Homme ? ») reconduit ainsi l'idée d'une fin commune des valeurs élevées, dont Liszt était alors empli et qui gouverna longtemps encore, on l'a vu, son action d'homme et d'artiste : « La destination de l'Homme est d'aspirer au plus grand perfectionnement possible dans le domaine du Vrai, du Bon et du Beau et par là même – dans la mesure où ses faibles limites le [lui] permettent – devenant semblable à son Créateur, de s'en rapprocher. » À la troisième et dernière question (« Qu'est-ce que la franc-maçonnerie a à attendre de vous ? »), il fit la réponse attendue d'un nouveau candidat, y apportant toutefois une réserve où la suite se trouve déjà : « L'Ordre me trouvera constamment prêt en paroles et en actes à prendre part à toutes ses bonnes finalités, à me joindre à ses vénérables travaux. L'Ordre, à la profonde sagesse duquel je crois avec une crainte respectueuse, trouvera en moi, dans *tout ce qui n'est pas contraire à mes opinions religieuses et politiques*[1], à mon honneur et à ma conscience, un néophyte docile, un membre obéissant. » Outre que « l'Ordre » ne trouva guère Liszt prêt – on l'a dit – *à prendre part à ses travaux*, la limite que la réponse du nouvel initié pose à son adhésion témoigne d'un scrupule qui sans aucun doute alla croissant.

Le soubassement prétendument chrétien de la franc-maçonnerie put faire en effet d'abord illusion. C'est ce qu'indique aussi la réponse de Liszt à la première question, où l'*aspiration au plus grand perfectionnement* vise à *se rapprocher du Créateur.* Nombre de fidèles et de clercs catholiques – certains hauts prélats y compris – se firent piéger ici, et longtemps encore, égarés par le soi-disant fondement chrétien de l'ordre. Raison pour laquelle Pie IX et après lui Léon XIII eurent à cœur de mettre les fidèles et le clergé en garde contre cette parenté fallacieuse, jusqu'à l'excommunication que Benoît XV ajouta en 1915 au droit canon à l'encontre de « ceux qui donnent leur adhésion à une secte maçonnique ». Dans une allocution prononcée en 1865 (« pour que notre silence ne donne lieu à personne de protéger l'erreur »), Pie IX souligna l'incompatibilité foncière des principes de la maçonnerie avec la foi et la doctrine catholiques, et l'aspect trompeur de l'humanisme maçon, manifesté notamment dans le caractère sectaire de l'association, ses agissements clandestins et l'exigence de serments secrets. Franz Liszt, qui venait alors de recevoir les ordres mineurs et ne cessa plus de professer l'obéissance due à l'Église, n'aura pas fait fi de la mise en garde de son presque « ami » le pape, qui déclarait pour finir : « Maintenant il ne nous reste plus,

1. C'est moi qui souligne.

pour satisfaire aux vœux et à la sollicitude de notre cœur paternel, qu'à avertir et à exhorter les fidèles qui se seraient associés à des sectes de ce genre, d'avoir à obéir à de plus sages inspirations et à abandonner ces funestes conciliabules, afin qu'ils ne soient pas entraînés dans les abîmes de la ruine éternelle[1]. »

S'il est certain que Liszt, qui était jeune encore (trente ans) à l'heure de son initiation, trouva l'occasion d'un nouvel enthousiasme dans la généreuse visée philosophique affichée par la franc-maçonnerie, il y a tout lieu de penser qu'il ait finalement médité l'éclairage que Pie IX projeta sur la réalité de l'ordre. Aura-t-il compris que la *sagesse* promise par les « frères », si aimables et admirables que nombre d'entre eux fussent à ses yeux, était bien loin de celle qu'il avait vu resplendir dans la *folie de la Croix*, de laquelle il ne se détacha plus ? Aura-t-il compris surtout que les aspirations de l'Ordre travaillaient en vérité *contre* le Christ et son Église ? C'est pour l'avoir conçu que plusieurs des anciens amis maçons de Liszt « abjurèrent » leur adhésion maçonnique, à commencer par Lichnowski, qui se retira pour cette raison en 1848. Liszt s'étant laissé radier sans rien en dire ni en écrire, les conjectures restent ouvertes. La dévotion religieuse croissante qu'il montra à partir de 1848 et la fidélité à l'Église qu'il professa également, inclinent toutefois à penser qu'il embrassa ici comme ailleurs la sagesse du magistère, sans renoncer pour autant (puisqu'il n'y a aucune raison à ce renoncement-là) à espérer et croire que si les hommes se laissent facilement égarer dans la recherche *du Vrai* et jusque dans leur aspiration à *se rapprocher du Créateur*, « quelques grandes iniquités et barbaries qui dominent encore seront abolies en ce bas monde » – « à travers la len-

1. Allocution consistoriale *Multiplices inter machinationes* (25 septembre 1865).

teur des siècles » et « avec l'aide de la Providence et de la Rédemption de N.S. Jésus-Christ[1] ».

Après Saint-Simon, après Lamennais, la franc-maçonnerie aura ainsi manifesté la soif de justice et de concorde dont brûlait le cœur de Liszt, témoignant de la recherche de cette Vérité qu'il retrouva quelques années plus tard dans l'écoute féconde de *l'ancien penchant catholique de sa jeunesse.* C'est à tout autre chose que ce que ses amis maçons avaient cru que la franc-maçonnerie l'aura ainsi *initié*, consacrant paradoxalement ce moment où l'élan passe à la réflexion et la Révolution à la Rédemption – remettant entre les mains du Père les espoirs qu'on avait mis jusque-là dans nos seules forces. À Nietzsche, venu lui offrir son *Origine de la tragédie*, Liszt écrira ainsi en 1872 : « L'hellénisme et les idolâtries que certains se plaisent à cultiver me sont restés assez étrangers. Je loue comme le plus haut fait des Athéniens l'édification de l'autel *Deo ignoto*, où l'Olympe entier se brisa, dès que Paul annonça le "Dieu inconnu" ; et mon regard n'erre pas autour de l'Hélicon et du Parnasse, mais mon âme reste fermement attachée au Thabor et au Golgotha. »

Une œuvre porte la trace des aspirations qui, d'une façon ou d'une autre, ne cessèrent d'agiter le cœur de Liszt. Il s'agit du dernier poème symphonique de la période weimarienne, qui ne s'intitule pas pour rien *Die Ideale* (*Les Idéaux*). Ce n'est pas pour elle-même que je veux finalement m'arrêter à cette œuvre qui porte le meilleur de l'inspiration lisztienne (un beau lyrisme, une inspiration élevée et une perfection d'écriture où puisa un Richard Strauss) mais qui pèche aussi par la malheureuse tendance du musi-

1. Lettre du 6 septembre 1885 à la princesse Wittgenstein, citée p. 87-88.

cien aux longueurs et aux apothéoses forcées, – mais pour l'éclairage qu'elle apporte au sujet auquel je me suis arrêté.

Liszt composa *Les Idéaux* en 1857, à cette époque intermédiaire de sa vie d'homme et d'artiste, où ses premières ambitions s'étaient déjà obscurcies mais où d'autres appétits (on le verra bientôt) pointaient encore. *Les Idéaux* s'inspire d'un poème de Schiller dont le compositeur, selon son habitude, a inscrit certains vers aux points d'articulation de sa partition. Liszt a découpé son poème symphonique en trois parties d'importance inégale, correspondant aux trois étapes formant à ses yeux la trajectoire des cœurs chauffés par l'idéal.

La première partie, de loin la plus longue, intitulée *Aufschwung* (« Essor »), dépeint l'élancement conquérant vers les grandes espérances, où le génie créateur, secondé par la puissance de la nature, conquiert successivement l'amour et la gloire, et marche vers la Vérité. Comme un brusque retour sur terre, la deuxième partie, intitulée *Enttäuschung* (« Désenchantement »), dépeint la vanité finalement révélée de cette quête avide, et signe aussi l'étape des questionnements. Ils trouvent leur réponse dans l'éloge que la troisième partie de l'œuvre (*Beschäftigung :* « Activité ») fait alors du travail, et singulièrement du travail créateur, qui « produit lentement mais ne détruit jamais » et qui, par sa fécondité, apporte enfin la délivrance recherchée.

Que l'aspiration de l'Homme à l'idéal trouve son accomplissement dans le seul fruit du travail, c'est ce qu'entérine l'« Apothéose » (ainsi dénommée dans la partition) que Liszt a mise en conclusion de sa partition, avec ces mots : « Le but le plus noble de notre existence est le maintien et l'incessante activité de l'Idéal. Dans cette intention je me suis permis de compléter la poésie de Schiller en reprenant avec force et allégresse les motifs du premier mouvement pour conclure sur une apothéose finale. » Étonnement : cette conclusion glorieuse apporte une contradiction patente à la ligne descendante que le poème symphonique avait commencé de tracer – le désenchantement stigmatisé par la deuxième partie n'empêchant pas le retour en grande pompe des espérances initiales. Que dans son clinquant bruyant, l'apothéose paraisse plus que forcée ne l'empêche pas d'illustrer parfaitement la position de Liszt à l'égard d'une quête d'élévation qui l'anima d'emblée et qui ne le quitta jamais tout à fait.

Malgré les revers qu'il aura encore à subir sur le chemin des idéaux, et malgré les doutes qu'il finira aussi par nourrir sur l'art en général et sur son propre talent en particulier, Liszt continuera à créditer l'élévation au grand et au beau (et au progrès) d'une vertu supérieure qui se manifestait tout particulièrement pour lui dans l'œuvre du génie artistique, cherchant dans le même temps à purger cette aspiration des tendances idolâtres qu'il sentait bien la menacer. Quoi qu'il pourra écrire en 1875 à la princesse Wittgenstein (« Imaginer que Dieu ait besoin de nos phrases en littérature, musique ou ailleurs, me semble sot et blasphématoire[1] ! »), Liszt résumera quelque temps plus tard la confiance qu'il conserva dans la valeur intrinsèque des fruits tirés des talents reçus, en écrivant au sujet d'un texte philosophique dont il venait de faire lecture, qui déplorait la vanité de toute chose :

> Ce genre de littérature m'attire toujours, quoique je sois rarement tout à fait de la même opinion que les savants philosophes, quand il s'agit de certaines idées qui sont pour moi de croyance intime. Ainsi le roi Salomon lui-même ne m'impose guère avec son pompeux « *Vanitas vanitatum* » ! Soit dit en confidence (car mes ignorances m'interdisent de philosopher ou de politiquer avec le tiers ou le quart) ce me semble

1. 28 décembre 1875.

la pire des vanités de trouver tout en vain. Au point de vue chrétien chaque action, chaque parole et pensée a sa valeur, en tant qu'elles nous rapprochent ou nous éloignent du Ciel... La grande éloquence de l'aigle de Meaux, ou le beau style *nuancé* de M. Renan ne me persuadent nullement de la vérité de ces suprêmes lieux communs en permanence : « Tout désir est une illusion... Pas d'objet désiré dont nous n'ayons reconnu après l'embrassement la suprême vanité..., etc., etc. » Le diraije ? Il y a un fond de grossièreté dans cette thèse qui me répugne. M. Renan et d'autres la tournent en phrases séduisantes, mais n'y attachent que peu de créance. Labourer son champ, « cultiver son jardin » (comme le recommandait M. de Voltaire) et remplir ses devoirs envers le prochain, à commencer par les domestiques et à terminer avec les princes, ne sont pas choses vaines : pas non plus *La Divine comédie*, ou la *9e Symphonie* de Beethoven.

Le bon sens humain protestera toujours contre les écrasants arguments *nihilistes*. Renan continuera d'écrire en bon français (ce qui n'est pas une illusion) ; les sœurs de saint Vincent de Paul soigneront les malades, les missionnaires catholiques prêcheront l'Évangile à toutes les nations, sauf à souffrir le martyre ; les savants feront de nouvelles découvertes, les militaires donneront leur sang pour l'honneur, les artistes produiront de belles œuvres, etc., etc. Tout cela n'est pas vanité, n'en déplaise au Roi Salomon et à la faconde de ses imitateurs. Sous le soleil, il y a et il y aura constamment du *Nouveau :* et finalement le Père des miséricordes célestes récompensera le long et persévérant TRAVAIL de l'humanité. C'est notre espérance[1] !

1. À Olga von Meyendorff, 31 janvier 1879.

Chapitre VII

… et Vérité de la foi

Poursuivons comme nous avons commencé : par une citation.

Elle est de Liszt cette fois, ou plutôt de saint Paul, puisque le musicien l'emprunta à la Lettre aux Éphésiens (4, 15) pour en faire l'exergue de son oratorio *Christus* : *Veritatem autem facientes in caritate, crescamus in illo per omnia, qui est caput : Christus* – « Mais en vivant dans la vérité de l'Amour, nous grandirons dans le Christ pour nous élever en tout jusqu'à lui, car il est la Tête ».

Dans la Lettre aux Éphésiens, cette profession de foi vient conclure un passage dans lequel Paul oppose la précarité des multiples voies que l'on peut être tenté de suivre à la solidité du chemin unique ouvert par le Christ : « Au terme, nous parviendrons tous ensemble à l'unité dans la foi et la vraie connaissance du Fils de Dieu, à l'état de l'Homme parfait, à la plénitude de la stature du Christ. Alors, nous ne serons plus comme des enfants, nous laissant secouer et mener à la dérive par tous les courants d'idées, au gré des hommes, eux qui emploient leur astuce à nous entraîner dans l'erreur. Au contraire, en vivant dans la vérité de l'Amour, nous grandirons dans le Christ pour nous élever en tout jusqu'à lui, car il est la Tête. » Par-delà l'appel à l'unité qui est l'un des objets de cette lettre écrite à une communauté en proie aux divisions, c'est la valeur salvatrice de l'amour que Paul rappelle aux Éphésiens, pour les engager à demeurer sur cet unique chemin du salut. Et c'est bien ce que Liszt voulut lui-même rappeler, en plaçant la citation en tête de son oratorio.

Liszt n'était pas théologien – loin s'en faut. On sait même à quel complexe intellectuel persistant le condamna – envers et contre sa grande intelligence et l'érudition qu'il s'était faite – le manque de formation scolaire auquel l'avaient obligé ses perpétuelles errances d'enfant prodige. Un fin théologien n'aurait pu pourtant faire choix d'un meilleur exergue pour rendre compte du cœur de la foi chrétienne : l'amour. Le mot est galvaudé. Il porte d'ailleurs des significations on ne peut plus diverses, sublimes ou triviales. L'amour résume pourtant le christianisme, qui se réduit à cette loi unique, *a priori* la plus douce et en vérité la plus ardue – la seule qu'il n'est jamais possible d'observer pleinement, totalement, ni continûment.

Suivre le Christ, c'est emprunter le chemin de l'amour, sans en avoir pourtant la force. C'est chercher à le gravir néanmoins, dans l'espoir de parvenir à ce don total, au travers des méandres compliqués de l'existence et les pièges du terrible *moi* – sachant qu'on ne le gravit pas seul, mais avec la grâce de Dieu et l'assistance des saints. C'est pourquoi saint Paul a lié l'Amour à la notion de Vérité : l'amour dont le Christ est *la tête* n'est pas en effet (pas seulement, pas strictement) cette inclination affective qu'indique d'abord le mot pour nous, que nous connaissons tous plus ou moins ; mais une voie étroite et exigeante où l'on progresse sous conduite et où l'on découvre que le vrai nom de l'amour est *charité* – selon le mot grec utilisé ici par saint Paul : *agapè*, traduit par le latin *caritas*. Benoît XVI a récemment éclairé magnifiquement ces deux grades de l'amour présents dans le Nouveau Testament sous les termes grecs *eros* et *agapè*, indiquant ce dernier comme « l'expression caractéristique de la conception biblique de l'amour » : « L'amour devient maintenant soin de l'autre et pour l'autre. Il ne se cherche plus lui-même – l'immersion dans l'ivresse du bonheur –, il cherche au contraire le bien de l'être aimé : il devient renoncement, il est prêt au sacrifice, il le cherche même[1]. » C'est à ce versant charitable de l'amour, le fruit que donne la Croix, à quoi saint Paul exhorte les Éphésiens dans la citation reprise par Liszt : *en vivant dans la Vérité de l'Amour.* C'est lui auquel nous convie le commandement de l'amour de l'Ancien Testament (Aime Dieu de tout ton cœur et ton prochain comme toi-même), dont Jésus dit qu'« il n'y a pas de commandement plus grand que ceux-là » (Mc 12, 31) et qu'il étend jusqu'à l'amour des ennemis : « Vous avez appris qu'il a été dit : Tu aimeras ton prochain et tu haïras ton ennemi. Eh bien moi, je vous dis : Aimez vos ennemis, et priez pour ceux qui vous persécutent, afin d'être vraiment les fils de votre Père qui est dans les cieux ; car il fait lever son soleil sur les méchants et sur les bons, et tomber la pluie sur les justes et sur les injustes » (Mt 5, 43-45).

À travers des milliers de lettres adressées sur soixante ans à une multitude de correspondants, Liszt, qui bien sûr parle *aussi* d'amour, ne le fait jamais que pour professer sa foi dans l'amour, sous l'espèce de l'*eros*, mais aussi sous celle de l'*agapè*. Sans vraiment le savoir, l'amant et le croyant tiennent chez lui partout la plume à deux mains. Liszt, qui reconnaissait dès ses jeunes années le lien secret qui unit amour et religion (« ces deux cordes éternellement

1. Benoît XVI : *Dieu est amour – Deus caritas est* (Salvator/Fidélité, 2006, p. 12).

vibrantes dans l'humanité[1] »), décrira plus tard sa vie à la princesse Carolyne comme « une longue odyssée du sentiment de l'amour », ajoutant : « Je n'étais propre qu'à aimer – et jusqu'ici hélas ! je n'ai su que mal aimer ! Mais grâce à Dieu, je n'ai jamais aimé le mal[2]. » Et ce n'est pas pour opposer *eros* à *agapè* qu'il avait écrit naguère à la même, parlant du *Paradis perdu* de Milton dont il venait de terminer la lecture : « Une chose, par dessus beaucoup d'autres, m'a charmé : c'est l'affirmation franche et complète de l'amour entre l'homme et la femme, non pas de l'amour mystique et figuré seulement, mais de l'amour réel et substantiel, contrairement aux théologiens pédants, auxquels Milton n'accorde aucunement voix au chapitre[3] » – mais pour professer la force d'engagement total de l'amour, et opposer la charité au fallacieux amour asexué que les prêtres vantaient souvent naguère comme dérivatif, qui ne parvient pas même à son but (contenir les passions), mais seulement à tenir l'âme loin du sentiment de l'amour en tenant le corps loin de l'amour lui-même. C'est en ce sens que Liszt écrira encore à Carolyne : « Le stoïcisme est une idée noble et forte – mais après tout ce n'est qu'une sorte de prison cellulaire pour l'âme. Le christianisme, c'est la liberté dans l'amour, et le salut dans la douleur[4]. » Ce qu'il écrit plus de vingt ans plus tard à la même exprime le lien subtil que l'amour *eros* entretient avec l'amour *agapè :* « Mes amours ont commencé bien tristement – et je me résigne à les voir finir de même. Néanmoins je ne renierai jamais l'Amour – malgré toutes ses fausses apparences et ses profanations[5] ! » Le mot lui-même arrive sur le tard, dans une

1. LBM p. 59 (lettre n° 4, septembre 1837).
2. 8 février 1861.
3. 29 janvier 1848.
4. 6 juillet 1853.
5. 26 août 1874.

lettre que le vieux musicien fit paraître le 8 février 1883 dans la *Gazette de Hongrie*, dans le cadre d'une polémique qui ne nous occupe pas ici, où il écrit notamment : « La devise de mon patron, saint François de Paule, est "Caritas !" J'y resterai fidèle ma vie durant ! »

1883... Faut-il une vie entière pour dire d'un mot ce qu'est l'amour ? *Tu aimeras ton prochain comme toi-même.* Quelques mois auparavant, Liszt avait fait cet aveu à Carolyne : « Le seul sens actif et très vivace que je conserve est celui de la compassion – avec les vibrations intenses des douleurs humaines. Parfois, à de courts moments, je ressens celles des malades dans les hôpitaux, des blessés à la guerre, et même celles des condamnés aux tortures, ou à la mort. C'est quelque chose d'analogue aux stigmates de saint François – moins l'extase, qui n'appartient qu'aux saints ! Cette bizarre hypertrophie du sens de la compassion m'a atteint à l'âge de seize ans – alors que je voulais me laisser lentement mourir de faim au cimetière de Montmartre. Elle ouvrit mon cœur aux sublimes consolations chrétiennes[1] ! »

Est-ce de n'avoir pas suivi cette pente de son cœur pour la compassion, qui jeta peu à peu sur la conscience du musicien ce voile de tristesse que j'ai déjà évoqué et qu'on verra plus encore par la suite ? Les biographes racontent qu'à l'heure où le choléra faisait en 1832 son œuvre de mort sur Paris, le jeune musicien était allé à plusieurs reprises dans les hôpitaux rendre visite aux malades et aux mourants. Il ne fit rien de la sorte par la suite – sauf de donner un peu partout d'innombrables concerts de charité, d'offrir sans cesse sa renommée et son talent (et son temps) à la défense de tant de ses confrères musiciens, d'ouvrir grand les portes de son enseignement à des dizaines d'élèves sans rien demander en retour, et de distribuer aussi l'argent

1. Décembre 1882.

avec une générosité presque excessive. C'est cette charité exercée selon sa vocation artistique, qui l'amena après Weimar, alors qu'il vieillissait, à des déplacements incessants, afin de répondre aux appels de ceux qui disaient avoir besoin de sa personne et de son nom ; c'est de cette charité qu'on peut dire qu'il mourut, en venant en 1886 à Bayreuth, alors qu'il était fatigué et malade, pour répondre à l'injonction de Cosima, qui avait réclamé la présence de ce père qu'elle refusait pourtant de voir depuis trois ans, afin de redorer la bourse mal en point du festival Wagner[1].

Cette belle et grande disposition à l'abnégation n'empêcha pourtant pas le vieux Liszt de souffrir secrètement de n'être pas parvenu à suivre le chemin de la vocation consacrée – celui-là même que suivit l'un de ses plus brillants et plus chers disciples, Hermann Cohen, enfant terrible du piano devenu carme déchaux en 1850, mort en janvier 1871 à Berlin, au lazaret de Spandau, pour avoir contracté le typhus en administrant les sacrements aux soldats français de la guerre franco-prussienne, après une seconde vie entièrement consacrée à l'annonce de la Bonne Nouvelle. Une lettre à Carolyne, déjà citée dans les pages précédentes, où Liszt revient sur les vocations religieuses de son adolescence, dit en quelques mots des regrets qui fleurent le remords : « À tort et à travers, on ratiocine sur l'Idéal ! Je n'en connais pas de si haut que celui du prêtre méditant, pratiquant et enseignant les trois vertus théologales : Foi, Espérance et Charité – jusqu'au sacrifice volontaire de sa vie, couronné par le martyre, quand Dieu le donne ! Aurais-je été digne d'une telle vocation ? La grâce divine pouvait seule l'effectuer ! Toujours est-il que les chères tendresses de ma mère, et la prudence de l'abbé Bardin

1. Cf. p. 273.

m'ont laissé aux prises avec des tentations que je n'ai su vaincre qu'insuffisamment ! La poésie, la musique et aussi quelque grain de révolte native m'ont trop longtemps subjugué ! *Miserere mei, Domine*[1] ! »

> Pitié pour moi, mon Dieu, dans ton amour,
> Selon ta grande miséricorde, efface mon péché.
> Lave-moi tout entier de ma faute,
> Purifie-moi de mon offense [2].

Étrangement, Liszt, qui mit plusieurs psaumes en musique (13, 18, 23, 116, 129, 137), ne composa jamais de Psaume 50. Il porta toutefois cette très fameuse prière vers la musique instrumentale, en empruntant d'ailleurs à d'autres compositeurs : Palestrina d'abord, avec le « *Miserere* d'après Palestrina » des *Harmonies poétiques et religieuses* (pour piano, 1847), puis Allegri, dans une œuvre étrangement composite, écrite en 1862 en deux versions (pour piano sous le titre *À la chapelle Sixtine*, pour orgue sous celui d'*Évocation à la chapelle Sixtine*), qu'il porta à l'orchestre en lui conservant le premier des deux titres. C'est là que Liszt chante son *Miserere*, dans cette page à peu près jamais jouée, l'une de ses œuvres il est vrai les plus curieuses et des plus étonnantes – dans sa version orchestrale tout particulièrement. Elle redonne son vrai visage à la demande de pardon du pénitent en transcrivant tout à la fois son cri et son espérance.

Liszt, qui avait quitté Weimar à la mi-août 1861, où il avait passé douze ans, était depuis octobre à Rome. Il y était arrivé la veille de la célébration tant attendue de son mariage avec la princesse Carolyne von Sayn-Wittgenstein, qui devait

1. 18 juillet 1879.
2. Début du Psaume 50 (51).

résoudre un imbroglio qui avait rongé leurs cœurs durant toutes les années weimariennes. On reparlera au chapitre suivant de ce tournant décisif de sa vie, sauf de rappeler dès ici que le mariage n'eut finalement pas lieu, annulé à la dernière minute dans des conditions dignes du roman que fut la vie de Liszt[1]. Coup terrible pour les presque époux, anéantis par ce retournement de dernière minute. Il ne sera dès lors plus jamais question de mariage et Liszt, que personne d'autre (une fois n'est pas coutume) n'attendait ailleurs, n'eut d'autre choix que de demeurer là où il se trouvait – Rome. Il ne lui restait plus qu'à passer son chagrin aux activités que lui permettait cette ville unique où il avait passé naguère quelques mois avec Marie d'Agoult (en 1839) et où était né son unique fils, Daniel – mort entre-temps. Si la composition fut au premier rang de ces occupations (c'est alors qu'il écrivit les deux merveilleuses *Études de concert* pour piano[2]), Liszt passa aussi de nombreuses heures à voir et admirer les augustes monuments romains. Il prit plaisir aussi à se rendre à la chapelle Sixtine pour y entendre les chœurs, dont le fameux *Miserere* d'Allegri, célèbre pour ses harmonies, mais aussi pour la transcription que Mozart, qui l'avait entendu en ce même lieu un jour de ses quatorze ans, en avait faite de mémoire, la diffusion de l'œuvre étant interdite hors de la Sixtine. Dans une lettre au grand-duc de Weimar, Liszt fait la description de la sorte de vision qu'il eut alors à la Sixtine, où il dit avoir « cherché la place où devait être Mozart. J'imaginais même que je le voyais et qu'il me regardait avec une douce condescendance. Allegri se trouvait là tout près et semblait presque faire un acte de contrition sur la célébrité que des pèlerins d'ordinaires peu aptes aux impressions musi-

1. Cf. p. 118.

2. N° 1 : « *Waldesrauschen* » (« Les Murmures de la forêt ») ; n° 2 : « *Gnomenreigen* » (« La Ronde des lutins »).

cales ont pris soin d'imposer exclusivement à son *Miserere*…[1] » C'est cette rencontre imaginaire avec ses deux augustes prédécesseurs que transcrit la composition pour cela presque irréelle qu'est *À la chapelle Sixtine*, qui est le Psaume 50 de Liszt – un psaume sans voix, mais éloquent dans sa *composition*.

Dans cette œuvre en forme de collage, Liszt a eu l'idée en effet de juxtaposer le *Miserere* d'Allegri et l'*Ave verum corpus* de Mozart – le premier exprimant la misère de l'Homme et le second la miséricorde de Dieu. Il a toutefois réservé à ces deux citations un traitement différent : tandis qu'il s'est approprié la demande de pardon d'Allegri, qu'il déforme fortement pour lui imprimer les traits terribles de son propre cri, le musicien a laissé indemne l'*Ave verum corpus* de Mozart, repris dans une transcription en formation de chambre et une simple transposition de ton et de registre, sans altération pour la ligne mélodique ni pour l'harmonie. Indemne, le célèbre thème de l'*Ave verum* apporte ainsi au *Miserere* de Liszt une réponse apaisante, comme un écho certes lointain, mais pur et qui s'approche. Pourquoi cette différence de traitement ? Non par simple respect pour le génie de Mozart (cela ne suffirait pas, et d'ailleurs le *Miserere* d'Allegri est digne aussi d'admiration), mais parce que l'agenouillement est de l'homme et emprunte la manière propre de l'individu, tandis que le pardon vient de Dieu et se reçoit en l'état. Au grand-duc, Liszt écrit ainsi de son œuvre dans la même lettre : « Allegri et Mozart en forment les grandes figures. Je les ai non seulement rapprochés, mais comme reliés l'un à l'autre. La misère et les angoisses de l'homme gémissent dans le *Miserere ;* l'infinie miséricorde et l'exaucement de Dieu y répondent et chantent dans l'*Ave verum corpus*. Ceci touche

1. 1er novembre 1862.

au plus sublime des mystères ; à celui qui nous révèle l'Amour victorieux du Mal et de la Mort. »

L'Amour dont parle ici Liszt, qui vainc le péché (le mal) et sa conséquence (la mort), mérite sa majuscule : c'est l'*agapè-caritas*, l'amour charité qui est l'ajustement de l'amour humain (l'*eros-amor*) à la divine miséricorde. C'est cette assomption de l'amour – le plus humain des penchants de l'Homme, qui lui vaut d'avoir été fait à l'image de Dieu – qu'exprime *À la chapelle Sixtine*. Ce que dit en toutes lettres l'exergue que Liszt a choisi pour son oratorio *Christus*, qui proclame la Vérité de l'Amour comme cœur du croire en Dieu, parce que la Charité est *le* cœur de la Révélation apportée par le Christ – *Deus caritas est* : *Dieu est amour* (1 Jn 4, 8).

Se rappellera-t-on ce que Liszt avait écrit de l'amour à Marie d'Agoult en 1840 ? « Pour ceux dont l'âme a soif d'absolu et d'infini, il est *un*, éternellement *un*, sans commencement ni fin. S'il se manifeste quelque part sur terre, c'est surtout [...] dans cette invincible conviction de notre nature angélique, inaccessible à toute souillure, impénétrable à tout ce qui n'est pas lui[1]. » À Carolyne, il écrivait onze ans plus tard : « L'amour se colore et se nuance à l'infini dans le cœur humain. On peut ranger par groupes les principales gradations et dégradations – mais l'élément propre de certain amour est le mystère[2]. » Cet élément propre et mystérieux de l'amour, Liszt en a entre-temps reconnu le nom saint : *Caritas* – l'amour qui vient de Dieu et qui est Dieu, qu'avec ou sans conscience, nos amours cherchent et ne trouvent pas.

Par compassion pour la misère des canuts, observée lors d'un séjour à Lyon effectué durant l'été de 1837, le jeune

1. 20 juin 1840. Cf. chapitre II, p. 000.

2. 27 janvier 1851.

Liszt avait naguère composé l'une de ces grandes pièces de piano des premiers temps : *Lyon* – où résonne en musique la diatribe sociale de l'abbé Lamennais, dont témoigne l'épigraphe « Vivre en travaillant ou mourir en combattant » mise en tête de la partition. Liszt renonça toutefois à intégrer plus tard aux *Années de pèlerinage* cette pièce importante dans son cheminement musical et personnel. Ce qu'il écrivit alors au grand-duc Charles Alexandre (« L'art n'a que faire à se mêler aujourd'hui aux cris rauques des barricades ; sa région est plus haute, plus pure et son action à la fois plus bienfaisante et plus durable[1] ») n'explique qu'en partie ce rejet ultérieur : ce n'est pas tant que le *révolutionnaire* fût devenu entre-temps un *réactionnaire*, comme on le lit parfois entre les lignes de la musicologie lisztienne, mais plutôt que celui qui savait « déguster en connaisseur les argumentations des grands athées », ainsi que l'écrivait Janka Wohl, comprit que nos élans de cœur, pour être purifiés des tentations qui s'y mêlent et le corrompent (orgueil, intérêt, aveuglement philosophique ou politique), doivent s'ajuster à cet Amour *dont le Christ est la tête.* Un amour qui donne, qui se donne et pardonne – un amour sans arme – désarmé devant nos violences et nos égoïsmes et désarmant pour eux – un amour désintéressé et sans tapage qui se nomme *charité* – cet amour gratuit du prochain qu'à la suite de Jésus, saint Paul place au sommet des vertus chrétiennes, dans son beau et fameux *Hymne à la charité*, dont la relecture ne peut lasser : « J'aurais beau parler toutes les langues de la terre et du ciel, si je n'ai pas la charité, s'il me manque l'amour, je ne suis qu'un cuivre qui résonne, une cymbale retentissante. J'aurais beau être prophète, avoir toute la science des mystères et toute la connaissance de Dieu, et toute la foi jusqu'à transporter les montagnes, s'il me manque l'amour, je ne suis rien. J'aurais beau distribuer

1. 23 mai 1848.

toute ma fortune aux affamés, j'aurais beau me faire brûler vif, s'il me manque l'amour, cela ne me sert à rien. L'amour prend patience ; l'amour rend service ; l'amour ne jalouse pas ; il ne se vante pas, ne se gonfle pas d'orgueil ; il ne fait rien de malhonnête ; il ne cherche pas son intérêt ; il ne s'emporte pas ; il n'entretient pas de rancune ; il ne se réjouit pas de ce qui est mal, mais il trouve sa joie dans ce qui est vrai ; il supporte tout, il fait confiance en tout, il espère tout, il endure tout. L'amour ne passera jamais. Un jour, les prophéties disparaîtront, le don des langues cessera, la connaissance que nous avons de Dieu disparaîtra. En effet, notre connaissance est partielle, nos prophéties sont partielles. Quand viendra l'achèvement, ce qui est partiel disparaîtra. Quand j'étais un enfant, je parlais comme un enfant, je pensais comme un enfant, je raisonnais comme un enfant. Maintenant que je suis un homme, j'ai fait disparaître ce qui faisait de moi un enfant. Nous voyons actuellement une image obscure dans un miroir ; ce jour-là, nous verrons face à face. Actuellement, ma connaissance est partielle ; ce jour-là, je connaîtrai vraiment, comme Dieu m'a connu. Ce qui demeure aujourd'hui, c'est la foi, l'espérance et la charité ; mais la plus grande des trois, c'est la charité » (1 Co 13).

Hymne magnifique, qui place la Charité au-dessus de la Foi et de l'Espérance ; hymne terrible aussi, puisqu'il enseigne que ni l'intelligence, ni la connaissance, ni le dévouement, ni la volonté, ni aucun des dons religieux les plus précieux (prophétie, zèle), ni même la foi et les actions *charitables* n'ont aucune valeur sans cet amour qui attend, qui patiente, qui donne, pardonne et ne demande rien – cet amour qui est Dieu, dont Il nous aime et qu'Il a montré aux hommes dans le sacrifice de Son Fils – afin d'incliner nos cœurs à ce retournement vers l'amour qu'on appelle conversion.

Chapitre VIII

Weimar et Carolyne : le temps du retour à Dieu

Parlons autrement d'amour : celui cette fois que se vouèrent dès leur rencontre, en 1847, Franz Liszt et la princesse Carolyne von Sayn-Wittgenstein.

Il y avait eu Marie d'Agoult – il y eut Carolyne. Seconde femme de Liszt selon la chronologie, elle fut la première par la longévité et la place qu'elle occupa dans sa vie et son cœur. D'autres femmes purent l'avoir également chamboulé, ce cœur ; mais aucune n'eut la place singulière que Carolyne y occupa d'emblée et qu'elle y conserva près de quarante ans, envers et contre les vicissitudes du temps. « À mon réveil, ma pensée vient toujours à vous – ma dernière pensée vous appartient de même ! Si le sort nous a séparés, je ne lui obéis que dans la mesure exigée, très à contrecœur, sans nulle rancune », écrira-t-il encore à la princesse, alors qu'il est à quelques encablures de sa fin[1].

Treize ans durant (1848-1860), Carolyne von Sayn-Wittgenstein fut la femme de Liszt à Weimar, où elle souffrit toutes les humiliations que la part maladive qui nous

1. 2 avril 1884.

habite est capable d'infliger à ceux que leur situation autorise à maltraiter. Quoique depuis longtemps séparée de corps avec le prince Wittgenstein, elle n'en était pas moins toujours son épouse et vivait donc en état d'adultère permanent avec Liszt, ce qui lui valut de connaître le venin d'une large partie de la société weimarienne, exception faite d'un petit cénacle, grand-duc et grande-duchesse y compris. Installée à Rome à partir de 1860, où elle se rendit pour plaider au Vatican la nullité de son mariage[1], seule voie ouvrant droit à une union légitime avec Liszt, Carolyne obtint satisfaction du pape, jusqu'au revers d'octobre 1861 évoqué au chapitre précédent : forte du vote positif que le Sacré Collège avait émis le 22 septembre 1860 en faveur de la reconnaissance de nullité de son mariage, confirmée par Pie IX, Carolyne put croire avoir définitivement vaincu ceux qui s'opposaient depuis toujours à son union avec Franz Liszt. Elle avait choisi le jour anniversaire des cinquante ans du musicien (22 octobre 1861) pour organiser ses noces solennelles, dans l'une des grandes églises romaines, San Carlo al Corso. Arrivé à Rome deux jours auparavant, Liszt y avait communié la veille au soir avec la promise. La malheureuse princesse reçut toutefois à onze heures du soir un message du curé de la paroisse lui indiquant que le pape souhaitait revoir une fois encore les tenants et aboutissants du dossier… Ultime et fatale manifestation des intrigues menées au long des années par la famille Wittgenstein, alliée à la

1. Certains commentateurs parlent de « divorce » ou « d'annulation de mariage », concepts étrangers au principe catholique d'indissolubilité du mariage (le mariage conclu et consommé ne peut être dissous d'aucune manière, sauf par la mort). L'Église est en revanche amenée à reconnaître la nullité du mariage dans certains cas (par défaut de consentement notamment), y compris en présence d'enfants, dont la naissance conserve sa légitimité (ce qui était le cas de la princesse Wittgenstein, qui avait eu une fille avec le prince).

Russie et à certains princes de l'Église, pour faire obstacle au projet d'union[1].

Carolyne demeura dès lors à Rome, où elle s'enferma dans son appartement de la via del Babuino, écrivant volume après volume de savants ouvrages théologico-ecclésiologiques par lesquels la malheureuse épouse déçue – qui signa *Carolyne Liszt* son testament – chercha à sublimer son chagrin. La princesse, qui ne vécut plus jamais avec Liszt, conserva jusqu'au bout le dévouement et la confiance ardente qu'elle eut aussitôt pour le génie de celui qui fut à la fois l'homme et le centre de sa vie. « Si je n'avais été formée dès le bas âge à la discipline de l'amour, à l'abnégation de la femme, à la lutte des dévouements, à la valeur des causes opprimées et saintes, à l'obéissance intellectuelle, au respect des hommes chéris de Dieu, à la patience en face des grandes et lentes œuvres, comment aurais-je su t'aimer comme il fallait t'aimer, et croire en toi et espérer avec toi ? » lui avait-elle écrit naguère de Carlsbad[2]. Malgré des divergences et des lassitudes qui apparurent à son égard sous la plume de Liszt dans les années qui suivirent l'échec de leur mariage (« Le grand accablement de mes vieux jours est de me trouver en contradiction d'opinions avec vous. Il n'en était pas ainsi de 47 à 62 ! » lui écrira-t-il en 1877[3]), Carolyne demeura la grande dame de cœur de Liszt, qui éprouva pour elle un sentiment qu'il n'eut pour aucune autre femme : un amour d'un genre unique, assez difficile à circonscrire – l'inclination profonde d'un cœur pour un autre cœur. La volupté n'avait à coup sûr guère à voir dans un sentiment si manifestement élevé

1. Voir le développement très documenté que fait Alan Walker à ce sujet (WALKER II p. 40-49) ainsi que ERESMI et WALKER (1991).

2. 13 juillet 1853.

3. 10 juillet 1877.

– c'est ce que dit la liaison, voluptueuse elle, et clandestine, que Liszt entretint dans les années 1854-1861 avec Agnès Street-Klindworth, tout en continuant de confesser son amour à Carolyne – ; mais le respect, oui, avec une profonde affection et une admiration réciproque pour ce que chacun voyait de grand et de beau dans l'autre.

À l'heure de leur première rencontre, Liszt parlait ainsi du « profond attrait que [lui fit] éprouver à *prima vista* un grand caractère uni à un grand esprit[1] ». Que Carolyne eût décidé de tout sacrifier pour lui, et qu'elle le fît *en effet*, quittant un jour d'avril 1848 avec sa fille Marie ses terres et son passé, après avoir mis en secret dans ses affaires l'ordre que supposait ce départ caché à tous (vente de ses biens, transfert d'une partie de sa fortune), ajoutait au sentiment qu'il lui portait une gratitude sans borne. C'est en ce sens qu'il souhaita faire d'elle sa légitime épouse, durant leur séjour commun à Weimar tout au moins. Ce que résument les lignes qu'il écrivit dans le testament déjà cité de 1860 : « Ce que j'ai fait et pensé de bien depuis douze ans, je le dois à Celle que j'ai si ardemment désiré appeler du doux nom d'épouse – ce à quoi la malignité humaine et les plus déplorables chicanes se sont opposées jusqu'ici avec obstination. À Jeanne-Elisabeth-Carolyne, princesse Wittgenstein, née d'Iwanowska. »

Carolyne von Sayn-Wittgenstein (1819-1887) – la princesse au noble nom allemand était polonaise et fille d'un simple mais grand propriétaire terrien de Podolie (province polonaise d'Ukraine), homme de grand format que Carolyne vénérait et de qui elle tenait une énergie sans faille, une curiosité intellectuelle avide et une érudition qui en imposait à tous. Pour que sa fille adorée eût un nom, le père l'avait contrainte à épouser en 1836 un prince militaire, Nicolas

1. À Marie d'Agoult, 22 décembre 1847.

von Sayn-Wittgenstein, qui avait, lui, besoin de fortune... À l'époque où Liszt fit sa connaissance (début 1847), Carolyne vivait depuis longtemps séparée du prince Nicolas, dont elle n'avait eu qu'une fille (Marie). Elle administrait seule le vaste domaine où elle était née (Woronince), qu'elle avait reçu en dot, à quoi s'étaient encore ajoutées les autres terres héritées de son père. Carolyne était ainsi l'une des premières fortunes d'Ukraine, ce qui jouera plus tard contre son projet de faire reconnaître la nullité de son mariage, les Wittgenstein craignant de perdre la main sur cette manne financière.

À Kiev, pour affaire, au moment où Liszt vint en janvier 1847 y donner plusieurs concerts, la princesse Wittgenstein assista à deux de ses récitals et fit pour le concert de charité qu'il y organisa également un don d'importance qui attira l'attention du pianiste : Liszt voulut connaître la généreuse donatrice, afin de la remercier. Étrangement, c'est une lettre à Marie d'Agoult écrite de Woronince – où Liszt avait suivi Carolyne – qui nous donne le reflet du sentiment que lui inspira celle qui allait bientôt tout quitter pour lui : « Savez-vous une nouvelle ? C'est que je viens de rencontrer à Kiev, par hasard, une femme très extraordinaire, mais très extraordinaire et éminente... à tel point que je me suis décidé à cœur joie de faire 20 lieues de détour pour causer quelques heures avec elle[1]. » Liszt avait fait en vérité plus de 240 kilomètres et séjourna non pas quelques heures mais dix jours auprès de Carolyne...

Quoique jeune encore – elle avait vingt-huit ans (et Liszt trente-six) –, la princesse ne dut assurément pas à son physique, partout décrit comme ingrat, ni même à son visage, presque laid, d'avoir causé pareille déflagration à l'œil du pianiste Don Juan. C'est de beauté pourtant que Liszt parle deux ans plus tard à sa mère, mais d'une beauté

1. 10 février 1847.

il est vrai tout autre : « Je ne sais à quel propos Mme la Princesse Gagarine vous a dit que la Princesse Wittgenstein n'était pas belle. Quand l'occasion s'en présentera, dites à vos amis et connaissances de ma part que je me crois aussi bon connaisseur que qui que ce soit en fait de beauté, et que la Princesse Wittgenstein est belle, très belle même, de cette beauté significative et invincible que le rayonnement de l'âme seul peut donner à la physionomie et aux détails de l'organisme[1]. »

Est-ce pour être moins sensibles à cette *beauté du rayonnement de l'âme* qu'à celle du corps que les lisztiens ont fait longtemps de Carolyne un portrait peu flatteur ? Ou parce que Liszt établit avec cette *femme très extraordinaire et éminente* une relation qui n'eut jamais le romantisme de l'histoire avec Marie, malgré un amour également fort (et singulier) et malgré la nouvelle et rocambolesque fugue de la princesse à travers l'Europe agitée de 1848 ? Il existe à ce sujet deux camps au moins chez les exégètes lisztiens : ceux qui penchent pour la comtesse d'Agoult et ceux qui lui préfèrent la princesse Wittgenstein. Les premiers, qui sont les plus nombreux, s'exaspèrent des sublimités de pensée de Carolyne et brossent d'elle un portrait de femme savante exténuante, sur la base de témoignages de ceux qu'elle a pu en effet assommer. « Tandis qu'elle parle des heures, elle accorde à peine à son interlocuteur un demi-minute pour lui répliquer » écrivait ainsi Hans von Bülow[2]. « L'effroyable manie professorale de la princesse » dont parlera également Wagner (« un monstre par excès d'esprit et de cœur ») harassa Liszt aussi maintes fois semble-t-il, durant la dernière époque tout particulièrement, où il passa assez nettement de l'admiration à la fatigue. Deux traits tirés de leur correspondance des quinze dernières

1. Lettre non datée (fin février ou mars 1849).

2. À sa mère, 2 septembre 1850.

années suffiront à en témoigner : « Votre vol vous a transportée à des régions plus sublimes – et je suis resté seul dans la vallée rocailleuse de l'Art usuel, au jour le jour » (29 octobre 1872) – « Vos hauteurs théologiques et politiques me restent inaccessibles ! » (10 juillet 1882). Rien de tout cela, pas plus que certaines explications cupides (Liszt aurait conclu alliance avec Carolyne pour sa fortune) ou psycho-sociales (le désir d'élévation par les femmes – une princesse après une comtesse – ne nions pas mais passons là-dessus : nos humaines unions sollicitent tant de raisons, conscientes ou non), rien n'efface ni n'amoindrit le singulier amour que Liszt eut pour Carolyne, ni ne permet non plus d'expliquer à ce point l'acharnement de ses détracteurs. Son manque d'aura posthume, gageons que Carolyne l'aura dû en grande part à ce qui résume la personne qu'elle était, défauts et qualités mêlés : la foi. C'est assurément ce que Liszt y aura vu et trouvé aussitôt, puisque c'est par Carolyne que la foi fit chez lui son grand retour. On connaît le rôle considérable que la princesse joua dans le développement artistique de Liszt ; on a moins souvent pris en considération cet aspect de son influence. Il est pourtant crucial pour l'homme comme pour le musicien.

Étant polonaise, Carolyne était catholique – ce qui ne suffisait pas à en faire la croyante qu'elle était. Car catholique, Carolyne l'était ardemment. C'était là un legs de son père, de qui elle fut par là encore la totale héritière, ce qui n'est pas peu dire, car de son aveu même, cet héritage explique bien des choses. « Si je n'avais été la fille de mon père, je n'eusse jamais su être ton épouse » avouera-t-elle un jour à Liszt[1]. La correspondance de Franz avec Carolyne

1. 13 juillet 1853.

ne rougit pas de la comparaison avec celle qu'il entretint avec Marie d'Agoult : les lettres montrent une flamme d'une égale intensité, dans les premiers temps bien sûr, mais encore longtemps après. L'énormité du don que Carolyne fit pour Liszt, et son immédiateté – tout fut décidé et fait en une année – disent mieux que tout l'incroyable force de l'amour qu'elle voua au musicien. « J'ai voulu et je veux être *toute* à toi, *toute* par tous les côtés de mon être, toutes les faces de mon existence, et te donner *tout* sans rien prendre aux autres[1]. » Les mots de Liszt, empreints d'une même ardeur, ont partout à voir avec ce don total de Carolyne ; l'amour qui s'exprime sous sa plume tient souvent à un fort sentiment de reconnaissance : de celle qu'on ressent pour qui vous fait renaître. « Que faites-vous autre chose si ce n'est condenser et réserver toutes vos miséricordes, toutes vos charités, en tendant ainsi que vous le faites, votre et belle et noble main à un malade, à un enfant, aussi désolé, aussi désordonné, aussi desséché de pleurs que je le suis ! Oh ! oui, vous êtes pour moi l'ange de la miséricorde céleste – d'ineffables secrets me sont révélés en vous – et désormais je mourrai en paix en bénissant votre nom[2]. »

Ce simple extrait suffirait à le comprendre : Liszt trouva dans l'amour dévoué de Carolyne plus qu'un apaisement : un rachat de ces fatigues qui viennent à l'approche du milieu de la vie. Celles de Liszt étaient l'envers de cette ivresse de la célébrité que les hommes ont toujours vantée comme le pinacle de la réussite et du bonheur. Fatigues des pérégrinations incessantes, des applaudissements partout essuyés et des honneurs partout reçus, de tout le lustre et le luxe d'une vie d'artiste adulé, mais sans port ni attache, et sans repos non plus ni affection autre que des relations

1. *Ibid.*
2. 19 mars 1848.

de passage. Lassitude aussi des traces vénéneuses laissées par l'exténuant amour narcissique et nerveux de Marie d'Agoult, dont témoigne l'inspiration tristement méchante de *Nélida*, paru en 1846, peu avant que Liszt ne rencontre la princesse Wittgenstein. Une lettre à Marie, écrite le 8 décembre 1842 d'Utrecht, où Liszt était venu donner un concert de plus, lie ensemble la lassitude de la gloire et celle du désamour : « Il me semble que j'ai oublié de vivre. Mes rêves deviennent confus et les années me creusent un abîme de misère. Il ne nous faudrait que peu de choses pourtant – si vous le vouliez. Je n'ai pu me rattacher à rien ; je quitterai toutes ces besognes si factices, si inutiles, comme on quitte un manteau usé, le jour que je croirai que vous serez encore heureuse de vivre avec moi. Mais [...] je n'ai point cru que je suffisais à votre vie, et dans l'alternative j'ai préféré cette vie de vagabondage à une stagnation maladive qui m'aurait tué sans vous faire vivre. Je ne me le dissimule point – ma vie depuis trois ans n'est qu'une série d'excitations fébriles et souvent volontaires, aboutissant aux dégoûts et aux remords. Il me faut *dépenser* et dépenser encore la vie, la force et l'argent et le temps sans jouissance dans le présent, sans espoir dans l'avenir. »

L'épuisement qui se lit ici et le désespoir dont il le menaçait, Liszt l'exprima à la même époque dans une fameuse mélodie, écrite vers 1845, qui emprunte aux vers d'un poète allemand oublié (Georg Herwegh), ami de Wagner. Le titre le dit d'ailleurs déjà : *Ich möchte hingehen* – « Je voudrais disparaître ».

Tel le pourpre du soir je voudrais disparaître,
Et telle la lumière en sa dernière ardeur,
– Ô mort légère et douce, insensible à mon être, –
Au sein de l'Éternel m'abîmer sans douleur !

Comme la claire étoile, éclatante et sereine,
Je voudrais m'effacer alors que mon feu luit,
Silencieux comme elle, ignorant toute peine,
Heureux de me plonger au bleu profond des nuits.

Confession d'autant plus terrible qu'un *« Non ! »* abrupt répond finalement à la question posée au milieu du poème : « Dieu voudra-t-il aussi me donner le signal, boire mon âme enfin, lasse et qui se résigne ? »

Non, tu ne seras pas l'étoile radieuse
Ni le pourpre du soir ; non plus comme une fleur
Tu ne pourras finir ! Ton âme malheureuse,
Nul rayon du matin n'en boira la douleur !

Oui, tu disparaîtras, ne laissant point de trace,
Mais le destin d'abord t'accablera de maux ;
La mort dans la Nature est douce et sans menace,
Le pauvre cœur humain se brise par morceaux[1].

Terrible condamnation, qui résume – n'en doutons pas – l'état du Liszt d'après Marie et d'avant Carolyne, celui de la si glorieuse *Glanzperiode*, tant admirée et vantée.

Le désespoir qu'exprime *Je voudrais disparaître* marque le tournant qui survient au gué des vies des fils prodigues : on se prend soudain à mesurer son existence si remplie de bruit et de vide, et l'on rumine dès lors un désespoir où s'amorce le chemin du retour. C'est ce que révéla à Liszt la rencontre de Carolyne, à qui il écrira plus tard, au sujet de cette grande et terrible mélodie : « Je ne me doutais guère alors qu'il se trouvait *quelqu'un* pour l'écouter de la sorte – car comment aurais-je imaginé que je rencontrerais

1. Cité par STRICKER (p. 68-69), à qui j'emprunte aussi la traduction française.

une femme pareille – et que cette femme voudrait devenir la mienne ! » – « Mon cœur s'était changé en pierre – mais de cette pierre Dieu a tiré, par *vos* larmes, une source jaillissante, et rejaillissante jusqu'à la vie éternelle » lui écrira-t-il quelques jours plus tard encore[1].

On le voit, c'est un autre retour qui se manifeste après la rencontre avec Carolyne : celui que le vocabulaire religieux fait alors sous la plume de Liszt, qui ne s'en départira plus. Le retour à la vie que cet amour unique que la princesse lui inspira et lui donna tout à la fois ne se démêle pas du retour de Liszt vers la foi. Il est présent à presque chaque lettre de leur immense correspondance. N'en prendrions-nous qu'une, ce serait celle que Liszt adressa à Carolyne le 13 juin 1856 : « Bon Dieu a eu heureusement soin de me donner autre chose que ce que je mérite, et en le bénissant du fond du cœur, je songe doucement, tendrement, et – passez-moi le néologisme – "célestement" à vous ; car de mémoire d'homme, pareil amour ne s'était rencontré ! Croyez bien que j'en ai le sentiment à chaque heure de ma vie, et si jamais je fais ou suis quelque chose de bien, c'est par ce sentiment que je le ferai ou le serai. Amen ! »

La part que l'entrée de Carolyne prit dans l'évolution et la situation artistiques de Liszt est à la fois réelle et bien connue. C'est par elle en grande part que Liszt trouva la force de quitter un beau soir de septembre 1847 (à Elisabetgrad, aujourd'hui Kirovograd, en Ukraine) sa carrière de pianiste itinérant, pour aller s'établir chef d'orchestre à Weimar. Il y avait certes été nommé cinq ans plus tôt *Maître de chapelle en service extraordinaire* (novembre 1842), mais le titre était essentiellement honorifique, et Liszt

1. 12 et 24 avril 1851.

n'avait fait depuis que quelques apparitions au pupitre, ne s'investissant dans ses fonctions de chef d'orchestre qu'en février 1848, à son installation dans la ville. Ce tournant décisif de sa vie d'homme et d'artiste accompagna une mutation plus cruciale encore, où Carolyne eut une part cette fois-ci déterminante : c'est par elle en effet que le plus célèbre des pianistes osa se dire pleinement compositeur et le devint effectivement. La mutation commença d'ailleurs dès le second séjour de Liszt à Woronince, à l'hiver 1847-1848, où il travailla en grande part aux *Harmonies poétiques et religieuses*, qu'il dédia « à Jeanne Élisabeth Carolyne » lorsque la partition parut en 1852. Il n'y a qu'à aligner quelques-unes des grandes œuvres que Liszt accomplit à Weimar, en plus de l'intense activité de chef d'orchestre qu'il y mena au cours des douze années qu'il passa là, pour voir et admirer la mutation du pianiste en compositeur : la *Sonate pour piano*, les deux *Symphonies* (*Faust-Symphonie*, *Dante-Symphonie*), les douze poèmes symphoniques, les deux *Concertos pour piano*, la *Totentanz* pour piano et orchestre, les *Études d'exécution transcendante*, les *Études d'après Paganini*, les *Rhapsodies hongroises*, la *Messe de Gran*, le *Psaume XIII*...

Par sa foi dans le génie créateur de Liszt, par son dévouement et son implication dans ses projets artistiques, Carolyne fut le moteur de cette mutation par quoi le papillon virevoltant qu'était volontiers Franz Liszt se fit en quelque sorte ver à soie. Elle le fut aussi par sa présence quotidienne et un encadrement ferme et aimant qui força la fragile concentration au travail de Liszt, toujours prêt à se laisser happer par les lumières du monde. C'est à juste titre qu'elle put ainsi écrire plus tard à Adelheid von Schorn, fille de l'une de ses rares amies weimariennes : « Pendant douze ans je me suis souciée de lui, travaillant toujours dans la même pièce que lui, autrement il n'aurait jamais composé tout ce qui caractérise la période weimarienne ! Le génie ne lui a pas manqué – mais la persévérance – l'application, et l'assiduité au travail. Si personne ne l'aide en ce sens, il ne peut pas – et quand il sent qu'il ne peut pas, il a recours à des excitants... Il faut s'asseoir auprès de lui en travaillant aussi longtemps que l'on veut qu'il travaille lui-même. Sans une telle société féminine tranquille, mais ferme, calme, douce et dévouée, il ne peut rien faire de grand, il ne peut que fignoler. » Ce que confirment certains mots du testament de Liszt : « Ce que j'ai fait et pensé de bien depuis douze ans, je le dois à Celle que j'ai si ardemment désiré appeler du doux nom d'épouse. [...] Elle s'est non seulement associée et identifiée complètement et sans relâche à mon existence, mon travail, mes soucis, ma carrière – m'aidant de son conseil, me soutenant par ses encouragements, me ravivant par son enthousiasme avec une prodigalité inimaginable de soins, de prévisions, de sages et douces paroles, d'ingénieux et persistants efforts ; plus que cela, elle a encore souvent renoncé à elle-même, abdiquant ce qu'il y a de légitimement impératif dans sa nature pour mieux porter tout mon fardeau dont elle a fait sa richesse et son seul luxe ! »

L'œuvre que Carolyne effectua dans la vie et la personne de Franz Liszt ne s'arrête pourtant pas là : car c'est aussi à son contact que Liszt retrouva la foi perdue de sa jeunesse, et cette métamorphose en elle-même bienheureuse influa grandement sur son devenir artistique. « À 8 h, j'ai communié à ce même autel, où après de longues années vous m'avez fait retrouver le Dieu de mon enfance » lui écrira-t-il, reconnaissant, bien après leur séjour commun à Weimar[1]. Sans doute aucun, Carolyne figura d'emblée à ses yeux l'une de ces fidèles dont la foi illu-

1. 12 février 1869.

mine les cœurs égarés, les cœurs rebelles ou simplement préoccupés, et les retourne presque brutalement vers Dieu. À partir de la rencontre avec Carolyne, Liszt refit ce qu'il n'avait plus guère fait sans doute depuis celle avec Marie : il s'approcha de nouveau de la croix et fléchit les genoux devant elle ; il se remit à l'écoute de la parole dont la lecture l'avait au cours des ans « rentré encore plus avant dans le doute[1] » ; au milieu des flatteries incessantes, il chercha à redonner un peu de place à l'humilité chrétienne et à ramener ici et là le silence de la prière et de l'adoration au sein de la rumeur avantageuse des hourras ; il revint également au banc des messes et entendit et médita à nouveau la Parole.

Cette résurrection qu'est toujours le retour à Dieu, il a fallu Carolyne pour qu'elle s'accomplisse dans l'existence de Liszt. « De tous les bienfaits que je vous dois – le plus grand, le plus immense est assurément de m'avoir rendu complètement à la foi de mes jeunes années[2]. » Bien des commentateurs furent et sont encore tentés de voir ici la marque de l'influence – la main de la Princesse plutôt que celle de Dieu. Vue absurde. Tous ceux qui ont emprunté ce chemin le savent : ce n'est pas *sous influence* qu'on vient à Dieu ni qu'on revient vers Lui : l'influence, c'est ce dont jouent les fausses lumières, qui éblouissent un temps mais que le temps tarit (convictions philosophiques du moment ou révélations magiques des sectes). Les retours à Dieu trouvent leur origine plus simplement dans une *rencontre* intérieure dont l'élément extérieur qui le supporte est le simple véhicule, parce que la foi était déjà présente et prête à éclore, envers et contre les faiblesses, les dilutions, les

1. Lettre à Henri Lehmann du 20 septembre 1840 : « J'ai relu dernièrement quelques livres de la Bible, ils m'ont rentré encore plus avant dans le doute. »
2. 6 juillet 1853.

masques, les influences nocives ou l'immaturité. Liszt parlera ainsi sept ans plus tard de son désir de « [s]e recueillir, prier et [s]e renouveler intérieurement, par la grâce de N. S. Jésus », ajoutant : « Vous savez que ce n'est pas là une vaine formule pour moi, mais bien l'aspiration et la soif dévorante de toute ma vie[1] ! » La part que Carolyne joua dans le retour de Franz Liszt à la foi est donc aussi simple que décisive : c'est celle que l'étincelle joue à l'égard du gaz – une mise à feu où l'amour de l'autre et l'amour de Dieu ne se départagent pas. « Votre Dieu est mon Dieu, et notre foi et notre amour se confondent, soyez-en certaine[2]. »

Pourtant, si Liszt, par Carolyne, est revenu d'un coup à la foi, il n'est pas revenu d'un coup à sa pratique entière. Le désir du retour peut être fulgurant, le chemin n'en est pas moins ralenti par les embûches dont il est semé, et chacun l'accomplit à son pas, au long d'un pèlerinage qui s'étend en vérité à la vie tout entière. La correspondance de Liszt laisse entrevoir quelques étapes de ce cheminement. À l'heure du premier renouveau, il écrivait ainsi de Woronince à Marie d'Agoult : « Dieu n'a laissé à la liberté de l'homme qu'un seul pouvoir : celui d'affirmer sa foi et de pratiquer sa croyance selon sa raison et son cœur. La plus ou moindre réalisation de son *espérance* ne dépend pas de lui ; nous ne pouvons que marcher vers le but – s'il recule... Eh ! bien marchons encore[3] ! » Bien d'autres citations le confirmeraient : l'expression religieuse qui, dès les premiers temps, reprit droit sous sa plume montre que Carolyne fut bien à Liszt son pilier de Notre-Dame.

1. 8 octobre 1860.

2. 6 juillet 1853.

3. 22 décembre 1847.

Une lettre à Agnès écrite quatorze années plus tard témoigne toutefois aussi de la lenteur du cheminement : « La prière seule me soulage par moment, mais hélas ! je ne sais plus prier avec beaucoup de continuité quelque impérieux que soit le besoin que j'en ressens[1]. » Les fils prodigues peuvent bien connaître l'accueil aimant du Père et lui en rendre grâce : les traces de l'abandon sont plus profondes qu'on ne le croit et nous avons bien du mal à nous laisser guérir de blessures dont la conscience est déjà une étape, mais une étape seulement. Il est vrai que l'irrégularité de la situation matrimoniale de Liszt l'empêcha durant ces années weimariennes de bénéficier de l'assistance des sacrements, auxquels il ne put avoir recours qu'à la perspective de son union légitime avec Carolyne, après le vote du Sacré Collège en faveur de la reconnaissance de nullité du mariage de celle-ci avec le prince Wittgenstein, ce qu'indique cette lettre du 1er décembre 1877 que j'ai déjà citée (« après m'être douloureusement privé pendant 30 années, de 1830 à 60, du sacrement de la pénitence ») – qui dit aussi qu'il ne s'en priva plus, ce que la suite confirme. « Cette foi qui m'a lui dès ma jeunesse et nous a rapprochés, cher ami, à notre première connaissance, ne s'est jamais éteinte dans mon cœur » écrivait-il en 1862 à son vieil ami et défenseur Joseph d'Ortigue : « Bien des secousses, des fautes, des travers m'en ont détourné souvent, hélas ! Cependant Dieu m'est resté dans son infinie bonté et miséricorde. Du fond des entrailles, je me sens chrétien, et j'incline avec allégresse toute mon âme sous le joug doux et léger du Christ, notre Sauveur, en tâchant de pratiquer humblement ce que son Église nous commande par amour de nous[2]. » Et quelques jours plus tard, à sa mère

1. 21 mars 1861.

2. 28 novembre 1862.

cette fois : « Vous savez, très chère mère, que durant quelques années de ma jeunesse je hantais incessamment pour ainsi dire la région des saints, par intuition. Rien ne me paraissait aussi naturel que le Ciel, aussi vrai et doux que la bonté et la miséricorde de Dieu. Malgré les singularités et les fautes de ma vie, nulle chose ni personne n'ont jamais pu me détacher entièrement de ces chères arrhes d'immortalité et de salut, que mes prières à l'église de Raiding, de Frauendorf, de Mariahilf à Vienne, de Notre-Dame de Lorette et de Saint-Vincent-de-Paul à Paris, m'avaient données. Les orages survenus depuis n'ont pas empêché la bonne semence de lever dans mon âme, et maintenant plus que jamais, les vérités de la foi la pénètrent d'outre en outre. Aussi en relisant la vie des saints me semble-t-il retrouver après un long voyage d'anciens et vénérables amis que je ne quitterai plus[1]... »

« Il est grand le mystère de la foi » proclame le célébrant à l'anamnèse.

Des Pères de l'Église aux théologiens d'aujourd'hui, toute une kyrielle de saints, de mystiques, de papes, de prêtres, de popes et de pasteurs (n'oublions pas Luther, tout de même), et même de philosophes, ont rempli des bibliothèques entières de discours sur la foi. Et ils continuent de le faire.

Cette surabondance dit bien déjà que la foi est au cœur de l'Homme, habité quoi qu'il arrive, et malgré lui-même, par un irrépressible élan vers Dieu. Liszt en parle simplement et bellement, dans une lettre à Carolyne où il est question d'un ouvrage de Proudhon (*Philosophie du progrès*), lu au cours d'un voyage en train, dont il fait l'éloge pour

1. 2 décembre 1862.

une certaine vision de l'Homme, mais dont il critique l'athéisme. En quelques mots, il règle surtout le mouvement irrésistible dont le croyant est animé : « S'il était constaté que toutes les preuves métaphysiques à l'appui de l'existence de Dieu sont réduites à néant par les arguments de la philosophie, il en resterait toujours une absolument invincible : l'affirmation de Dieu par nos gémissements, le besoin que nous avons de Lui, l'aspiration de nos âmes vers Son amour. Cela me suffit, et je n'en demande pas plus long pour rester croyant jusqu'au dernier souffle de ma vie[1]. » À toute la docte théologie de la foi, Liszt – ce *pauvre musicien* – peut bien ajouter son grain de sel, car son témoignage est celui de tout croyant.

Pourtant, si forte soit-elle, la foi ne l'est jamais suffisamment ni même continûment pour que le *croyant* soit assuré d'être bien en marche vers la sainteté, qui est pourtant la perspective dans laquelle il a consenti un jour d'être replacé. Il se prend lui-même partout en défaut et doit bien reconnaître qu'il ne fait souvent pas beaucoup d'effort pour suivre le chemin où il est pourtant aspiré. Pour peu qu'il cherche un jour à se mettre à l'école de Jésus ou d'un saint de prédilection, voilà qu'il tire des défauts des qualités du maître qu'il se donne : il devient moraliste et dogmatique, bavard et bravache, et parfois même tout simplement vache, avec autrui surtout, parlant toujours d'amour, de charité et en montrant bien peu. C'est ce que l'adversaire de la religion reprochera toujours au croyant – un beau reproche d'ailleurs, puisqu'il lie en creux la foi et la sainteté. Que l'œil critique ne retienne du croyant que le pire ne change rien : il fait seulement avec hargne un reproche que le Seigneur fait avec amour et le confesseur avec *foi* et patience. Car c'est à juste titre toujours qu'on reprochera

1. À Carolyne, 2 août 1855.

son manque d'amour au fidèle, qui s'en fait d'ailleurs le reproche lui-même : d'*imitation de Jésus Christ,* il sait très bien qu'il n'en a jamais été vraiment question que petitement dans sa vie – surtout si elle est riche comme l'était celle de Liszt (ou comme l'est la nôtre !). L'esprit est fort mais la chair est faible, et on s'attache plus aisément au pied de la lettre qu'au pied de la Croix... Le malheureux *croyant* ne fera pas que se consoler de ses faiblesses en se disant qu'en se reconnaissant si loin de l'amour qu'il vante, et qui pour lui est *vraiment* tout, il gagne au moins en humilité et finira peut-être par être un jour – un beau jour ! – capable de s'approcher un peu plus près de ce qu'il croit : ne pas désespérer de n'être pas parfait en espérant d'être perfectible, tel est le chemin sans gloire de la foi ordinaire, qui d'ailleurs mène tout aussi bien à la miséricorde – et à la sainteté.

« Nous ne sommes pas des saints – et à toutes les époques les saints ont été des natures exceptionnelles, des *Vases d'élection* » écrivait Liszt à sa bonne mère[1] – à tort d'ailleurs, car les saints ne nous semblent des êtres d'exception que parce qu'ils consentent *totalement,* alors que nous ne le faisons qu'en partie, quoique le consentement total ne nous soit pas moins réservé ni impossible. Et Liszt de poursuivre : « Mais sans nous élever à leur hauteur et en nous renfermant simplement dans la pratique de la *règle du bien,* ne pourrions-nous pas nous assimiler par la pensée quelques parcelles de ce qu'il y a de sublime et de profondément tendre dans leurs sentiments ? Si nous tolérons souvent ce qui est au-dessous de cette *règle du bien,* et si notre tolérance va même quelquefois jusqu'à la mollesse, la subtilité et la sympathie, pourquoi tant nous récrier contre ce qui est au-dessus ? » Qui peut le plus peut le moins, dit le sens

1. 2 décembre 1862.

commun en matières matérielles ; le *croyant* Franz Liszt répond qu'en matière de foi, qui se contente du moins doit garder le plus devant les yeux, pour prendre *au moins* la mesure de ce qui l'en sépare et conserver l'espérance d'être un jour élevé par-delà les limites de son petit consentement.

Chapitre IX

Le Neuvième Commandement

Un jour de juillet 1850, le 15 exactement, Liszt écrivit de Weimar à sa mère pour lui faire cette annonce : « Dans peu de mois, avant la fin de l'année je pourrai vous fixer le jour de l'événement le plus heureux et le seul important et définitif de ma vie, – mon mariage, – lequel s'accomplira malgré tous obstacles et empêchements, toutes haines, calomnies, injustices – et conversations inutiles ! Ce sera un jour plus qu'heureux pour moi ; je ne vous l'écrirai pas, mais je vous bénirai de m'avoir mis au monde et je demanderai à Dieu de vous rendre participante de la joie dont il me comblera alors. J'aurai enfin une femme *bien selon mon cœur*, et bien au-dessus de mes rêves, de mes désirs et de mes ambitions [...]. »

Liszt était alors depuis deux ans à Weimar, où il était arrivé en juin 1848, avec Carolyne. Soucieux de sauver les apparences (il s'agissait de ne pas ruiner la première requête de reconnaissance de nullité de Carolyne, déposée auprès de l'archevêque de Saint-Pétersbourg), il élut d'abord domicile à l'*Erbprinz*, le grand hôtel de Weimar. La demande de la princesse ayant été rejetée, Liszt prit sur lui de faire fi des convenances, rejoignant à l'automne le fameux *Altenburg*, villa située à l'extérieur de la ville, sur un coteau planté de sapins, que Carolyne avait investie avec sa fille Marie. C'est là que le musicien et la princesse passèrent leurs dix années de vie commune – lieu de perdition pour la plupart des habitants de la petite capitale de Thuringe, lieu mémorable pour les nombreux artistes qui y séjournèrent.

Sûre de son bon droit, la princesse ne s'était pas arrêtée à l'arrêt de rejet, reprenant sa démarche par un autre bout. On a vu que l'affaire devait l'occuper dix ans encore, l'entraînant avec Liszt dans un entremêlement sans nom de procédures compliquées, la question canonique servant d'alibi à d'obscurs combats d'intérêt menés par la famille Wittgenstein, avec la trouble complicité de ce grand de l'Église dont on a rencontré le nom dès les premières pages de ce livre : Gustav Hohenlohe – celui-là même qui devait tonsurer le musicien. Liszt et Carolyne ne furent d'ailleurs pas longs à deviner l'implication du prélat, sans finalement lui en tenir non plus rancœur. À Agnès Street-Klindworth, Liszt confiait ainsi finalement : « Malgré les rapports aussi fréquents que pleins d'affabilité de la Princesse Wittgenstein avec Gustav Hohenlohe durant les premiers mois de son séjour à Rome, l'hostilité de ce dernier dans l'affaire principale, où il a tout fait pour empêcher une conclusion favorable est malheureusement un fait avéré » – ajoutant encore : « Il argua de certains scrupules théologiques, ne voulant pas me dire simplement ce que du reste je sais aussi bien que lui : c'est que les Wittgenstein ont passé procuration de leurs *menées* aux Hohenlohe, et qu'on était décidé à empêcher par tous les moyens le mariage de la Princesse avec une individu de ma sorte[1] » – c'est-à-dire avec un saltimbanque.

1. 8 novembre 1860. Mgr Hohenlohe était partie prenante du fait que son neveu, le prince Constantin zu Hohenlohe-Schillingsfürst, avait épousé en octobre 1859 la princesse Marie, fille de Carolyne.

La dure loi des hommes fit son œuvre plus loin qu'elle ne l'espère souvent elle-même : c'est pour toujours qu'après cet échec, Carolyne renonça à devenir madame Liszt, alors même que le décès en mars 1864 du prince Wittgenstein lui en laissait l'entière possibilité. La déception avait eu raison de son énergie et les époux sans bagues avaient entamé une relation tout autre, où l'éloignement physique précéda celui du cœur, malgré l'estime réciproque et une union morale qui dura jusqu'au bout. Les musicologues n'ont cessé d'échanger arguments et contre-arguments pour comprendre les raisons de cette résignation commune, où il ressort notamment que Liszt se serait fatigué de Carolyne – ce dont on a vu en effet quelques reflets. Ce n'est pourtant pas en vain que dans son testament de 1860, Liszt parlait de Carolyne comme de celle qu'il avait « si ardemment désiré appeler du doux nom d'épouse ». On peut toujours faire dire aux lettres plus que ce qu'elles veulent et parfois même l'inverse : la vérité toute simple est que Liszt souhaitait épouser Carolyne, et qu'il le souhaita tout au long de leur vie commune à Weimar. Ce n'est pas pour rien qu'il lui fit alors tant de déclarations véritablement conjugales – « Aimons-nous, mon unique et glorieuse bien-aimée, en Dieu et en Notre-Seigneur Jésus-Christ, et que les hommes ne séparent jamais ceux que Dieu a joints pour l'éternité » – « Espérons en bon Dieu qui nous a faits l'un pour l'autre ! » – « Cette union suprême avec Dieu, vers laquelle vous et moi nous "ardons" avec angoisse et gémissements ici-bas[1]. » Après avoir souffert d'une union que la situation de la princesse rendait illégitime, ils souffrirent l'un et l'autre de la résignation que le sort leur imposa à ne la voir jamais légitimée. « Notre amour a changé de forme avec les années, mais il continue

1. Lettres du 13 mars 1854, du 11 août 1856 et du 29 juin 1860.

d'exister !! La Providence d'une part, les hommes de l'autre, n'ont pas laissé se réaliser la forme extérieure de notre sentiment – mais la Providence a béni sa durée, et les hommes n'ont pu l'empêcher », Liszt écrivait-il en 1867 à Carolyne[1]. Il avait résumé d'un mot sa pensée en écrivant à la princesse, huit mois après l'annulation *in extremis* de leurs noces : « Tels que nous sommes faits l'un et l'autre, nous n'avons au fond besoin que de nous-mêmes[2]. »

On connaît les vues libérales de Liszt concernant le mariage : c'était le plus souvent en son siècle un arrangement entre familles, et Liszt repoussa toujours cette vision utilitaire de l'union où l'amour, qui est tout, ne compte pour rien. C'est ainsi qu'il approuva en mai 1854 le refus que Blandine, sa fille aînée, âgée de dix-huit ans, venait d'opposer à un prétendant qui lui avait été amené sous la bénédiction de son confesseur. Sans égard pour le prêtre arrangeur, Liszt répondit à Blandine, qui lui avait narré les faits : « Je te donne parfaitement raison de croire que je t'aime trop pour jamais te contraindre à un mariage contre ton gré. [...] Bâcler les mariages est bien la plus sotte et la plus immorale des occupations. Aussi n'ai-je jamais pu prendre goût à certaines façons de faire des choses qui ne sauraient plus se défaire plus tard, et sous le coup desquelles on reste déjeté et brisé la vie durant. Si donc tu m'en crois, ma chère fille, tu ne mettras aucune presse à ton établissement conjugal. À moins d'un hasard providentiel, je ne désire nullement que tu changes de nom avant qu'un parti parfaitement assorti te convienne, toute réflexion faite. » Blandine se maria trois ans plus tard

1. 25 juillet 1867.
2. Lettre non datée [29 juin 1861].

(1857) avec le parti lui convenant : l'avocat et homme politique Émile Ollivier.

Les mots de Liszt disent bien toutefois l'exacte limite de son libéralisme : celle d'un mariage d'amour, mais unique et consacré. Que le père ne voulût pas pour ses enfants les unions libres et multipliées dans quoi il avait lui-même trempé toute sa vie, les conséquences qu'il en subit suffisent à le comprendre. Il n'en reste pas moins qu'en tant que père, il se montra autant soucieux du bonheur et de la sécurité de ses enfants, que d'un strict alignement à l'orthodoxie catholique. Les déboires dans lesquels Cosima se débattit quelques années plus tard, lorsque sa liaison adultère avec Wagner l'amena à vouloir se séparer de Hans von Bülow, auquel elle était unie catholiquement depuis 1857, apportent un éclairage indubitable sur les vues orthodoxes de son père. En réponse à la lettre que sa *terrible fille* lui avait écrite pour lui dire sa décision, Liszt lui répondit par une longue exhortation. Après lui avoir fait part des risques que sa décision lui ferait immanquablement encourir, Liszt lui écrivait notamment : « Dieu me garde de vous mal juger. Je sais que “rien d'infâme, rien de bas, de futile ne vous subjugue”, mais le vertige vous prend et vous dissipez les forces vives et saintes de votre âme à sceller une mauvaise action. Ce détournement, cette adultération des dons de Dieu me navrent ! […] Et vos enfants ! Que leur enseignez-vous ? L'exemple n'enferme-t-il pas les préceptes ? Comprendront-ils qu'il faille appeler Mal, Bien, la nuit, jour, l'amertume, douce ? Oui, ma fille, ce que vous comptez faire est mauvais aux yeux de Dieu et des hommes. Ma foi, mes convictions, mon expérience, vous le protestent, et je vous conjure par vos entrailles maternelles de renoncer à ce funeste dessein. Chassez les subtilités des sophismes, cessez de sacrifier à l'idole implacable. Au lieu d'abjurer votre Dieu, tombez à genoux devant lui ; il est tout ensemble vérité et miséricorde ; invoquez-le de toute votre âme, et la lumière guérissante du repentir pénétrera votre conscience. C'est à Hans que vous êtes *nécessaire ;* c'est à lui que vous ne devez pas manquer. Vous l'avez épousé de votre plein gré, avec amour – et sa conduite envers vous a toujours été d'une telle noblesse qu'elle appelle de votre part une autre *"gegenseitige Übereinstimmung"* [consentement mutuel] que celle qu'on plaide devant les tribunaux[1]. »

La paternelle intransigeance de Liszt, dont il existe encore d'autres témoignages, peut certes se commenter de bien des manières. Il faut toutefois dire les choses comme elles sont et constater que cette intransigeance était tout simplement réelle et qu'elle le demeura – quoique le père finît aussi par pardonner à sa fille, avec laquelle il renoua quatre ans plus tard en acceptant en mai 1872 la main tendue de Richard Wagner[2]. En suivant un axe contraire à celui qui s'est imposé depuis, le rigorisme moral de Liszt bouscule péniblement la morale contemporaine. Il affirme surtout qu'envers et contre ce qu'il avait fait lui-même en la matière, et qu'il avait fait sans hésitation ni hypocrisie, au nez et à la barbe des conventions de son temps, et à plusieurs reprises, Liszt souscrivait dans le même temps à la conception catholique de l'indissolubilité du mariage. Il y souscrivait non seulement par cette obéissance à l'Église qu'il vanta à d'autres propos, reconnaissant au magistère

1. 2 novembre 1868.

2. Voir la lettre de Wagner du 18 mai 1872 et la réponse de Liszt du 20. La bénédiction sur laquelle celle-ci s'achève (« Que la bénédiction de Dieu soit sur vous, comme est tout mon amour ») doit être d'autant plus soulignée que Cosima avait abjuré la foi catholique en épousant Wagner selon le rite protestant, avant de se convertir elle-même au protestantisme. C'est pour inviter Liszt à la pose de la première pierre du théâtre de Bayreuth que Wagner lui avait écrit.

une sagesse qui s'impose à tous, quelles que soient par ailleurs nos trajectoires et nos appréciations personnelles des faits et des situations ; il y souscrivait parce qu'il souscrivait aussi à la vision de l'homme enfant de Dieu que porte la conception catholique de l'union de l'homme et de la femme, loin de l'ajustement aux conventions sociales du moment que les masses suivent toujours (aujourd'hui comme hier, quoique selon une morale aujourd'hui inverse à celle d'hier), qui lui fut tout à fait étranger.

L'obéissance professée par Liszt ne dit pas en effet ce qu'elle *ne peut pas* dire : elle ne dit pas que la vie *doit* être absolument *conforme* à ce que l'Église professe (car aucune vie ne l'est) ; elle dit que ce que l'Église professe, hier comme aujourd'hui, c'est notre vocation à la sainteté, qui gît tout particulièrement dans la relation de l'homme et de la femme, qui marque concrètement le lien ontologique de l'esprit et de la chair ; et que les divergences qui existent entre cette vocation et nos vies ne l'annule pas, car il ne s'agit pas de divergences entre *théorie* et *pratique*, et moins encore entre convention et liberté, mais du fossé que nos faiblesses de créatures creusent entre notre Créateur et nous-mêmes. C'est ce que dit à sa manière cette *règle du bien* que Liszt évoque dans la lettre à sa mère qu'on a lue à la fin du chapitre précédent : « Si nous tolérons souvent ce qui est au-dessous de cette *règle du bien*, et si notre tolérance va même quelquefois jusqu'à la mollesse, la subtilité et la sympathie, pourquoi tant nous récrier contre ce qui est au-dessus ? » Réduire l'espace qui sépare la triste et banale réalité de l'absolu est certes tentant et surtout rassurant : cela permet de se sentir confortablement installé dans sa juste cause et de transformer ses petits arrangements en droits. C'est ce que le grand croyant qu'était Liszt ne fit jamais, reconnaissant tout au contraire sa *tolérance*, sa *mollesse* et sa *sympathie* avec l'opposé de ce que l'Église professe, que dans le même temps il admettait lui-même comme vrai – d'un mot : tout ce qui séparait le pécheur incapable de fidélité qu'il se savait être, du pécheur capable de fidélité qu'il voyait et admirait dans les saints.

On le voit : le rigorisme moral dont bien des lisztiens taxent Liszt est plus sûrement le signe de la compréhension que *l'homme à femmes* qu'il était (et qu'il demeura) avait acquis du mystère de la chair, cette dimension sacramentelle de l'union des corps que la vision catholique du mariage consacre. Elle le consacre, car elle consacre ainsi le poids réel du corps, que notre morale dénie en cherchant à n'en faire qu'un simple instrument des divinités auxquelles elle sacrifie (la liberté individuelle, le plaisir). L'Homme – c'est-à-dire l'homme et la femme – n'est pas ce pur esprit que le spiritualisme agnostique de notre temps veut nous faire croire, doté d'un corps ayant valeur de simple mécanique, un véhicule qu'on soigne pour les plaisirs qu'il rend, qu'on éloigne lorsqu'on ne peut plus le soigner, et qu'on finit par brûler afin d'effacer la résistance qu'il oppose à la vision négationniste qui nous domine. Tout au contraire, il est un être de chair qui ne se sépare pas de son incarnation, dont la masse pèse au contraire de tout son *poids* : dans l'espace et le temps, dont nous ne pouvons nous affranchir ; dans les plaisirs et les souffrances, par quoi le corps exerce sur nous sa puissance implacable ; et dans les mille diktats qu'il impose à notre volonté, auxquels nous succombons quotidiennement, ne résistant pas à celui-ci ou celui-là sans en sentir et en payer le prix. Le corps est en ce sens le lieu des grandes épreuves, exerçant sa loi sur la personne que sans lui nous ne sommes pas.

C'est cette réalité du corps qu'exprime la fameuse remontrance attristée que Jésus fait à ses disciples au jardin de

Gethsémani, peu avant son arrestation : « L'esprit est ardent, mais la chair est faible » (Mt 26, 41). Pauvres grands petits êtres qu'étaient ces saints apôtres que les fidèles vénèrent et appellent à la rescousse dans leurs prières : ils ont tout abandonné pour Jésus, ils l'ont suivi partout et viennent de clamer solennellement leur détermination à mourir avec lui ; et pourtant leurs yeux n'ont pu résister au sommeil qui est venu avec la fin du jour, alors même qu'ils savaient ce que serait ce jour : par la simple fatigue, leur corps a eu raison de leur intrépidité. On peut dès lors retourner la phrase prononcée par le Christ, pour restituer ce qu'elle dit aussi : que la chair est toute-puissante et que l'esprit est toute-faiblesse. Et c'est en raison de cette puissance incontournable du corps que les expériences charnelles ont dans nos vies le poids qu'elles ont : parce que la personne humaine ne se sépare pas de son corps, jamais méprisable, jamais niable, partout présent – y compris dans l'ascèse et les extases mystiques. Par la permanence qu'il impose en tout, le corps est bien le lieu des expériences et des épreuves foncières de l'existence. Il est pour cela aussi la voie par où une certaine preuve se fait : celle par laquelle émerge tôt ou tard le sens véritable de notre existence, cette réalité profonde de notre être profond que notre conscience cherche à fuir et à enfouir, et qu'elle traduit dans la morale – notre langue naturelle – par le combat du bon et du mauvais, du licite et de l'illicite. C'est de cette balance incroyable mais non pas incertaine dont les épreuves du corps nous approchent peu à peu et qu'elles éclairent d'une lumière plus intense au fur et à mesure qu'elles se font plus lourdes : maladie, mort – et union sexuelle. Seul le pur esprit désincarné, qui réduit le corps à ce qu'il n'est pas (une simple mécanique pour le seul plaisir), se pense et se projette *par-delà le bien et le mal.* Il peut toujours s'évertuer ainsi : l'expérience physique, qui est l'expérience tout court, car il n'existe pas d'expériences incorporelles, dit tout l'inverse, chaque jour davantage ; il dit que nous sommes non *par-delà*, mais *au cœur* du bien et du mal, et que nous y sommes chaque jour. C'est ce à quoi les grandes expériences de la vie aboutissent toujours ; ce au cœur de quoi se trouvent l'homme et la femme qui entremêlent leurs corps dans une étreinte où ils visent bien plus que l'émoi sensuel, qu'exprime la citation biblique : « Ils ne seront plus qu'une seule chair » (Mt 19, 5).

De l'amour courtois à l'hédonisme contemporain, les hommes ont toujours cherché à échapper à l'engagement réel que recèle l'union des corps, inquiets de trouver un si grand *enjeu* tapi dans un instinct si naturel – comme un piège. C'est ce sacre de l'amour charnel[1] dont Liszt aima tout au contraire retrouver l'illustration dans le *Paradis perdu* de Milton, ainsi qu'il l'écrivait en 1848 à Carolyne, dans une lettre citée dans les pages précédentes – cette « affirmation franche et complète de l'amour entre l'homme et la femme[2] ». Et c'est ce qui l'amenait à défendre la cause du mariage catholique, envers et contre les errances de sa vie, ou plutôt pour cette raison précisément, puisqu'il en avait tant appris.

La pleine conscience que Liszt avait du caractère sacré des liens de la chair se reflète dans le remords qu'il exprima à de nombreuses reprises d'avoir *violé le neuvième commandement* (« Tu ne convoiteras pas la femme de ton pro-

1. Le lecteur lira à ce sujet avec intérêt les catéchèses de Jean-Paul II publiées sous le titre *Homme et femme Il les créa. Une spiritualité du corps* (Cerf, 2005). Il pourra lire aussi la récente contribution de Fabrice Hadjadj, *La Profondeur des sexes. Pour une mystique de la chair* (Seuil, 2008).

2. 29 janvier 1848. Voir p. 108.

chain »), ainsi qu'il l'écrivit en 1877 : « Je continue d'exister, avec la plus profonde repentance et contrition d'avoir ostensiblement violé autrefois, non sans effort, ni sans humilité, le neuvième commandement[1]. » La culpabilité qu'il éprouva à ce sujet commence à s'exprimer durant les années Marie d'Agoult et ne cessa plus de le faire à partir de Weimar. Elle pesait sur sa conscience de tout le poids d'une véritable *malédiction*. Liszt exprima ce sentiment dans une lettre à Carolyne de 1874, où il évoque les craintes que son père avait proférées à ce sujet, quarante-sept ans plus tôt, au moment de mourir : « Sur son lit de mort, à Boulogne-sur-Mer, il me disait que j'avais bon cœur et ne manquais pas d'intelligence – mais qu'il craignait que les femmes troubleraient mon existence, et me domineraient. Cette prévision était singulière, car je n'avais alors à 16 ans nulle idée de ce que pouvait être une femme – et demandais naïvement à mon confesseur de m'expliquer les 6e et 9e commandements de Dieu, craignant de les avoir peut-être transgressés sans m'en douter. Plus tard, mes amours ont commencé bien tristement – et je me résigne à les voir finir de même[2]. »

Malédiction n'est pas pour rien le titre d'une œuvre que Liszt écrivit dans ses années de jeunesse (pour piano et cordes). Ce titre usuellement donné à cette pièce composée dans les années 1830, qui a été tirée des cartons bien après la mort du compositeur, est certes impropre : le manuscrit ne porte aucun titre et le mot retenu *post mortem* y désigne seulement le premier thème de l'œuvre, les deux autres étant marqués « Orgueil » et « Raillerie ». *Malédiction* n'est pourtant impropre qu'au strict plan musicologique : la fréquentation de la correspondance de Liszt montre que sa

1. À Olga von Meyendorff, 28 novembre 1877.
2. 26 août 1874.

malheureuse tendance à convoiter la femme de son prochain – et plus précisément celles de la grande aristocratie – a bien à voir avec l'orgueil et avec la grande ombre du mal, ainsi qu'on le verra plus loin en auscultant l'attachement du musicien à Faust et Méphistophélès, et la place qu'occupent les musiques lugubres dans son univers[1]. Les tentations des amours trempées d'orgueil voilèrent d'une ombre de malédiction la vie de gloire de l'homme grand et chevaleresque qu'était Franz Liszt, qui ne cessa en effet d'enfreindre le neuvième commandement. Marie d'Agoult, Carolyne von Sayn-Wittgenstein : ces deux seuls noms suffiraient à le dire. D'autres s'y ajoutèrent encore, moins exposés dans la vie du musicien, mais placés sous une égale lumière dans sa conscience et ses remémorations postérieures : celui peut-être de la baronne Olga von Meyendorff, quoique la dame fût veuve et qu'elle apparût tardivement dans la vie de Liszt, toutefois après qu'il eut reçu la tonsure et les ordres mineurs… Celui d'Agnès Street-Klindworth plus sûrement, qui fut le grand attrait charnel et amoureux du Liszt des années 1850 – parallèlement à Carolyne… Les lettres que Liszt adressa à cette jeune pianiste dont on sait peu nous apprennent plus sur le bonhomme que beaucoup d'autres correspondances. Nulle part ailleurs Liszt ne met comme ici son cœur à nu, malgré une expression souvent codée qui rend parfois l'exacte compréhension difficile. C'est là qu'apparaît la face sombre de l'homme du monde qu'il était, au côté de l'immense amour qui s'exprime pour Agnès.

La liaison de Liszt avec Agnès, qui fut de son environnement weimarien entre 1853 et 1855, montre l'irrépressible puissance que la flamme de l'amour charnel avait sur lui. La fièvre dont témoignent les lettres qu'il lui adressa le dit, en même temps qu'elle ranime le tempérament fou-

1. Cf. chapitre XIII.

gueux du Liszt amoureux. Liszt y évoque souvent une « maladie secrète » sous quoi certains commentateurs ont vu la seule expression de cet amour impétueux. Peut-être, quoique Liszt parle ici aussi d'orgueil… (« Tu me demandes des nouvelles de ma maladie chronique – Fi ! le vilain mot que celui de *chronique* dont je me suis servi. Il ne s'agit pas de cela vraiment. Bayle appelle quelque part l'orgueil une maladie sacrée. Cette expression m'avait beaucoup frappé autrefois et m'est restée enfoncée dans la mémoire[1]. ») Rien de ce qui fait une personnalité ne se départage aisément. Les lettres à Agnès ont d'ailleurs le double intérêt de montrer à la fois la puissance de l'attrait amoureux de Liszt et la souffrance morale que cet attrait lui fit dans le même temps éprouver, qui ramène partout au même sentiment de culpabilité et de malédiction. 26 août 1855 : « Mon cœur est surplein de choses que je ne puis ni ne dois dire. "J'ai quitté le désir et passé l'espérance." Je fais efforts pour me contenir et parfois me sens comme étouffé par cette "Sehnsucht"[2] qu'aucun mot ne peut exprimer. La maladie que vous me connaissez n'a point diminué depuis votre départ – et il y a toute apparence que je n'en guérirai plus. » – 22 décembre : « Ma maladie ne me quitte pas – et les accès en durent des heures entières ! Toutefois je ne peux pas me plaindre – encore moins changer. » – 23 juin 1856 : « Wissen Sie, was [dieß] heißt ! Oui sans doute ; mais moi je ne sais plus, was dieß mit [uns] heißen soll[3], tellement la *maladie* m'envahit le corps et l'âme. » – 31 mars 1858 : « Non certes, vous ne vous trompez pas quand mon cœur vous dit que je ne puis

1. 7 mai 1855. Liszt évoque ici le philosophe et écrivain Pierre Bayle (1647-1706).

2. Cf. note 1, p. 206.

3. « Savez-vous ce que cela signifie ? », puis : « … je ne sais plus ce que cela peut vouloir dire pour nous, tellement… »

guérir de ma maladie. À certains moments toutes mes fibres et toutes mes veines en sont envahies ; je souffre d'une soif inextinguible, dont la prière même augmente l'ardeur. »

Ces confessions dessinent un rapport en accordéon, entre désir et culpabilité, qui rejoint l'obscure et lancinante question du bien et du mal. La lettre à Carolyne du 26 août 1874, citée plus haut, où Liszt se remémore la prédiction de son père, le dit bien. Le fragment cité se poursuit toutefois ainsi : « Néanmoins je ne renierai jamais l'Amour, malgré toutes ses fausses apparences et ses profanations ! » À Carolyne encore, Liszt avait écrit en 1861 : « Ma vie entière n'est qu'une longue odyssée, si vous me passez cette comparaison, du sentiment de l'amour. Je n'étais propre qu'à aimer – et jusqu'ici hélas ! je n'ai su que mal aimer ! Mais grâce à Dieu, je n'ai jamais aimé le mal[1]. » Bien des extraits des lettres des dernières années suffiraient à le démontrer : Liszt n'était pas homme à s'absoudre lui-même de ses méfaits. C'est un *Mea culpa* sonore qu'il clame bien au contraire partout. Entre la sûreté de ses fautes répétées et la réalité de sa contrition, le croyant qu'il était a seulement cherché à maintenir en lui l'espérance du pardon, ainsi que nous allons être finalement amenés à le comprendre. « La piété catholique de mon enfance est devenue un sentiment régulier et régulateur, écrivait-il également à Agnès. Pour un certain nombre de personnes, la piété consiste à brûler ce qu'on a adoré. Je suis loin de les blâmer – mais pour ma part j'incline et je chercherai plutôt à consacrer ce que j'ai aimé[2]. »

« Là où le péché abonde, la grâce surabonde », proclame Paul dans la Lettre aux Romains (5, 20). *Péché* : le mot a disparu du vocabulaire contemporain, parce que la réalité qu'il désigne est l'un des grands tabous de notre temps

1. 8 février 1861.
2. 30 août 1863.

– avec la souffrance et la mort (toutes choses ayant trait à la question du Mal). Que le lecteur me permette de revenir encore ici à l'enseignement actuel de l'Église, qui exprime à la façon d'aujourd'hui la réalité éternelle et universelle du péché : « un manquement à l'amour véritable, envers Dieu et envers le prochain, à cause d'un attachement pervers à certains biens » – Une « exaltation orgueilleuse de soi » qui « blesse la nature de l'homme et porte atteinte à la solidarité humaine » – « Une parole, un acte ou un désir contraires à la loi éternelle » qui constitue « une offense à l'égard de Dieu ». « [Il] se dresse contre l'amour de Dieu pour nous et en détourne nos cœurs. » « Il est une désobéissance, une révolte contre Dieu, par la volonté de devenir "comme des dieux", connaissant et déterminant le bien et le mal. Le péché est ainsi "amour de soi jusqu'au mépris de Dieu"[1]. »

L'intelligence, qui ne peut nier la souffrance ni la mort, peut en revanche nier cette réalité du mal qu'on nomme *péché*, ou substituer au mot un dérivatif lénifiant – ainsi que le fait la psychologie morale courante. C'est même sur cette négation et ce détournement que le matérialisme a fondé son œuvre, raison pour laquelle la notion de péché est devenue si opaque à l'intelligence contemporaine. Pourtant, le mal intérieur que désigne le mot *péché* reste et restera toujours ce sur quoi la conscience bute, dont elle cherche en vain à se débarrasser et qu'elle ne peut pas non plus éviter – cercle *infernal* qui peut être nié mais que la négation ne résout pas. C'est là le trou par lequel les pensées qui ne sont pas religieuses se vident goutte à goutte, lentement mais immanquablement. Car les fautes se commettent (cela, nul ne l'ignore ni ne le nie) et lestent le cœur du poids insoutenable du remords, par quoi la conscience du péché fait son retour. Car le remords est un poison envahissant et la conscience de la

1. *Catéchisme de l'Église catholique*, *op. cit.*, § 1849 et 1850.

faute l'unique contrepoison. Quoi qu'on veuille en penser, nos cœurs portent gravée en eux une loi universelle : le sentiment ineffaçable de nos fautes et de notre responsabilité, et l'impossibilité de nous en libérer par le silence, la dénégation ou l'autojustification. L'aveu seul allège le cœur coupable – et seul le libère totalement l'aveu fait à Dieu, dans le double abandon au repentir qui vide et à l'Amour qui recrée, car toute faute est vécue comme une faute morale, et finalement comme une offense faite à Dieu.

Je ne m'aventurerai pas à creuser plus loin le mystère capital et multiforme du péché, dont la prière du *Confiteor* énumère les voies par lesquelles il se commet : *en pensée, en paroles, par action et par omission* – c'est-à-dire en toute occasion. Il suffit en effet de reconnaître que le péché *est*, qu'il est universellement (nul n'y échappe), et que sa puissance de destruction est grande mais non pas aussi grande que celle de l'amour qui répare les blessures qu'il inflige. Et de comprendre finalement aussi que le péché porte la rédemption en filigrane, qui seule demeure et croît avec l'absolution. C'est là le plus grand mystère du péché, qu'exprime l'extrait de la Lettre aux Romains cité plus haut : ce retournement insensé par lequel le Mal prépare le terrain au Bien dont il ne parvient pas quoiqu'il fasse à se séparer, qui condamne le Diable au désespoir. Saint Thomas d'Aquin résume la chose ainsi : « Dieu permet en effet que les maux se fassent pour en tirer un plus grand bien » – et de citer ce vers du chant de l'*Exultet* : « Ô heureuse faute qui nous a valu un tel et si grand Rédempteur ![1] ».

Que le Salut croisse et grandisse *avec* le péché, plutôt qu'indépendamment de lui, c'est ce qu'enseigne la fameuse

1. *« O felix culpa, quæ talem ac tantum meruit habére Redemptórem ! »* Les deux citations : *Catéchisme de l'Église catholique*, op. cit., § 412. L'*Exultet* est la prière chantée dans la nuit de Pâques pour annoncer la Résurrection du Christ et proclamer l'irruption de la lumière dans les ténèbres.

parabole du bon grain et de l'ivraie racontée dans Matthieu (13, 24-30) : « Le Royaume des cieux est comparable à un homme qui a semé du bon grain dans son champ. Or, pendant que les gens dormaient, son ennemi survint ; il sema de l'ivraie au milieu du blé et s'en alla. Quand la tige poussa et produisit l'épi, alors l'ivraie apparut aussi. Les serviteurs du maître vinrent lui dire : "Seigneur, n'est-ce pas du bon grain que tu as semé dans ton champ ? D'où vient donc qu'il y a de l'ivraie ?" Il leur dit : "C'est un ennemi qui a fait cela." Les serviteurs lui disent : "Alors, veux-tu que nous allions l'enlever ?" Il répond : "Non, de peur qu'en enlevant l'ivraie, vous n'arrachiez le blé en même temps. Laissez-les pousser ensemble jusqu'à la moisson ; et, au temps de la moisson, je dirai aux moissonneurs : Enlevez d'abord l'ivraie, liez-la en bottes pour la brûler ; quant au blé, rentrez-le dans mon grenier." »

Humain, trop humain : il faut à l'Homme traverser l'humain de part en part et jusqu'au bout, dans l'entremêlement permanent du Bien et du Mal, de peur qu'en voulant séparer avant l'heure leurs fruits respectifs, on arrache les bons avec les mauvais. « Hélas ! Liszt écrivit-il un jour à Agnès, ni les mots ne savent dire, ni les couleurs exprimer, ni les sons chanter le dernier sanglot de nos émotions. C'est un secret entre l'amour et Dieu[1] ! » Un secret dont on va voir que la musique de Liszt conserve aussi les traces, à l'insu de son auteur y compris.

1. 16 novembre 1860.

Chapitre X

Funérailles

Fin mars 1858, Liszt se rendit à Vienne pour y diriger deux exécutions de sa *Messe de Gran*. C'était là un événement et Daniel, son fils (dix-neuf ans), qui avait quitté Paris une petite année auparavant pour aller faire son droit à Vienne, fut tout au bonheur de retrouver son père. Ce privilège ne lui fut toutefois accordé que pour autant que le permit l'emploi du temps toujours surchargé du musicien. Outre que Liszt ne passa que quelques jours dans la capitale autrichienne, son séjour fut en effet à l'image de ce qu'étaient tous ses passages ici ou là : surchargé de répétitions et de concerts, et plein aussi de mondanités accaparantes, nulle journée ne se passant sans dîner ou souper, sans réception ou banquet donné en son honneur.

Pour être sûr de glaner quelques minutes au temps précieux de son trop illustre père, Daniel avait choisi d'élire domicile à l'hôtel où Liszt était descendu, ce qui l'assurait de le rencontrer quelques minutes au moins, au moment du petit déjeuner notamment. Il assista par ailleurs à toutes les répétitions d'orchestre, ainsi qu'aux deux concerts prévus, écrivant peu après à sa sœur Blandine : « Tu sais quel air inspiré il a lorsqu'il dirige. Je t'épargne donc toute description pathos. Il est toujours aussi beau. Les épaules droites et sa taille élégante que l'on reconnaît d'un bout de la ville à l'autre sont restées les mêmes. Oh, je deviens sévère pour Mimi *[Marie d'Agoult]*, lorsque je songe à ce qu'il y a d'abnégation et de beauté en lui. Qu'il ait eu une période d'enivrement, qu'est-ce que cela prouve contre lui ? Rien absolument[1]. » En quelques et simples mots éclate le sentiment singulier que les fils éprouvent pour un père trop imposant, où l'admiration et l'amour s'entourent de tout un mauvais vécu dont Daniel n'était pas exempt.

Troisième et dernier enfant de Liszt et de Marie d'Agoult, Daniel était né à Rome en mai 1839. Il avait passé son enfance à Paris, d'abord avec ses sœurs, chez leur douce et aimante grand-mère paternelle, jusqu'à ce que Blandine et Cosima fussent mises en pension à l'extérieur, puis confiées à la garde d'une austère gouvernante (la fameuse madame Pattersi), qui avait pour fonction principale de les soustraire à l'influence de leur mère. Liszt brillait par son absence dans le petit cercle de cette enfance confinée, où il était dans le même temps omniprésent par le culte que lui rendait l'entourage des enfants, à commencer par celui que la bonne Anna Liszt vouait à son fils chéri, dont moult portraits dessinés ou sculptés ornaient son appartement. Les deux sœurs et leur petit frère suivaient de loin les faits et gestes de ce père absent et démesurément grand, découpant chaque article que la presse consacrait à ses apparitions publiques, nourrissant à son endroit un double sentiment d'admiration et de manque, de fierté et d'abandon, et cet espoir permanent de le revoir. Mais Liszt était trop célèbre pour appartenir à qui que ce fût, ses enfants y compris, et ses passages en coup de vent ne parvenaient qu'à emplir de déception le cœur de ceux qui l'avaient si longtemps

1. 29 avril 1858.

attendu. C'était le plus souvent au milieu d'une nuée d'accompagnateurs que le grand homme apparaissait un beau jour, dans un tourbillon insensé que sa cessation transformait en vide vertigineux. Wagner, qui n'était ni un enfant ni un homme de petit poids, exprima lui-même ce pénible sentiment de béance à l'issue de la visite que Liszt lui avait rendue à Zurich à l'été de 1853 : « Je regagnais la maison ; le silence régnait partout. Ce fut ainsi que nous célébrâmes ton départ, mon très cher ; toute splendeur nous avait quittés ! Oh, reviens vite, et reste avec nous longtemps ! » – *Reviens vite ! Reste avec nous longtemps !* Telle fut à coup sûr l'éternelle supplique que les enfants de Liszt adressèrent en pensée à ce père si grand, si beau, si admiré, et si inaccessible. Cosima écrira ainsi en 1889 : « Depuis mon enfance, où il ne fit que passer rapidement sous mes yeux, et jusqu'à la fin, il m'a toujours fait l'impression d'une apparition fantastique et fabuleuse. »

Neuf années se passèrent, du séjour parisien d'avril 1844, au cours duquel Liszt et Marie avaient rompu dans les cris et les rancœurs, avant que les enfants ne revissent leur père : ce fut pour eux que Liszt reprit en octobre 1853 le chemin de Paris, avec Carolyne et sa fille Marie, ainsi qu'avec Wagner, ramené de Bâle. Neuf années d'une attente improbable, au cours de laquelle leur grand homme de père avait pris à leurs yeux la dimension d'un mythe. Blandine et Cosima avaient huit et six ans lorsqu'elles l'avaient revu en 1844, et Daniel cinq ; ils en avaient respectivement dix-sept, quinze et quatorze à l'heure de ces retrouvailles, qui ne durèrent que ce que duraient les survenues de Liszt : quelques heures volées à quelques jours trop vite passés, et toujours en nombreuse compagnie.

Il leur apparut le 10 octobre, accompagné non seulement de Carolyne et de sa fille, mais aussi de Berlioz et

Wagner. « Ce fut pour moi une découverte de voir mon ami, tout étonné lui-même de sa paternité, évoluer au milieu de ses enfants » écrira ce dernier dans *Ma vie.* Les trois adolescents purent aussi découvrir, pour la première fois pour ainsi dire, le prodigieux talent pianistique de leur père, qu'ils n'avaient guère entendu, en assistant au concert qu'il donna chez Érard – avant de repartir pour un temps à nouveau indéterminé. En une semaine, les enfants n'avaient guère pu le côtoyer que quelques heures ; ils éprouvèrent un immense chagrin à son départ. Quelque chose toutefois s'était produit aussi dans le cœur du père à leur endroit : neuf mois plus tard, Liszt fit en effet venir ses filles à Bruxelles, où il se trouvait, et ne laissa plus filer une année sans revoir ses enfants d'une manière ou d'une autre, le plus souvent à l'occasion de vacances à Weimar.

Quoique vivant séparément de ses trois enfants, Liszt n'oublia jamais ses devoirs à leur égard. Les biographes se plaisent à souligner ce que les lettres prouvent : l'intérêt constant que le musicien manifesta pour ses deux filles et pour son fils – pour leur situation matérielle, leur santé, comme pour leur éducation et leur développement intellectuel et moral, qu'il surveillait de près. Il ne se contenta pas en effet de faire ce que doit faire un père : subvenir à leurs besoins. Quoique de loin, il veilla toujours sur eux, à tous points de vue, se souciant de leur évolution et entretenant avec chacun une correspondance suivie qui porte la trace d'une attention d'ailleurs souvent sévère.

La situation de Blandine, Cosima et Daniel n'était pas seulement celle des enfants d'un père grand homme et grand artiste, internationalement célèbre et célébré – c'est-à-dire adulé d'un côté et controversé de l'autre, ce qu'ils découvrirent peu à peu. Ils étaient aussi les enfants illégitimes d'un amour défendu, et ceux en outre d'anciens amants qui ne cessaient de s'entredéchirer, à leur encontre tout particulièrement. Ils vivaient ainsi ce que vivent tant d'enfants d'aujourd'hui : enjeux d'un désamour tenace, où les passions de naguère retraduisent tout en pressions négatives dont les enfants sont les injustes et malheureuses victimes. Les commentateurs ont analysé à charge et à décharge l'attitude respective de Liszt et de Marie d'Agoult, pelote de suspicions et de rancœurs indémêlables. Il vaut surtout de souligner les marques que cette situation, d'autant plus dure qu'elle était rare à leur époque, laissèrent sur ces trois enfants, et la surcharge qu'elle ajouta aux relations déjà complexes qu'ils avaient avec ce père trop illustre pour n'être que cela.

Un peu plus d'un an après avoir revu son père à Vienne, Daniel vint à l'été de 1859 à Berlin visiter sa sœur Cosima, devenue deux ans plus tôt l'épouse du pianiste et grand élève de Liszt, Hans von Bülow. Cosima se montra d'emblée soucieuse de l'état de santé de son frère, qui souffrait en vérité des premiers effets de la phtisie qui devait l'emporter en quelques semaines. Chaque jour plus faible, Daniel fut contraint de demeurer chez sa sœur à Berlin. Bientôt alité, il expira au soir du 13 décembre 1859, entouré de Cosima et de leur père, venu précipitamment de Weimar.

Quelques heures après l'enterrement, Liszt écrivit à la princesse Carolyne une longue lettre dans laquelle il raconte pas à pas les événements de ces difficiles journées. Il me faut en proposer ici le principal[1]. Liszt commence par y relater son arrivée chez Cosima, au matin du lundi 12 décembre :

1. 15 décembre 1859. Le lecteur pourra lire l'intégralité de la lettre dans la *Correspondance* publiée chez Lattès (p. 396 *sq*).

Je n'y trouvais que la femme de chambre de levée. Elle me dit que Cosima avait veillé auprès de Daniel jusqu'à 6 heures du matin. Après quelques minutes celui-ci arrivait dans la salle à manger, roulé sur son canapé-couchette. Il semblait très heureux de me revoir. La première impression qu'il me fit était mortelle – sa faiblesse était extrême, mais il en avait à peine conscience. Ni Hans ni Cosima, qui vinrent bientôt après dans la même pièce, où le café était déjà préparé, n'avaient nullement l'appréhension de ce qui devait survenir sitôt ! On déjeuna tranquillement, et Daniel comme d'habitude y assistait – se plaignant avec douceur de ce que depuis plusieurs jours, il n'avait plus du tout d'appétit. On lui donna du lait. Sa respiration était fort embarrassée, et ses paroles péniblement entrecoupées, quoique sans la moindre apparence de déraison. Jusqu'à son dernier moment, il n'y avait aucun trouble dans ses facultés d'intelligence – seulement il ne possédait déjà plus à cette heure la force de les mettre en exercice. [...]

Le restant de la journée du lundi se passa à l'entour de son canapé [...]. Je tâchais d'entrer un peu en conversation avec lui [...]. Mais il n'avait plus le sens des choses en dehors de lui, et la mesure de ses forces était tellement réduite qu'elle suffisait à peine pour continuer son existence. [...]

À plusieurs reprises il s'endormait. Soit dans la veille, soit dans la somnolence, il ne donna d'autre signe de souffrance que sa respiration difficultueuse. Il ne réussissait pas à vivre ! [...] À 9 heures, on transporta Daniel dans sa petite chambre, qu'il ne quitta plus – que pour aller à la dernière demeure de son enveloppe mortelle ! [...]

Le lendemain mardi, à 9 heures, Hans arrive tout en larmes chez moi pour me dire qu'il n'y avait plus d'espoir. Je me rends près de Daniel. Son visage était seulement très pâle, mais non défait. Jusqu'à l'instant où l'on ferme son cercueil, ses traits ont gardé leur douce et harmonieuse expression. [...] Dans un de ses accès de somnolence, il prononça distinctement ces mots : « Je vais préparer vos places !! » [...] Cosima et moi nous nous agenouillâmes auprès du lit, demandant à

Dieu que Sa Sainte volonté s'accomplisse – surtout qu'Il nous associe à cette Sainte volonté, en nous accordant la grâce de l'accomplir fermement pour notre part.

[...] Dieu était dans nos cœurs – mais son nom ne fut prononcé qu'entre ma fille et moi. Daniel était plus près de Lui et du royaume du Ciel, que le Seigneur a promis à ceux qui sont semblables aux enfants ! À 10 heures du soir, je me couchai sur le lit qu'on avait fait placer dans la chambre du piano. À 11 h 1/4 je me relève, sans que personne m'ait averti, et entre dans la chambre de Daniel. Cosette était agenouillée. Silence, mystère – quelques minutes s'écoulent, grains de sable du rivage de l'éternité. Je dis : « On n'entend plus sa respiration. » Elle pose la main sur son cœur – il ne bat plus. Un peu auparavant à peine un soupir. Il s'était endormi dans le Seigneur. « Mourons ainsi à nous-mêmes, pour vivre dans le Seigneur, dès maintenant. Dépouillons-nous de nos folles passions, de nos vaines attaches, de toute la poussière de nos futilités, pour ne respirer que du côté du Ciel. Dieu ne nous repoussera pas, si nous allons à Lui de toute notre volonté ! » Voilà ce que je disais à peu près à ma fille, et beaucoup de choses semblables, dont je n'ai plus le souvenir.

On imaginera aisément ce que fut pour Liszt la mort inattendue de son unique fils. Proche hongrois du musicien, le comte Géza Zichy écrivit à ce sujet : « Il ne pouvait jamais parler de son fils prématurément disparu, Daniel, sans avoir les larmes aux yeux. "Ce fut la plus grande douleur de ma vie", me confia-t-il. » Dans une première série de questions que lui adressa Lina Ramann (sa première biographe) en 1875, Liszt se montrera incapable d'écrire quoi que ce soit sur la mort de Daniel : « En ce qui concerne mon cher fils bien-aimé, cela exige que je vous en parle personnellement », se contentera-t-il de noter.

La musicologie lisztienne a usage de lier l'étonnante évolution que prit la musique de Liszt, à partir des années 1860, aux deux grands échecs de sa vie d'homme et d'artiste : celui de son mariage avec la princesse Wittgenstein et l'incapacité dans laquelle il s'était peu à peu reconnu d'imposer l'art nouveau qu'il avait cherché à promouvoir à Weimar, que traduisait l'accueil si souvent négatif que ses œuvres suscitèrent de la part non seulement du public et de la critique, mais également du monde musical. Liszt lie en effet les deux causes dans une lettre à Agnès Klindworth : « Si je suis resté à Weimar une douzaine d'années, j'y ai été soutenu par un sentiment qui ne manquait pas de noblesse, – l'honneur, la dignité, le grand caractère d'une femme à sauvegarder contre d'infâmes persécutions – et de plus, une grande idée : celle du renouvellement de la Musique[1]. » En flétrissant d'ombre l'immense aura que ses dons de pianiste lui avaient jusque-là apportée, la déception artistique et l'échec matrimonial portèrent en effet la cognée au pied du grand homme. Il n'est toutefois pas interdit de donner à la mort de Daniel une importance plus décisive encore dans le revirement dont témoigne l'œuvre de Liszt à partir des années 1860.

En mourant à vingt ans, Daniel, que la haute personnalité et la célébrité encombrante de son père avaient plus fortement marqué et tourmenté que ses sœurs, le dépassa en quelque sorte brusquement, en le devançant dans ce royaume des morts que Liszt n'avait jamais quitté des yeux. Peut-on imaginer le cataclysme que produisit en lui cette inversion inattendue des rôles, par quoi son fils était soudainement devenu *plus avancé* que lui-même ? C'est ce que signifient les paroles que Daniel prononça sur son lit de mort, qui impressionnèrent tant Liszt : « Je vais préparer vos places. » Les mots décrètent l'autorité soudaine du fils.

1. 16 novembre 1860.

Ils ne disent pas seulement ce que nous disent, même silencieusement, tous ceux que nous aimons et que nous voyons mourir, qui sont *faits* en quelque sorte à nos yeux plus grands que nous-mêmes, parce qu'ils connaissent ce que nous ne connaissons pas encore et qui nous inquiète tant. Les dernières paroles de Daniel disent bien plus ; elles énoncent une autorité de *préséance :* celle d'être *en capacité* d'œuvrer dans le Royaume pour le salut de son père, et donc de s'en reconnaître tout à la fois l'aptitude et la mission – énonçant aussi implicitement l'incapacité foncière de son père à obtenir le salut sans l'aide (sinon l'intercession) de son fils.

Les propos que le propre père de Liszt avait proférés trente-deux ans plus tôt sur son lit de mort étaient, on s'en souvient, d'une nature tout autre : Adam Liszt avait alors exprimé ses interrogations inquiètes sur l'avenir terrestre de son fils – une inquiétude qui presque avait eu valeur de malédiction prémonitoire. Tout à l'inverse, c'est par une affirmation assurée concernant son avenir céleste que le jeune Daniel quitta ce père qu'il aimait et vénérait tout à la fois. « Quand je porte quoi que ce soit qui vous a appartenu, il me semble qu'il se fait en moi toute une révolution », lui avait-il écrit à la Noël de 1854. C'est une révolution bien plus cruciale, n'en doutons pas, que la mort brusque mais douce et tout emplie d'autorité du jeune homme opéra dans l'esprit et la conscience de son père. Une révolution au sens de *recommencement* que possède le mot dans son étymologie : un renouveau que devait, trois ans plus tard, approfondir encore la mort non moins inattendue de Blandine (11 septembre 1862), qui plongea Liszt dans un abattement terrible et conditionna sans aucun doute en grande part la résolution qu'il prit dans les mois qui suivirent de recevoir les ordres mineurs – et d'écrire l'étrange musique que son audition intérieure lui commanda dès lors de composer, sans plus d'égard pour le jugement du monde.

C'est par la déploration musicale que Liszt desserra un peu le joug de l'immense chagrin que la mort de Daniel lui imposa.

Quelques mois après la disparition de son fils, il écrivit une œuvre pour orchestre inspirée d'un texte de Lamennais dont elle reprend le titre : *Les Morts*. « Ils ont aussi passé sur cette terre ; ils ont descendu le fleuve du temps ; on entendit leur voix sur ses bords, et puis l'on n'entendit plus rien. Où sont-ils ? Qui nous le dira ? Heureux les morts qui meurent dans le Seigneur ! » À l'instar de cette première strophe, chacune des sept strophes qui suivent s'achève sur cette même interrogation (« Où sont-ils ? Qui nous le dira ? »), à quoi répond la célèbre béatitude de l'Apocalypse : « Heureux les morts qui meurent dans le Seigneur » (Ap 13, 14). Liszt, qui fait figurer la totalité du texte de Lamennais dans sa partition, ce qui permet de suivre pas à pas le développement de l'œuvre, figure aussi par la musique cette interrogation récurrente et sa réponse, qu'il fera chanter par la suite (en latin) au chœur d'hommes *ad libitum* qu'il ajouta à la partition, lorsqu'il décida quelques années plus tard de placer son *In memoriam Daniel* en tête des *Trois Odes funèbres*, œuvre que malheureusement on joue si peu. *Les Morts* (1860) forme ainsi le porche d'entrée d'un triptyque funèbre qui comprend également une réélaboration orchestrale de la deuxième pièce du volume italien des *Années de pèlerinage* (« Il Penseroso » : « Le Penseur »), composée en 1838-1839, rebaptisée ici *La Notte* (*La Nuit*, 1864) ; et une autre « revisitation » intitulée *Le Triomphe funèbre du Tasse* (composé en 1866), qui poursuit le poème symphonique *Tasso – Lamento e Trionfo*, qu'il avait achevé en 1854.

Cette première place accordée à l'ode *Les Morts* dit, mieux que tout, ce que la mort de Daniel joua dans la conscience de Liszt, dont témoignent les teintes austères au moins, lugubres au pire, que sa musique prit peu à peu à partir de là. Les *Trois Odes funèbres* ont en effet une valeur foncière de confidence intérieure. Ce n'est pas pour rien, en effet, que Liszt décida d'associer la stèle dressée en mémoire de son fils à des paraphrases de deux de ses œuvres précédentes : c'est la terrible nuit dans laquelle le plongea la disparition de Daniel, que celle de Blandine approfondit encore, que brosse *La Notte*. La pièce originale pour piano s'attachait à la statue de Michel-Ange qui surmonte le tombeau de Laurent de Médicis, à l'église San Lorenzo de Florence ; c'est toutefois le nom d'une autre statue funéraire de la même chapelle – *La Notte*, qui orne le tombeau de Julien de Médicis, *fils* de Laurent – que Liszt a adopté pour sa paraphrase orchestrale, en tête de laquelle il a repris aussi le quatrain que le sculpteur lui associa : « Le sommeil m'est doux et plus encore d'être de pierre. Tant que durent le dommage et la honte, ne pas voir, ne pas sentir me fait grand bien. Aussi que l'on ne m'éveille pas. Ah ! parlez bas[1] ! » Les accents magyars que Liszt a introduits dans cette version orchestrale très élargie signent sa dimension d'autoportrait[2]. Une même projection intime marque la troisième Ode, *Le Triomphe du Tasse*, qui poursuit la trame du poème symphonique *Tasso*, dont elle reprend l'opposition des tourments qui marquent la vie

1. « *Grato m'è il sonno, e più l'esser di sasso. / Mentre che'l danno, e la vergogna dura, / Non veder, non sentir m'è gran ventura / Però non mi destar, deh parla basso !* »

2. Ce que confirme la citation de Virgile que Liszt a inscrite en épigraphe à la partie centrale de *La Notte* : *Dulce moriens reminiscitur Argos* (« En mourant, il se souvint de la douce Argos »).

solitaire du génie et de la lumière posthume de son œuvre. Dans la préface au poème symphonique, Liszt avait écrit : « *Lamento e trionfo :* telles sont les deux grandes oppositions de la destinée des poètes, dont il a été justement dit que si on fait peser parfois la malédiction sur leur vie, la bénédiction ne manque jamais à leur tombe. » Ce n'est pas toutefois la simple assurance de l'immortalité du génie que clame la troisième *Ode funèbre*, mais la nature toujours *posthume* de la victoire.

Les *Trois Odes funèbres* peignent ainsi la modulation de perspective dans laquelle la mort de Daniel, puis celle de Blandine, placèrent Liszt, qui ne s'en départit plus : cette conviction indélébile selon laquelle ses deux enfants l'avaient précédé dans la mort pour œuvrer au Ciel à son propre rachat, raison pour laquelle il plaça *Les Morts* en tête de son triptyque funèbre : non seulement parce que ses enfants l'avaient devancé dans le Royaume, mais parce que leurs âmes y avaient été en quelque sorte lancées à ses yeux pour prier le lavement de ses péchés. « Dans certaines régions d'art peu fréquentées, il y a entre la pensée et le style, le sentiment et la plume, comme une lutte de Jacob » Liszt écrivit-il à Carolyne, en évoquant la composition des *Morts*[1]. *Expiation, purification, intercession* : les mots qu'il écrivit à son cousin Édouard quelques semaines après la mort de Blandine, décédée à vingt-sept ans des suites de complications liées à son premier accouchement, sont plus explicites encore : « Blandine a sa place en mon cœur à côté de Daniel. Tous deux demeurent pour moi comme l'expiation, la purification et l'intercession, avec l'appel *Sursum corda*. [...] Pour nos âmes éplorées je dois créer des lacrymatoires, je dois allumer des flammes pour mes vivants aimés et conserver les morts que j'aime en des urnes *spirituelles et matérielles*.

1. 30 juillet 1860.

En cela consiste pour moi l'*œuvre d'art*, telle en est pour moi la signification[1]. »

Dans les semaines qui suivirent la mort de Blandine, Liszt, outre *La Nuit*, composa encore les fameuses *Variations sur « Weinen, Klagen, Sorgen, Zagen »*, basées sur le thème chromatique de la cantate de Bach « Pleurer, gémir, se tourmenter, se décourager » (BWV 12), qui dépeint le conflit de l'affliction et de la foi. Jouée selon les deux versions que Liszt en a réalisées (pour piano ou pour orgue, cette dernière version étant sans doute finale et en tout cas préférable), cette œuvre grande et forte, d'une écriture tourmentée mais d'une expressivité délivrée de tout pathétisme, s'achève comme la cantate de Bach sur le choral *Was Gott tut, das ist wohlgetan*, dont Liszt fait figurer le texte (en allemand) dans la partition : « Ce que Dieu fait est bien fait et je veux m'y tenir. Je peux bien être poussé sur la rude voie de la misère, de la mort et de la détresse ; Dieu me gardera comme un père dans ses bras. Aussi n'ai-je qu'à Le laisser agir[2]. » Ce beau choral, par lequel Liszt s'en remet musicalement à Bach pour remettre au Père son chagrin de père endeuillé, est censé apporter l'apaisement et la confiance de la foi. Le collage qu'il constitue ici dit en vérité ce qu'il exprime *vraiment* : la terrible lutte intérieure du croyant accablé par l'adversité, obligé de relier la foi qu'il professe à l'épreuve de feu qu'est la douleur vécue, devant quoi tombe tout ce qui n'est pas vrai. « Que Dieu, dans sa miséricorde, soit à jamais la béatitude de ceux que nous avons aimés ! » Liszt écrivit-il à Carolyne en évoquant Daniel, disant encore : « Le travail nous

1. 19 novembre 1862.

2. *« Was Gott tut, das ist wohlgetan, dabei will ich verbleiben. Es mag mich auf die rauhe Bahn, Not, Tod und Elend treiben, es wird Gott mich Ganz väterlich in seinen Armen halten: drum lass ich ihn nur walten. »*

est imposé – à la fois comme une condamnation et comme un affranchissement[1]. »

S'en remettre à Dieu, se confier tout entier à Son amour, accepter Sa volonté et l'accomplir... C'est l'unique chemin du croyant. Mais les vents adverses, qui balaient toute route, balaient *aussi* ce chemin-là. Vents extérieurs non seulement, mais vents intérieurs également – et ceux-là plus encore. La houle est même d'autant plus rude qu'une conscience religieuse peut moins qu'une autre se dérober longtemps aux écarts auxquels elle consent, aux résistances qu'elle oppose. Les questionnements partagent le cœur chrétien avec une force particulière. Les passions malmènent sa profession de foi, les épreuves divisent sa prière, attaquent sa confiance ; les bons sentiments (qui sont les pires) ne sont pas longs à ne lui être bons à rien, et les mauvais l'envahissent ; la révolte le laisse encore plus nu. Le chemin du croyant, c'est ce chemin de troubles démultipliés, où le Christ bon berger apparaît souvent bien lointain, sans qu'il soit même possible de lui en faire porter la raison, car elle est tout en nous-mêmes. La brebis alors n'a pas même besoin de s'être égarée trop loin pour se sentir plus seule qu'aucune autre.

Le sombre changement de couleur des œuvres du dernier Liszt, qui fait tout à la fois leur beauté et leur difficulté, ne dit pas que notre musicien ne sera pas parvenu à *tenir* ce chemin-là : il dit seulement qu'il fut *aussi* le sien, ce qui apporte à sa foi le témoignage de Job, dont Liszt dira qu'il était son *patron de l'Ancien Testament*[2] – « Plus que jamais je

1. 4 juillet 1860.

2. Lettre à Caroylne du 19 février 1883 : « Job est mon Patron de l'Ancien Testament – et le bon larron saint Dimas, celui du Nouveau. »

me sens d'ailleurs en disposition de relire ce merveilleux livre » écrivait-il à Agnès[1]. À l'instar de la complainte de Job (qui du moins est légitime, puisque Job n'a effectivement *rien fait*, ce qui justifie sa colère, que Liszt ne partageait pas, s'estimant coupable), les sombres couleurs du dernier Liszt broient une plainte : celle d'une certaine pesanteur de l'existence, dont on va voir qu'elle traduit l'inséparable et double interrogation de la mort et du péché. Liszt l'éprouva de plus en plus après la disparition de Daniel et de Blandine, et l'exprima bien souvent dans ses lettres. Reprenons ici le témoignage du comte Zichy, précédemment cité : « Liszt était d'un naturel enjoué et habituellement de bonne humeur, mais il lui arrivait de souffrir de graves accès de mélancolie. La misère de ses nuits *[Zichy évoque ici les insomnies dont souffrait Liszt]* et la détresse humaine le rendaient quelquefois fort triste. Je pense qu'il m'aimait beaucoup car il exprima toujours sa souffrance devant moi. Il ne pouvait jamais parler de son fils prématurément disparu, Daniel, sans avoir les larmes aux yeux. "Ce fut la plus grande douleur de ma vie", me confia-t-il. » Le lien de la mélancolie du Liszt vieillissant (que tout confirme) et de la mort de Daniel n'est pas ici pour rien : la mort de son fils, puis celle de sa fille aînée, firent plus qu'obscurcir la lumière qui irradiait de l'être solaire qu'était Liszt, qu'il avait toujours été et que par ailleurs il demeura pour la plupart *extérieurement*, qui le rendait irrésistible : elle ramena dans sa conscience la sombre inquiétude que la mort n'avait jamais cessé dans le même temps d'y jeter. Peut-on croire en Dieu et se sentir tout à la fois accablé ? C'est une question qu'on posera plus tard. Il nous faut pour l'instant nous arrêter à cette question de la mort : elle est la même pour tous.

1. 21 mars 1861.

Chapitre XI

Lorsque le Juge paraîtra

L'évocation du *Penseroso* des *Années de pèlerinage* nous a justement rappelé l'ancienneté et la permanence du funèbre chez Liszt.

Quelques années avant cette pièce, le jeune compositeur avait écrit en 1833 une partition pour piano qu'il révisa dans les années 1840 sous le titre « Pensée des morts » (n° 4 des *Harmonies poétiques et religieuses*[1]). Composition en partie lugubre en effet, quoique emplie d'un dynamisme dramatique d'un effet d'ailleurs magnifique, et d'une écriture neuve et étonnante. Liszt avait également entrepris la même année une autre pièce macabre, inspirée de la fresque du Campo Santo de Pise, *Le Triomphe de la mort*, qu'il avait vue et admirée : ce sera la fameuse *Totentanz* (*Danse macabre*), sous-titrée *Paraphrase sur le Dies irae*, suite de variations pour piano et orchestre sur le thème grégorien de la messe des défunts (son troisième concerto pour piano, et peut-être le plus beau), dont il acheva la version définitive en 1848. Dans ces mêmes années 1840, il y aura également les fracassantes « Funérailles » pour piano (n° 7

1. La version originale portait elle-même le titre *Harmonies poétiques et religieuses* que Liszt réserva par la suite au recueil composé entre 1845 et 1852.

des *Harmonies poétiques et religieuses*), datées « Octobre 1849 », de ton et de rythme plus franchement funèbres et lugubres, et cette grande et somptueuse marche funèbre orchestrale qu'est l'*Héroïde funèbre* (poème symphonique n° 8, écrit en 1849-1850, révisé en 1854). Ces deux œuvres impressionnantes, presque jumelles, qui partagent le même pas implacable, ont aussi la même source d'inspiration : la révolution hongroise de 1848 et la répression autrichienne qui s'en suivit, achevée par l'exécution en octobre 1849 de seize officiers et du président du Conseil hongrois. S'y mêle aussi, pour *Funérailles*, l'hommage à Chopin, mort le 17 octobre. Les anciens penchants révolutionnaires de Liszt n'étant déjà plus en 1848 ce qu'ils avaient été (ce que certains de ses compatriotes hongrois lui reprocheront d'ailleurs, Liszt n'ayant rien dit des événements, ni pendant ni après), c'est non le cri d'une révolte politique que lancent *Funérailles* et l'*Héroïde funèbre*, mais un hommage rendu à la douleur humaine – quelle qu'elle soit, ainsi que Liszt l'écrivit dans la préface au poème symphonique (« Son étendard funéraire flotte sur tous les temps et tous les lieux »). On serait en droit d'évoquer encore la magistrale *Fantasia quasi una sonata* « Après une lecture de Dante » (n° 7 des *Années de pèlerinage II*, esquissée en 1839, mais dont la version définitive date de 1849), animée des terreurs de l'Enfer décrites par Dante : « Par moi l'on va dans la cité dolente. Par moi l'on va dans l'éternelle douleur. [...] Vous qui entrez ici, laissez toute espérance[1] ! » Et aussi la *Dante-Symphonie*, composée en 1856, aux premières mesures de laquelle Liszt a noté ces mêmes vers de Dante sous la triple injonction *fortissimo* des trombones puis de l'orchestre tout entier. Je reviendrai plus tard à ces deux

1. *« Per me si va nella città dolente. Per mi si va nell'eterno dolore : lasciate ogni speranza, voi ch'entrate ! »* Dante : *Enfer*, chant III, 1-9.

œuvres-clefs, qui ont surtout à voir avec la question du péché et du mal – dont la mort est le *salaire* (Rm 6, 23).

Toutes ces œuvres écrites au temps de Marie puis à celui de Weimar disent bien l'ancienneté et la persistance chez Liszt du sentiment de la mort, qui confine même à la fascination. « Liszt d'ailleurs aime la mort » écrira la princesse Wittgenstein en avril 1883 à une correspondante, en évoquant la disparition récente de Wagner – et les biographes nous informent en effet de l'attrait du jeune Liszt pour la mort et pour les morts[1]. Cette proximité du funèbre put longtemps s'exprimer dans sa musique par des tons sombres : la vitalité du jeune Liszt transparaît toutefois partout sous les rythmes pesants des glas, le pas *mortel* des marches funèbres et les chants prétendument désolés. Le goût de la recherche et du neuf s'exprime dans les trouvailles harmoniques, les astuces rythmiques ou la singularité des tournures mélodiques, trahissant la grande énergie vitale dont l'homme était traversé. L'évocation de la mort s'intégra ainsi longtemps à un jaillissement jubilatoire qui confine même parfois au grandiose et à l'héroïsme, adoucissant d'autant la portée de l'inquiétude : ce n'est pas la mort nue que brosse la plume du Liszt d'avant la disparition de Daniel et de Blandine, mais la fascination que lui inspirent la menace qu'elle constitue et le mystère qu'elle porte. « Notre vie est-elle autre chose qu'une série de *Préludes* à ce chant inconnu dont la mort entonne la première et solennelle note ? » questionne la préface des fameux *Préludes*, que Liszt composa en 1844-1845 : pleine, lyrique, onctueuse et finalement triomphale – excessivement d'ailleurs, c'est le principal défaut de l'inspiration lisztienne des périodes glorieuses –, la musique si célèbre de ce troisième poème symphonique dit bien que la question est

1. Cf. WALKER I p. 157-158.

seulement métaphysique encore et lointaine à son cœur. Elle ne l'est plus après la mort de Daniel, après celle de Blandine. Les *Trois Odes funèbres* en témoignent : la vitalité de Liszt s'exprime certes là encore, mais le ton n'est plus celui du questionnement abstrait ; la mort manifeste désormais sa présence *réelle*, dégageant d'un coup le religieux des discussions où on aime le confiner, pour le replacer sous la lumière de la condition commune à tous les hommes : notre vie éclot, se déroule, s'achève, et notre corps, duquel nous ne pouvons dissocier notre être, périt et se corrompt.

Liszt pourra bien écrire encore des partitions visant haut et portant beau ; après le départ à jamais de Daniel et de Blandine, l'ancienne et simple fascination pour la mort s'est muée en un face-à-face que son expression musicale transcrit – miroir où se réfléchissent toutes les contradictions de cette confrontation : inquiétude et sérénité, crainte et fascination, désespoir et espérance.

Ce sont ces confins qu'exprime sans doute en partie la fameuse ultime production lisztienne, musique en dilution pour laquelle le pianiste est revenu au piano, son confident de toujours, mais un piano désormais sans virtuosité. Ces mélodies fragmentaires sans but et sans terminaison, à peine ébauchées et déjà perdues ; ces harmonies crûment dissonantes, criantes de nudité, plus étrangères encore que simplement étranges ; ce tissu sonore ajouré, sans dynamisme ni direction, vide parfois ; ce climat incertain, austère, dépouillé, morcelé, désolé. Il assombrit déjà la troisième *Année de pèlerinage*, composée entre 1867 et 1877, parallèlement à d'autres sombres pièces que Liszt jette également sur le papier – la *Marche funèbre de Mosonyis* (1870), ou le beau *Requiem* pour chœur d'hommes, orgue et cuivres (1867-1868). Il est définitif dans les pièces des ultimes années

(1881-1885), aux titres singuliers : *Nuages gris*, *Czardas macabre*, *La Lugubre gondola* (I et II), *R. W. Venezia*, *Am Grabe Richard Wagners*, *Schlaflos – Frage und Antwort*, *Deux Czardas*, *Trauervorspiel und Trauermarsch* – jusqu'à *Unstern. Sinistre. Disastro*, qui n'a même pas de date précise… Une production en effet accablée, hagarde et décharnée, hantant toutes les frontières (de la vie, de l'expression artistique, du langage musical) ; une traversée de la nuit comme à tâtons, juste éclairée par quelques percées lumineuses (le nocturne *En rêve*, 1885, l'*Impromptu* de 1872) ou à demi-lumineuses (*Sancta Dorothea*, 1877, la *Romance oubliée* de 1880, le *Recueillement* écrit probablement en 1884) ; par quelques pépites pianistiques sereines (*Resignazione*, 1877) et même facétieuses (*Carrousel de Madame P-N*, vers 1879, *Toccata*, 1879, les quatre *Valses oubliées*, 1881-1884) ou simplement musicalement inventive, telles certaines boules de l'*Arbre de Noël* de 1874-1876. Étonnamment, beaucoup de pièces d'inspiration religieuse sont plates et insipides – de *Urbi et orbi* (1864) à *In festo transfigurationis Domini nostri Jesu Christi* (1880). Le piano, il est vrai, n'est pas le meilleur véhicule expressif de la foi, qui s'exprime ailleurs chez Liszt, et notamment dans certains beaux chœurs recueillis : les deux *Stabat mater* de *Christus* (1862-1866, *Stabat mater speciosa* et *Stabat mater dolorosa*), *O salutaris hostia* (1870), *Ave verum corpus* (1871), perles du cécilianisme lisztien – ou les quatorze stations de la *Via crucis* (1878-1879), auxquelles nous nous sommes déjà arrêtés.

Pourtant la chose est dite : l'éclat et l'élan d'antan sont à jamais perdus et seule l'évocation persistante du Diable (des *Méphisto-Valses* à la *Bagatelle sans tonalité*) les ramènera encore sous la plume du vieux Liszt – je m'y attarderai plus loin. À la baronne Olga von Meyendorff, Liszt écrivait en 1873, comparant les harmonies altérées de sa musique dernière manière à l'harmonie des pièces de sa jeunesse (il parle ici des « Cloches de Genève », dernière pièce de la première *Année de pèlerinage*) : « La note du milieu (la tierce) est maintenant "abolie ou imperceptible", me dites-vous. Hélas ! le temps a fait (au figuré) le même ravage en moi. Ma note du milieu, celle qui me rattachait à l'existence, a disparu – il ne me reste que la tonique, et la dominante, laquelle devient une terrible dissonance lorsqu'elle se hausse jusqu'à la quinte augmentée[1]. » C'est une comparaison analogue que le jeune Liszt, étonnamment, avait fait trente-cinq ans plus tôt, en décrivant en 1838 sa vie future comme une « longue dissonance sans résolution finale[2] » – ce que sont en effet les œuvres de la dernière période, en esprit au moins et parfois même à strictement parler.

On peut parcourir tout ce que l'édition donne à lire de la correspondance de Liszt ; on y trouvera au sujet de la mort un seul et même balancement dans lequel elle se place en délivrance d'une fatigue de vivre que Liszt confesse à maintes reprises. Cet aveu étonne de la part d'un homme si empli de vitalité et si comblé de dons – du don artistique à cet enviable talent à se diriger dans le monde. Un homme dont l'aura et le tempérament altier frappaient jusqu'aux grands de ce monde. Un homme qui ne s'économisait pas, ne se ménageait pas ; qui montrait une énergie physique et morale débordante ; qui se lançait dans les luttes avec détermination et savait aussi se soumettre aux revers avec sagesse, affrontant l'adversité sans plainte ni soupir. De par-

1. 7 janvier 1873.

2. Huitième *Lettre d'un bachelier ès musique* : « Un jour peut-être [...], j'écrirai [...] un livre de souvenirs dont le titre pourra être celui-ci : "Des grandes tribulations qui s'attachent aux petites renommées" ; ou encore : "Vie d'un musicien, longue dissonance sans résolution finale." » Cf. LBM, p. 106.

courir sa correspondance suffit pourtant à l'affirmer : à maints égards, l'existence aura été à cet homme-là un poids parfois à peine supportable et la mort un soulagement attendu. Certes, Liszt exprima ce sentiment dans les dernières années de son existence tout particulièrement : il est toutefois présent avant le grand âge et parcourt en vérité sa vie entière. À la baronne von Meyendorff, il écrivit ainsi en 1881 : « Dans mon adolescence, je me suis endormi souvent en espérant ne plus me réveiller ici-bas. » Et à Carolyne, bien avant – le 22 octobre 1867, jour de son cinquante-sixième anniversaire : « Depuis l'enfance, mon sentiment de la vie a été triste – et celui de la mort, doux ! » On pourrait aligner maintes assertions encore de la même eau. À Carolyne toujours, en décembre 1882 : « Je ne m'afflige pas à l'excès de la mort de ceux que j'ai connus. Je trouve même leur sort enviable – car ils n'ont plus à supporter le dur joug de la vie et de la responsabilité qu'elle implique. » Et, l'année suivante, cette réflexion qu'on a déjà croisée : « Vous connaissez mon triste sentiment de la vie – mourir me paraît plus simple que de vivre ! La mort, même précédée par les longues et effrayantes douleurs de "mourir" – selon le mot frappant de Montaigne – est notre délivrance d'un joug involontaire, suite du péché originel[1]. » Bien plus tôt encore, il avait écrit à Agnès Klindworth : « Oui, tu as raison, "la vie n'est qu'un long et amer suicide", et la foi seule, mais une foi ardente, positive, celle qui transplante les montagnes, transforme ce *suicide* en *sacrifice* et résout ainsi lumineusement toute énigme, toute défaillance[2]. »

On verra toutefois plus loin qu'envers et contre la sorte d'attente de la mort qu'expriment ces propos, Liszt expri-

1. 19 février 1883.
2. 15 juillet 1855.

mera à l'orée de son ultime année des prémonitions funèbres et accablées[1]. Chacun pourra certes comprendre aisément ce frémissement *a priori* contradictoire : on vante la mort tant qu'on la sait loin encore, mais alors qu'elle s'approche… N'empêche, la question ne manquera pas de se poser : comment ce vieux croyant, qui hier encore parlait de la mort comme d'une espérance, put finalement l'appréhender aussi terriblement ?

La fréquentation de celui qui dit croire ne finit pas de surprendre celui qui dit ne pas croire, qui trouve souvent dans le premier tout le contraire de ce qu'il en *croyait*. Non seulement le *croyant* ne se montre pas nécessairement plus charitable qu'un autre, ni plus heureux ou plus confiant, mais il arrive qu'il parle de résurrection, d'éternité, et montre dans le même temps une peur bleue de mourir… Le fait est : si je professe la foi en la résurrection et la vie éternelle, si je dis mettre toute ma confiance dans l'amour et la miséricorde de ce Dieu en qui j'affirme croire, comment se fait-il que la mort provoque en moi cette peur ? que je m'en fasse *moi aussi* un tourment ? La mort ne devrait-elle pas m'apparaître comme la porte d'entrée de la vie éternelle, le lieu même du repos et de la paix promise ? C'est certes là un questionnement naïf, mais il se fait, s'est toujours fait, et son existence suffit à le légitimer en même temps qu'il oblige à y répondre, d'autant plus aujourd'hui que la mort est devenue le grand tabou – un scandale contre quoi l'espoir que nous mettons dans la puissance technologique ne pourra rien. La question amène d'emblée une affirmation : qu'en parlant de la mort, nous parlons tous du même fait (la disparition physique), mais non toujours de la même chose ; et qu'en en disant par ailleurs ce que nous en pensons, notre

1. Cf. début du chapitre XV.

avis varie au fur et à mesure que varie le point que nous occupons par rapport à l'heure inéluctable.

L'éventuelle ambivalence de Liszt quant à sa fin n'est donc ni contradictoire ni surprenante : elle est humaine d'abord, chrétienne ensuite. La peur première – la cessation physiologique de la vie corporelle, celle dont parle Montaigne – n'est pas ce qui doit en premier nous occuper : étant physique, l'expiration est à la fois la plus directe et la plus superficielle des terreurs de la mort. Nul doute que Liszt ait ressenti cette peur *naturelle* de la mort *naturelle* que tout homme connaît, mais dont chacun peut aussi se délivrer – ce qui peut être d'ailleurs plus dommageable que l'inverse, car la domination de la terreur physique étouffe un questionnement auquel ouvre la peur, sauf d'être trop envahissante. La peur du *mourir* dont parle Liszt témoigne d'abord du premier courage demandé au croyant : celui d'affronter *avec* sa faiblesse la dure réalité de sa fin physique, ce qui ne peut se faire qu'avec le secours de cette force extérieure qu'est la *confiance*, qui est l'ingrédient foncier de la foi, ce que rappelle d'ailleurs l'étymologie – *confidentia* : « avec foi ».

Par l'arrêt tout à la fois tranchant et indubitable qu'elle porte à notre pérégrination terrestre, et par l'incertitude dont cet arrêt s'entoure (je sais que je mourrai, mais je ne connais ni l'heure ni le jour), la mort confère plus que son juste prix à la vie : elle donne à notre liberté une plénitude que celle-ci n'aurait pas si la vie ne devait pas s'achever ou s'il nous était loisible de choisir son terme par nous-mêmes. On connaît l'annonce que le Christ ressuscité fit à ses disciples : « Tout ce que vous aurez lié sur la terre sera lié dans le ciel, et tout ce que vous aurez délié sur la terre sera délié dans le ciel » (Mt 18, 18). Ce pouvoir donné aux apôtres est à l'origine du sacrement de réconciliation (autrefois appelé *confession*), soin des blessures spirituelles confié à l'Église. Les paroles de Jésus explicitent toutefois aussi la relation qui existe entre ce que nous sommes durant la vie terrestre et ce que nous serons dans l'éternité : elles disent qu'après notre mort, nous porterons tout ce que nous aurons refusé au lavement de la miséricorde, et que nous serons à jamais allégés de ce qu'à l'inverse nous lui aurons confié. Cette loi n'est ni une menace, ni un chantage, ni une sentence préétablie ; elle ne nous est pas non plus imposée autoritairement de l'extérieur, car elle épouse tout à la fois notre souveraine liberté et l'aspiration à la Vérité qui nous habitent et dont nous sommes aussi capables, qui constituent les bornes entre lesquelles navigue notre conscience. Elle affirme en cela que cette liberté à laquelle nous accordons à juste titre tant de prix s'exerce jusqu'au bout. Notre orientation foncière acquiert toute son importance dans le respect rendu à la liberté qui nous est donnée de saisir ou non la main qui nous est tendue : la conversion m'est toujours offerte, gracieusement, sans autre impératif que de l'embrasser *librement*. C'est *a priori* ce que fait le croyant, qui sait recevoir ici l'aide de la grâce – et lui redevoir tout. Loin d'être ces *vases d'élection* dont parle Liszt dans la lettre à sa mère du 2 décembre 1862[1], les saints et les saintes d'hier et d'aujourd'hui sont d'ordinaires gens de foi dont le seul *extraordinaire* est de laisser la grâce opérer en eux *sans réserve*, consentant et participant simplement (ce qui n'est certes pas simple) à ce renoncement à tous les *ismes* de l'*ego*, pour cette naissance *d'en haut* à quoi chacun est appelé.

Sous la terreur de la mort physique, c'est la conscience de ne s'être pas abandonné *entièrement* à l'action sanctifiante de Dieu qui est cause des terreurs du croyant qui voit

1. Cf. p. 135.

s'approcher le terme de sa vie. C'est elles qu'exprime l'ancienne séquence du *Dies irae* :

Quantus tremor est futurus,	Quelle terreur nous saisira,
quando judex est venturus,	lorsque le Juge paraîtra
cuncta stricte discussurus ! [...]	pour tout scruter avec rigueur !
	[...]
Judex ergo cum sedebit,	Lorsque le Juge siégera,
quidquid latet apparebit,	tous les secrets apparaîtront,
nil inultum remanebit.	rien ne restera impuni.
Quid sum miser tunc dicturus ?	Dans ma misère, alors, que dire ?
Quem patronum rogaturus,	Quel protecteur vais-je implorer,
cum vix justus sit securus ?	quand le juste est à peine sûr ?
Rex tremendæ majestatis,	Roi de majesté redoutable,
qui salvandos salvas gratis,	qui sauvez les élus par grâce,
salva me, fons pietatis.	sauvez-moi donc, source d'amour.

C'est cette terreur que Liszt éprouva de plus en plus, au fur et à mesure du passage des années, et que reflètent les accents lugubres d'une large partie de sa dernière production : terreur du croyant qui sait n'avoir pas consenti – malgré la solidité de sa foi et malgré sa fidélité – au prix de la sainteté qu'est la mort à soi-même dont parle saint Jean : « Celui qui aime sa vie la perd ; celui qui s'en détache en ce monde la garde pour la vie éternelle » (Jn 12, 25). Liszt avait tôt eu conscience de ce *don de soi* exigé par la sainteté. Il l'avait exprimée en 1837, en évoquant une visite faite au monastère de la Grande-Chartreuse : « Les saintes folies, les tortures volontaires, les martyres obscurs, les renoncements obstinés, toute cette muette et sombre protestation contre le règne de Satan, cette réaction mystique contre les voluptés charnelles, ne semblent-ils pas évoquer les pâles fantômes de ces solitaires, connus de Dieu seul, qui traversèrent la vie, les yeux fixés sur la tombe, courbant leur volonté sous une règle de fer, et s'absorbant tout entiers dans l'âpre et sauvage aspiration d'un monde incompréhensible[1] ? » L'emploi du présent, dans la lettre à Carolyne du 22 octobre 1867 citée plus haut (« Depuis l'enfance, mon sentiment de la vie a été triste – et celui de la mort, doux ! »), laisse supposer que trente ans plus tard, celui qui était désormais *abbé* pensait encore pouvoir souscrire à la haute exigence du dur mais nécessaire renoncement à soi-même. L'extrait se poursuit d'ailleurs ainsi : « Ma véritable nature, c'est la passion du martyre » – dans un présent toujours chargé d'illusion. Il n'y en aura plus trace dans les mots des dernières temps et les tristes échos des œuvres ultimes, qui disent l'abattement du vieux Liszt de n'avoir pas été capable de *témoigner* jusqu'au martyre (selon le grec *mártus*, « témoin »), d'avoir senti l'exaltation de cette extrémité, mais sans en avoir accepté le prix coûtant – et finalement d'avoir aimé sa vie plus que la vie éternelle, inversement à l'implacable prescription de saint Jean. C'est là que le présent de 1867 s'avère exagérément optimiste : l'homme du monde que Liszt était ne pouvait douter de trop aimer sa vie pour consentir au martyre exigé pour la vie éternelle. Ce seraient bien *les terreurs du Dies irae* qui hanteraient dès lors les œuvres funèbres écrites après les disparitions successives de Daniel et de Blandine, qui le ramenèrent à l'implacable de la mort : moins le pressentiment funeste de ne *jamais* parvenir à s'abandonner à la sainteté dont il avait tôt entendu l'appel, que la certitude d'avoir *déjà* opté pour le chemin inverse, et la crainte de devoir l'emprunter *jusqu'au bout*.

1. Troisième *Lettre d'un bachelier ès musique*. Cf. LBM, p. 61.

Pour comprendre cette terreur du *Dies irae* dont on peut présumer que l'homme d'aujourd'hui ne la découvre souvent qu'au tout dernier instant, il faut rappeler ce que la foi dans le Christ enseigne au sujet de la mort. Pour le dire vite : qu'il y a une mort pour tous et deux pour certains. Qu'à la mort physique, qui nous préoccupe tant – séparation du corps corruptible retournant à la poussière et de l'âme incorruptible cheminant vers Dieu –, succédera au dernier jour la Résurrection, par quoi toute âme sera réunie à son corps, un corps « transfiguré en corps de gloire » (Ph 3, 21), en « corps spirituel » (« Le corps est semé animal pour ressusciter spirituel », 1 Co 15, 44), les uns pour la vie, les autres pour la damnation : « Ceux qui auront fait le bien ressusciteront pour la vie, ceux qui auront fait le mal, pour la damnation » (Jn 5, 29) – vérité qui « dépasse notre imagination et notre entendement » et « n'est accessible que dans la foi[1] ».

Sous l'appréhension de la seule mort physique, c'est la peur de cette mort spirituelle qui se cache, exprimée par le mot *damnation* – expression du refus que notre liberté, cadenassée par l'orgueil, pourrait opposer finalement et définitivement à la lumière du pardon. C'est elle sans doute que Liszt se prit à craindre, cette sorte de « naissance » superbe à la damnation que la Bible appelle *seconde mort* (Ap 20, 14), au sujet de laquelle saint Augustin écrit : « Elle est, en effet, beaucoup plus terrible ; et, de tous les maux, le pire, cette mort qui ne procède plus de la séparation de l'âme et du corps, mais de l'éternel embrassement de l'un et de l'autre dans les souffrances éternelles. C'est alors que les hommes ne seront plus "avant la mort" et "après la mort", mais toujours "dans la mort", c'est-à-dire jamais vivants, jamais morts, mais mourants sans fin. Ce sera en

1. *Catéchisme de l'Église catholique*, *op. cit.*, § 1000.

effet le suprême malheur pour l'homme dans la mort, que la mort même ne meure pas[1] ! »

C'est cette *seconde mort* qui est la source des terreurs du croyant et que celui qui dit ne pas croire affronte tardivement, à l'heure où tout tombe, sauf l'amour, à l'heure de cette solitude radicale, de ce délaissement total qui est « la vraie situation de l'homme[2] », cette précarité foncière finalement dévoilée, où chaque être voit ses anciennes arguties fondre comme neige dans la lumière brûlante de la divine miséricorde, qui vient le relever d'une nudité que plus rien ne voile et qui est ce à quoi il lui faut finalement *consentir* – sans que chacun puisse à l'avance avoir la certitude qu'il le fera, n'en ayant que l'*espérance*. « Aidés toutefois de la grâce de notre Rédempteur, nous pouvons du moins décliner la seconde mort » écrit saint Augustin[3], se rappelant des paroles de saint Paul : « Nous tous qui avons été baptisés en Jésus Christ, c'est dans sa mort que nous avons été baptisés. Si, par le baptême dans sa mort, nous avons été mis au tombeau avec lui, c'est pour que nous menions une vie nouvelle, nous aussi, de même que le Christ, par la toute-puissance du Père, est ressuscité d'entre les morts. Car, si nous sommes déjà en communion avec lui par une mort qui ressemble à la sienne, nous le serons encore par une résurrection qui ressemblera à la sienne » (Rm 6, 3-5).

Cette promesse de rachat habite *aussi* plus d'une page du dernier Liszt, qu'elle éclaire d'une lumière simplement sans fanfare ni trompette – comme dans l'ultime poème symphonique, *Du berceau jusqu'à la tombe.* L'ordonnancement

1. Saint Augustin : *La Cité de Dieu,* traduction du latin de Louis Moreau (1846) revue par Jean-Claude Eslin (Seuil, 1994, coll. Folio), tome 2, livre XIII, p. 117.

2. Joseph Ratzinger : *Credo pour aujourd'hui* (Presses du Châtelet, 2008, p. 101).

3. *Op. cit.*, p. 117.

que le compositeur a donné à la troisième et dernière de ses *Années de pèlerinage* manifeste tout particulièrement ce balancement à chaque pas plus présent (et toujours indécis) entre la crainte et l'espérance, entre l'ombre terrifiante de la résurrection pour la mort définitive et la lumière éclatante de la résurrection pour la vie éternelle. Cette ultime année se compose en effet de sept pièces écrites sur dix ans (1867 et 1872 pour les n°s 6 et 5, 1877 pour les cinq autres), que Liszt a organisées après coup, pour l'édition. Trois d'entre elles peignent l'album aux teintes sombres de l'inquiétude lisztienne de la mort : la marche funèbre « Sunt lacrymæ rerum » (n° 5) et les deux Thrénodies « Aux cyprès de la Villa d'Este » (n° 2, 3), que Liszt composa à la fin de l'été de 1877, passé à la Villa d'Este, où l'élancement sombre et immobile des grands cyprès, en se mêlant à la disparition encore récente de Marie d'Agoult (5 mars 1876), ramena sous la teinte implacable de la responsabilité les souvenirs de sa jeunesse. « Ces trois jours, je les ai passés tout entiers sous les cyprès ! C'était une obsession, impossible de songer à autre chose – même à l'église –, leurs vieux troncs me hantaient, et j'entendais chanter et pleurer leurs rameaux, chargés de leur inchangeable feuillage ! Enfin, les voilà couchés sur du papier à musique[1]. » À côté de ces trois pièces lugubres, l'Année s'ouvre et se referme sur deux regards portés vers les hauteurs : une toute pure et presque simple « Prière aux anges gardiens » (n° 1), et une étrange pièce marchant de l'inquiétude à la gloire, titrée de l'injonction à l'élévation « Sursum corda » (« Élevons notre cœur », n° 7) que le prêtre lance aux fidèles en préface à la prière eucharistique. Plus : Liszt a placé au centre de l'album les fameux « Jeux d'eau à la Villa d'Este », qui font contraste avec ce qui précède et ce qui suit, mais

1. À Carolyne von Sayn-Wittgenstein, 23 septembre 1877.

donnent aussi à l'espérance une place centrale, le compositeur ayant explicitement donné une valeur baptismale à ses *Jeux d'eau*, en inscrivant en clair au centre de la partition la citation latine de l'Évangile de Jean (4, 14) : *Sed aqua, quam ego dabo ei, fiet in ego fons aquæ salientis in vitam æternam* – « L'eau que je lui donnerai deviendra en lui source d'eau jaillissante en vie éternelle ».

Par son étendue et sa composition, la troisième *Année de pèlerinage* offre ainsi le reflet du Liszt de la dernière décennie, partagé entre la crainte du Jugement et l'espérance de la Miséricorde, entre la conscience du péché dont la mort fige à jamais la blessure et l'aspiration à la promesse du rachat sur quoi elle ouvre dans le même temps aussi. Parlant du *Requiem pour orgue* qu'il venait d'achever, Liszt écrira ainsi en 1883 à Carolyne : « J'ai tâché de donner au sentiment de la mort un caractère de douce espérance chrétienne. [...] En général, les grands et petits compositeurs colorent le Requiem en noir, du plus impitoyable noir. Dès le commencement, j'ai trouvé une autre lumière – elle continue de rayonner, malgré les terreurs du *Dies irae*, dans la strophe *Recordare* et celle de ma prédilection personnelle : *Qui Mariam absolvisti / Et Latronem exaudisti, / Mihi quoque spem dedisti !* Ainsi d'un bout à l'autre, jusqu'à la fin[1] ! »

« Toi qui as absous Marie-Madeleine et exaucé le Bon Larron, à moi aussi Tu rends l'espoir ! » : n'anticipons pas, mais disons simplement que cette espérance-là sera celle en effet du dernier Liszt – et qu'elle éclaire finalement sa vie tout entière, raison pour laquelle il faudra marcher jusque-là avec lui.

1. 17 juin 1883.

Chapitre XII

Un rêve romain

La fête avait battu son plein à Weimar, du 5 au 7 août 1861, où s'était tenue la seconde édition du festival de la Tonkünstler-Versammlung. L'exécution, le 6, de la *Faust-Symphonie* de Liszt, dirigée par Hans von Bülow, avait obtenu un large succès. De même, le lendemain, le *Concerto en la*, joué avec brio par un nouvel élève du maître, le tout jeune Carl Tausig, son disciple préféré – après Bülow. Le festival, que Liszt avait financé en grande part – c'est là qu'il fut proclamé président de l'association, qui prit le nom d'Allgemeiner deutscher Musikverein –, avait débuté par une mémorable audition de la *Missa Solemnis* de Beethoven, suivie d'un banquet à l'Hôtel de Ville, où trois cents convives s'étaient pressés. Les festivités avaient eu tout pour contenter Liszt, à qui elles avaient également donné de retrouver le flot des collègues et connaissances, et certains des plus fidèles amis. Interdit de séjour depuis les événements de 1848, Richard Wagner avait été autorisé à revenir pour la première fois à Weimar, à son grand bonheur. Le cousin Édouard Liszt, venu de Vienne, était également des nombreux invités de l'Altenburg, comme aussi Blandine et son époux Émile Ollivier, arrivés de Paris.

Pourtant, malgré la belle chaleur de ces journées festives, l'atmosphère parut à chacun voilée de tristesse. Émile Ollivier le nota dans son journal, où il l'explique par l'absence de la princesse Wittgenstein, installée depuis un an à Rome, et par la perspective du départ imminent de Liszt, qui se préparait en effet à rejoindre Carolyne, en vue de leur mariage. « Dans la maison tout indique l'absence d'une maîtresse de maison et aussi les préparatifs d'emballage. Il y a quatre ans, quand je suis venu pour la première fois, quoiqu'on fût en hiver, la vie était partout. » Il fallait en vérité pousser plus loin, ce qu'Ollivier, qui ne connaissait Liszt que de loin, et depuis peu, ne pouvait faire.

La vérité, c'est que Liszt avait fini par nourrir à l'égard du public une forme de rancœur, malgré les applaudissements. Elle s'était manifestée dans le refus qu'il avait d'emblée opposé à l'idée de diriger lui-même l'orchestre. D'autres s'en chargèrent. La chronique note elle-même cette mauvaise humeur du maître, qui refusa également de monter sur scène saluer l'auditoire. Elle raconte aussi la colère démonstrative qu'il mit au dernier soir, au grand étonnement de ses proches, à applaudir une composition insipide de l'un de ses élèves, que le public avait justement boudée. Que la pièce fût médiocre, la question n'était pas là. Une liqueur amère en était la cause : celle que ruminait le grand cœur de Franz Liszt, habituellement si magnanime. Il était tout alourdi encore, lorsque Liszt quitta l'Altenburg quelques jours plus tard, pour toujours.

Les tracas des douze années passées à Weimar ne constituaient pas la raison foncière de l'humeur captive du grand homme. La vérité, c'est que si son chemin avait emprunté avant Weimar une pente perpétuellement ascendante, il avait obliqué à partir de là dans un sens tout autre, allant même jusqu'à prendre une certaine inclinaison descendante. Le nom de Liszt n'en était certes en rien sorti amoindri, et son formidable renom demeurait peut-être même plus grand encore, le compositeur et chef d'orchestre que le pianiste était devenu à Weimar ayant bien souvent placé sa personne au centre de l'actualité. N'empêche : en se faisant compositeur de musique moderne et champion de la *Zukunftsmusik* – la *Musique de l'avenir* –, il avait peu à peu attiré à lui un flot de griefs, des désaccords sans lendemain aux rejets durables. C'est dans un certain isolement artistique qu'il se retrouvait ainsi douze ans plus tard, à sa grande surprise. Ce n'était qu'un début, et plus d'une lettre témoigne du travail que fit en lui cette déclinaison inattendue de sa position artistique. Celui qui avait décrit en 1846 son projet au grand-duc de Weimar en termes pleins d'assurance (« Le but qui m'importe avant et par-dessus tout à cette heure, c'est de *conquérir le théâtre pour ma pensée*, comme je l'ai conquis pendant ces six dernières années pour ma personnalité d'artiste ; et j'espère que l'année prochaine ne se passera pas sans que je sois arrivé à un résultat quasi définitif dans cette nouvelle carrière »), avouait vingt-deux ans plus tard : « Si j'avais le choix, je vivrais dans quelque campagne éloignée du chemin de fer, et bien à distance des relations sociales – car je n'ai plus l'illusion de me croire utile au prochain[1]. »

J'ai effleuré au chapitre précédent le faisceau de causes de ce virage progressif du noble et grand artiste vers la fatigue et un certain désenchantement ; il ne prit jamais toutefois chez lui ce ton sombre et amer, et moins encore misanthrope, qu'il a chez tant d'artistes vieillissants (pauvre et grand Berlioz !), déçus de n'être pas perpétuellement couverts de lauriers. Loin de là, Liszt, qui continuait il est vrai dans le même temps de recevoir l'admiration publique,

1. À Charles-Alexandre, 6 octobre 1846. À Carolyne, 23 juillet 1868.

conserva son ancienne foi dans l'Homme et dans l'aspiration commune du beau et du bien (« le beau n'est que la splendeur du vrai[1] ») qui constituait pour lui la justification de l'art. On se souvient de ce qu'il écrira encore en 1879, en réaction à un auteur qui vantait la vanité de tout agir : « Labourer son champ, "cultiver son jardin" [...] et remplir ses devoirs envers le prochain, [...] ne sont pas choses vaines : pas non plus *La Divine Comédie*, ou la *9e Symphonie* de Beethoven[2]. »

Comparés à l'adulation que lui avait value sa gloire de pianiste virtuose, les revers que Liszt accumula en devenant compositeur lui firent toutefois toucher un fond dont il n'avait pas même eu auparavant l'idée. C'est à Weimar qu'il commença à faire l'expérience de *l'insuccès*. Les tracasseries et les mesquineries qui partout usent les hommes jouèrent ici le rôle qu'elles jouent toujours. L'essentiel pourtant n'était pas là. La vérité, c'est que personne ne pardonna jamais au grand pianiste d'avoir quitté la scène, le public et la presse payant d'un dédain à peu près unanime les compositions qu'il se prit à leur servir en lieu et place du dû qu'était pour tous le spectacle de son éblouissante virtuosité. Le pire pour Liszt vint de ses pairs, ceux tout particulièrement dont il avait reconnu et défendu le génie, qui mordirent à tour de rôle la main qui les avait servis – Berlioz et Wagner bien sûr, et même Schumann ou Brahms, sans parler de compagnons du premier cercle, tels Josef Joachim ou Peter Cornelius. Célèbre et adulé dans l'Europe entière pour une virtuosité qu'il refusait désormais de produire, Franz Liszt devint peu à peu un phénomène unique : une figure à la fois vénérée et méprisée, une légende vivante qu'on vou-

1. LBM, p. 14. L'assertion reprend le *Pulchrum splendor veri* des Scolastiques.
2. À Olga von Meyendorff, 31 janvier 1879. Cf. p. 103.

lait voir, approcher et toucher, mais qu'on honorait comme si l'homme était mort.

Il est vrai que Liszt, en devenant compositeur, n'avait pas mis dans ses créations les rondeurs et les souplesses d'accommodement dont il était capable sur les scènes du monde : aux multitudes que son simple nom faisait toujours se presser aux guichets des salles, il s'ingéniait à servir une musique en quête de futur, d'une nouveauté incommodante, peu apte à reconduire l'admiration extasiée que la *star* du piano qu'il avait été avait partout déchaînée et connue. La musicologie a depuis longtemps identifié les qualités de l'œuvre de Franz Liszt, dont la recherche tous azimuts impressionne toujours, sans être toujours partout pleinement convaincante (chacun le dit aussi, mais l'œuvre est si ample et généreuse). Je ne m'étendrai pas sur ce partage, ce que je souhaite comprendre ici concernant moins la musique que le musicien.

La lettre à Charles-Alexandre qu'on a lue le dit parfaitement : lui qui avait renoncé *de lui-même* à la gloire que son immense talent de virtuose lui avait assurée, c'est *par lui-même* également qu'il pensait cueillir la reconnaissance publique de son double génie de créateur visionnaire et de chef d'école prophétique. Il n'en fut rien, pour la plupart de ses contemporains tout au moins, qui n'accordèrent pas tous ni toujours à ses œuvres ni à celles qu'il défendit l'unanimité d'admiration que son talent pianistique lui avait permis naguère de conquérir. Il y a de nombreux pianistes, mais Liszt est le seul, disait-on à l'heure de ses tournées internationales ; il y a nombre de compositeurs et chefs d'orchestre, et Liszt est l'un d'eux, se prit-on par la suite à penser.

On sait quel échec vint finalement couronner cette tiédeur du public à l'égard de son action, que Liszt apprit à connaître à Weimar et qui ne se démentit plus : la chute de l'opéra de Peter Cornelius *Le Barbier de Bagdad*, qu'il avait monté à Weimar et dont il essuya les sifflets au soir de la première (15 décembre 1858). « Ma résolution de divorcer avec le public ne date pas d'hier. Le hasard devait décider si je le quitterais à l'occasion d'un succès ou d'une chute. Le hasard a prononcé ; mon divorce est fait, et *fait accompli* » écrira-t-il deux ans plus tard au grand-duc[1], dans un drapé superbe qui cherche vainement à sauver les apparences en remettant sur le *hasard* un échec qui ne lui devait rien. Le maquillage montre à quel point le coup fut rude pour Liszt, ce qu'attestent les sorties arrogantes dont sa plume si usuellement pondérée et clémente témoigne parfois durant cette période. À Charles-Alexandre encore, il avait écrit ainsi dix jours plus tôt : « En dix ans, j'ai fondé *eine weimar'sche Schule [une École de Weimar]*, sans aucun appui. Il m'a seulement été possible de faire exécuter certains ouvrages ; c'est quelque chose, mais cela a été tout. Je défie un autre de faire ce que j'ai fait avec si peu de moyens » – et d'ajouter : « Mon séjour seul à Weimar a identifié le nom de cette ville à celui de cette école. Si je passe dix ans à Lubeck, on dira *die Lübecksche Schule*[2] ! »

Un mois plus tard à peine, quatre musiciens signaient dans la presse berlinoise un article condamnant « comme contraires à l'essence la plus intime de la musique les productions des maîtres et disciples de la prétendue "École allemande"[3] ». Quoique son nom ne fût cité nulle part, Liszt était bien sûr au cœur de l'attaque. Au nombre des signataires figuraient deux noms qui lui firent peine : celui

1. 16 février 1860.

2. Mars 1860.

3. Paru dans *L'Écho de Berlin* en mars 1860. Voir texte complet dans STRICKER, p. 81.

du jeune Johannes Brahms, qu'il avait généreusement accueilli sept ans plus tôt à Weimar, et celui du violoniste Josef Joachim, qu'il avait engagé en 1850 comme *Konzertmeister* de l'orchestre de la Cour de Weimar. Simples querelles de chapelles, pensera-t-on à distance. Une atteinte n'est pourtant pour personne une épreuve négligeable, et les biographes de Liszt s'accordent à reconnaître qu'en s'ajoutant à la somme des difficultés de la vie – les complications lointaines mais persistantes avec Marie d'Agoult, la question des enfants, les péripéties du divorce de Carolyne, les blessures infligées par la bonne société de Weimar, la mort de Daniel –, les critiques et rejets de son œuvre et de son action artistique firent plus que le blesser ; elle l'atteignirent au plus profond, touchant au ressort qui paraissait chez lui ne jamais devoir s'user.

L'heure du bilan avait sonné, et Liszt dut admettre qu'il ne correspondait pas totalement à ce qu'il avait projeté. Il n'était certes pas négatif, comme l'indique assez exactement le tableau des années weimariennes que Liszt brossa dans une lettre à Agnès Klindworth écrite à la fin de cette même année de 1860 : « Si je suis resté à Weimar une douzaine d'années, j'y ai été soutenu par un sentiment qui ne manquait pas de noblesse, – l'honneur, la dignité, le grand caractère d'une femme à sauvegarder contre d'infâmes persécutions – et de plus, une grande idée : celle du renouvellement de la Musique par son alliance plus intime avec la Poésie ; un développement plus libre, et pour ainsi dire plus *adéquat* à l'esprit de ce temps – m'a toujours tenu en haleine. Cette idée, malgré l'opposition qu'elle a rencontrée et les entraves qu'on lui suscite de toutes parts, n'a pas laissé que de cheminer un peu. Quoi que l'on fasse elle triomphera invinciblement, car elle fait partie intégrante de la somme des idées justes et vraies de notre époque, et ce m'est une consolation de l'avoir servie loyalement, avec conscience et désintéressement. Si lors de ma fixation ici en 48, j'avais voulu me rattacher au parti *posthume* en musique, m'associer à son hypocrisie, caresser ses préjugés, etc., rien ne m'était plus facile par mes liaisons précédentes avec les principaux gros bonnets de ce bord. [...] Mais tel ne devait pas être mon lot ; ma conviction était trop sincère, ma foi dans le présent et l'avenir de l'art trop ardente et trop positive à la fois, pour que je puisse m'accommoder de vaines formules d'objurgation de nos pseudo-classiques qui s'évertuent à crier que l'art se perd, que l'art est perdu. Les flots de l'esprit ne sont pas comme ceux de la mer ; il ne leur a pas été dit : "Vous irez jusqu'ici, et pas plus loin" ; tout au contraire : "L'esprit souffle où il veut", et l'art de ce siècle a son mot à dire, tout aussi bien que celui des siècles précédents – et il le dira infailliblement[1]. »

Les certitudes demeurent, on le voit. À l'heure de quitter Weimar, Liszt ne se montre pas moins gagné par le découragement. D'autres coups devaient pourtant forcer encore l'entaille. Le premier – l'annulation *in extremis* de son union avec Carolyne, qui réduisit à néant les perspectives qu'il avait formées – le cueillit dès son arrivée à Rome à l'automne de 1861. La mort de Blandine, moins d'un an plus tard (11 septembre 1862), fut l'autre grande blessure de cette première et pénible époque post-weimarienne, avant l'agitation que les déboires conjugaux de Cosima créèrent dans sa conscience paternelle au cours des années suivantes (de 1867 à 1870). Ceux-là devaient en outre entamer la relation avec Wagner, quoique depuis le début ambivalente.

Une ultime mésaventure, artistique celle-là, attendait toutefois encore Liszt : l'échec de la nouvelle ambition

1. 16 novembre 1860.

qu'il avait secrètement mitonnée de devenir rien moins que le réformateur musical de la catholicité de son temps. Il vaut de s'arrêter à cet ultime échec de Liszt, car il touche de près au sujet de ce livre. L'histoire commence en vérité bien avant le départ de Weimar – et même avant l'installation de Liszt dans la capitale de la Thuringe.

En 1846, Liszt, encore pianiste, avait effectué une tournée triomphale de concerts en Hongrie. Elle l'avait conduit en octobre à Fünfkirchen, dans l'extrémité sud du pays, où il avait donné deux récitals et touché également l'orgue de la cathédrale, à l'invitation de l'évêque Johann von Szitowski, rencontré quelques jours plus tôt. C'est alors que Mgr Szitowski proposa à Liszt d'écrire une grande messe solennelle pour la consécration à venir de ce qui devait être la plus grande cathédrale de Hongrie : la basilique de Gran, dont l'inauguration n'était pas pour le lendemain, mais qui promettait de constituer le jour venu un événement national considérable. Elle le fut en effet, dix ans plus tard, lorsque Szitowski, créé entre-temps cardinal et devenu archevêque de Gran et primat de Hongrie, consacra la cathédrale achevée, le dimanche 31 août 1856, en présence de l'empereur François-Joseph et d'un large parterre d'officiels civils et religieux – « quatre archiducs [...] avec une suite de 60 dignitaires et hauts fonctionnaires et quatre cardinaux, sept ou huit archevêques, et une quarantaine d'évêques[1] ».

Les festivités, qui avaient commencé tôt le matin par une salve de canon, s'étaient achevées par l'exécution, en début d'après-midi, devant plus de quatre mille auditeurs, de la grande *Messe solennelle pour la consécration de la basilique de*

1. À Agnès Street-Klindworth, 13 août 1856.

Gran, que Liszt avait achevée l'année précédente et qu'il vint diriger en personne. L'immense succès et le surcroît de renommée que l'œuvre valut au compositeur furent répétés à Budapest puis à Prague, où Liszt dirigea l'œuvre dans la foulée (4 et 28 septembre). Ce n'est donc pas sans raison qu'il pouvait s'estimer heureux et écrire à l'un de ses amis, Carl Gille : « Soyez assuré, mon cher ami, que je n'ai pas composé mon ouvrage comme on pourrait endosser un vêtement d'église au lieu d'un pardessus, mais qu'il a jailli de mon cœur avec toute la ferveur de ma foi, telle que je l'ai éprouvée depuis mon enfance. *Genitum, non factum :* je puis vraiment dire que j'ai plus prié cette messe que je ne l'ai composée. » C'est une satisfaction pas seulement artistique dont témoigne toutefois une autre lettre, écrite à Agnès, à qui il affirme : « J'ai pris sérieusement position comme compositeur religieux et *catholique*. Or c'est là un champ illimité pour l'art et que je me sens la *vocation* de cultiver vigoureusement[1]. » Première expression de l'ambition que Liszt se crut dès lors en devoir et en pouvoir de réaliser : celui de devenir le réformateur de la musique liturgique de l'Église catholique – une idée qui s'amplifia avec son installation obligée à Rome, à l'automne de 1861.

La question de la musique à l'église lui avait en vérité toujours tenu à cœur. Musicien et croyant, Liszt s'était à juste titre depuis longtemps scandalisé de l'abaissement de la musique liturgique de son temps – que dirait-il de la nôtre ! –, où des cantiques piteux et mal chantés avoisinaient de grands effets de tuyaux servis par des organistes en mal d'éclat. Jeune homme, il avait ainsi écrit en 1834 un fameux texte à ce sujet, « De l'avenir de la musique religieuse », qu'il avait repris en partie l'année suivante dans la

1. 16 septembre 1860. *Genitum, non factum :* « engendré, non pas créé », cité de la prière du *Credo*.

série *De la situation des artistes et de leur condition dans la société*. En mêlant sans départage le poétique et le liturgique, les idées que ce texte professe peuvent elles-mêmes se révéler douteuses ; ce manifeste de l'époque *révolutionnaire* n'en témoigne pas moins de l'ancienneté de l'intérêt de Liszt pour la question, et de l'indignation que suscitait en lui la médiocrité de la musique liturgique : « Entendez-vous ce beuglement stupide qui retentit sous la voûte des cathédrales ? qu'est-ce que cela ? c'est le chant de louange et de bénédiction que l'épouse mystique adresse à Jésus-Christ, – c'est la psalmodie barbare, pesante, ignoble, des chantres de paroisse. [...] Et l'orgue, l'orgue, – ce pape des instruments, cet océan mystique qui naguère baignait si majestueusement l'autel du Christ et y déposait avec ses flots d'harmonies les prières et les gémissements des siècles – l'entendez-vous maintenant se prostituer à des *airs de vaudeville* et même à des *galops* ?... Entendez-vous, au moment solennel où le prêtre élève l'hostie sainte, entendez-vous ce misérable organiste exécuter des variations sur *Di piacer mi balza il cor*, ou *Fra Diavolo* ? Ô honte ! ô scandale ! quand cesserez-vous de vous renouveler chaque dimanche, chaque fête dans toutes les églises de Paris et dans toutes les villes des quatre-vingt-six départements de France ? Quand chassera-t-on du lieu saint ces bandes de gueulards ivres ?... Quand aurons-nous enfin de la musique religieuse ? » La suite brosse à grands traits ce que devait être aux yeux du jeune Liszt la musique liturgique des nouveaux temps romantiques : « Comme autrefois, et plus même, la musique doit s'enquérir du PEUPLE et de DIEU ; aller de l'un à l'autre ; améliorer, moraliser, consoler l'homme, bénir et glorifier Dieu. Or, pour cela faire, la création d'une *musique nouvelle* est imminente, essentiellement religieuse, forte et agissante, cette musique qu'à défaut d'autre nous appellerons *humanitaire*, résumera dans de colossales proportions le THÉÂTRE et l'ÉGLISE. Elle sera à la fois dramatique et sacrée, pompeuse et simple, pathétique et grave, ardente et échevelée, tempétueuse et calme, sereine et tendre[1]. »

Peu après son installation à Weimar, Liszt s'était essayé à l'écriture d'une *Messe* (S 8) qui répondît à cet objectif. À Joseph d'Ortigue, il écrivait à son sujet : « En l'écrivant, Rome et Palestrina me sont revenus en mémoire. Combien il me serait doux de continuer à travailler dans cet ordre d'idées, qui est celui de ma jeunesse, et des plus intimes affinités de mon cœur[2] ! » C'est ce projet de l'instauration d'une *nouvelle musique pour l'Église* qu'il chercha à réaliser avec sa *Messe de Gran* – témoignant tout à la fois de la continuité de ses préoccupations à ce sujet, et du désir qu'il eut toujours que l'expression de la foi chrétienne puisse être servie comme naguère par le génie musical.

Le succès remporté par les premières auditions de l'œuvre lui dévoila d'un coup ce champ immense, qu'il se prit d'autant plus à vouloir cultiver qu'il lui semblait devoir réaliser l'injonction que l'abbé Bardin lui avait fait naguère de « servir Dieu et l'Église dans sa profession d'artiste ». Il écrivait ainsi à Agnès Street-Klindworth, dans la même lettre de 1856 : « Je crois pouvoir le dire en bonne conscience et pleine modestie, que parmi les compositeurs qui me sont connus, il n'en est aucun qui ait un sentiment aussi intense et profond de la musique religieuse que votre très humble serviteur. De plus, mes anciennes et nouvelles études de Palestrina, Lassus, jusqu'à Bach et Beethoven, qui sont les cimes de l'art catholique, me donnent un grand appoint, et j'ai pleinement confiance que dans trois ou quatre ans j'aurai pris entièrement possession du domaine spirituel de la

1. *Artiste et société*, p. 45 et p. 47-48.
2. 24 avril 1850.

musique d'église qui depuis une vingtaine d'années n'est occupé que par des médiocrités à la douzaine [...]. Là comme ailleurs, il s'agit de "remonter aux fondements", comme dit Lacordaire, et de pénétrer à ces sources vives qui rejaillissent jusqu'à la vie éternelle. » Et à la princesse Wittgenstein, quatre ans plus tard encore : « Si Sa Sainteté donnait plus tard quelque suite à l'idée d'établir pour ainsi dire "le canon" du chant d'Église sur la base exclusive du chant Grégorien – c'est une œuvre à laquelle je me dévouerais corps et âme, et, qu'avec la grâce de Dieu, j'espère être en état de bien accomplir. [...] En un an de temps, je pourrais être en mesure de soumettre à Sa Sainteté cette œuvre, qui, si elle daignait lui accorder son approbation, serait adoptée par tout le monde catholique[1]. » On voit que le projet lui tenait à cœur et que Liszt manifestait là encore l'enthousiasme et l'assurance qu'il avait montrés à l'égard de la musique profane en arrivant douze ans plus tôt à Weimar. Les conditions de cette nouvelle ambition étaient pourtant moins encore réunies. C'est à la faveur de son immense talent de pianiste que Liszt avait été naguère porté aux nues ; c'est par celle de Charles-Alexandre qu'il s'était institué à Weimar compositeur et chef de la *Musique de l'avenir.* Mais c'est seul qu'il tournait cette fois-ci ses espérances vers Rome, où nul ne l'attendait ni ne l'avait jamais appelé, et où il ne s'agissait plus d'imposer son talent au public et à la presse, mais de créer un répertoire universel pour les fidèles de toute la catholicité, avec l'aval de l'institution compliquée qu'est l'Église romaine, qui traversait par ailleurs l'une de ses plus grandes crises.

Les sympathies dont, à l'issue du succès retentissant de Gran, le régalèrent certains hauts dignitaires catholiques purent certes aveugler Liszt, en lui faisant accroire que sa

1. 24 juillet 1860.

nouvelle ambition artistique rejoignait la volonté du Vatican. Au cardinal Giacomo Antonelli, secrétaire d'État de Pie IX, qui lui avait obtenu une distinction honorifique, Liszt adressa en août 1859 quelques lignes écrites dans la tradition de l'onctuosité stylistique romaine, où transparaît l'illusion de se croire attendu : « La haute distinction que Sa Sainteté, le pape, daigne m'accorder sur votre bienveillante intercession en me conférant le grade de commandeur de l'ordre de S. Gregorio Magno, m'impose plus directement encore l'obligation de rendre témoignage au monde de ma filiale dévotion envers le très auguste et très vénéré Chef de notre Sainte Religion. J'ose prier Votre Éminence de mettre aux pieds de Sa Sainteté l'hommage de mon humble gratitude en même temps que le vœu que je fais de travailler avec un zèle persévérant à me rendre de plus en plus digne de Sa suprême satisfaction[1]. » Ayant offert à Pie IX un exemplaire relié de la partition de sa *Messe de Gran*, Liszt reçut peu après d'un autre grand ecclésiastique – l'éternel Gustav Hohenlohe – une lettre qui ne put que confirmer à ses yeux l'existence d'un réel projet à son égard : « Le Seigneur Vous a appelé pour glorifier son nom dans la voie céleste du chant sacré ; c'est la part des Anges qui glorifient Dieu par leur Hosanna ! De nos jours, les opinions sont bien divisées sur la musique sacrée, c'est à Votre génie à décider de la forme que dorénavant elle doit prendre. Vos inspirations qui par la grâce de Dieu, Vous guident, en seront l'âme, les délices des fidèles, une arme vigoureuse pour ramener de plus en plus les enfants prodigues vers Notre Sainte Mère l'Église. Je me réjouis bien d'apprendre lorsque Vous serez à Rome, les détails du plan que Vous avez formé relativement à la musique religieuse[2]. »

1. 25 août 1859.
2. 28 septembre 1859.

Il fallait être plus versé que Liszt ne l'était dans les affaires vaticanes pour savoir que ce qui semblait un tacite engagement officiel n'en était nullement un. Liszt en resta quelque temps encore persuadé, même lorsqu'il eut découvert, après la débâcle de son projet de mariage avec Carolyne, le rôle actif qu'y avaient pris Antonelli et Hohenlohe, malgré la bienveillance que les deux *monsignori* avaient toujours manifestée à son égard comme à celui de la princesse, et qu'ils continuèrent de leur manifester après encore. En le gratifiant de délices qu'il n'accordait pas à tout va, le pape lui-même ne fut pas pour peu dans l'aveuglement de Liszt.

Le 11 juillet 1863, trois semaines après l'installation du musicien au fameux couvent de la Madonna del Rosario (où Liszt demeura jusqu'en 1868), Pie IX rendit visite à celui qu'il s'était pris d'ailleurs à appeler « Mon cher Palestrina », le priant de se mettre pour lui au piano, ce que Liszt fit en jouant au Saint Père la première des deux *Légendes* qu'il venait d'y écrire, ainsi qu'un arrangement de la fameuse « Casta diva » de la *Norma* de Bellini, que Pie IX se prit même à entonner sur son accompagnement… « Vous savez quel honneur insigne le Saint Père m'a accordé, et comprendrez que pareille visite, sans analogue au monde, fixe encore davantage ma résolution (déjà bien prise d'ailleurs) de m'établir à Rome d'une manière durable », Liszt écrivait-il quelques jours plus tard à sa mère[1]. Pie IX, qui le reçut peu après en audience solennelle, lui offrant un camée à l'effigie de Marie, devait encore montrer son attachement au musicien. C'est à sa demande expresse, et en sa présence, que Liszt participa ainsi l'année suivante (21 mars 1864) à un grand concert de bienfaisance au profit du denier de Saint-Pierre, où son jeu pianistique extasia le tout Rome et rapporta gros. Il donna encore plusieurs

1. 23 juillet 1863.

concerts en juillet à Castel Gandolfo, où Pie IX l'avait personnellement invité, et participa l'année suivante (21 juin 1865) aux célébrations du vingtième anniversaire de l'intronisation de Pie IX, jouant une fois encore pour lui dans la bibliothèque du Vatican.

Ces faveurs extrêmes, Liszt ne comprit pas d'emblée qu'il les devait non à son autorité de compositeur et à ses ambitions de réformateur de la musique liturgique, mais aux dons pianistiques extravagants qu'il avait choisi de cacher au monde, mais qu'il ne put refuser au pape. Sûr du contraire, et totalement habité bientôt par son projet de réformer l'odieuse musique liturgique de son temps, il profita de son installation à Rome pour se familiariser avec les deux grands répertoires de la tradition musicale catholique : le chant grégorien et la polyphonie de la Renaissance. « En fait de musique à Rome, c'est celle de la chapelle Sixtine qui captive tout mon entendement. Là tout est dans le grand, le majestueux, le permanent et dans son ensemble et dans son rayonnement sublime. Chaque dimanche j'écoute ces chants comme on doit dire son bréviaire. Ce néanmoins, ou plutôt à cause de cela même, je ne me range aucunement à l'avis de ceux qui prétendent que tout est dit pour la musique d'église et que la veine en est épuisée. Je crois au contraire qu'il faut la creuser plus avant et, au risque de vous paraître présomptueux, je vous avouerai que cette tâche me tente singulièrement et que je ferai de sorte à l'accomplir pour ma part en écrivant plusieurs œuvres de style et de l'ordre d'inspiration de ma *Messe de Gran* et de quelques psaumes exécutés en Allemagne[1]. » Il lui fallut quelques années encore pour comprendre que le succès de sa *Messe* et les amabilités du clergé romain l'avaient seulement brossé dans le sens du poil, et qu'il s'était lancé dans ce qui était depuis le début

1. À Xavier Boisselot, 3 janvier 1862.

une voie sans issue, l'Église pas plus que son chef n'ayant jamais eu l'intention de lui confier la haute mission qu'il avait hissée en nouvel espoir, dont la papauté et la curie romaine se souciaient d'ailleurs très peu… C'est ce que nous dit notamment la lettre que Liszt écrivit à Carolyne le 23 juillet 1868, dont je n'ai cité plus haut qu'un éclat : « Autrefois, j'en conviens, il me venait de loin en loin quelques bouffées de vaine gloire – elles ont complètement disparu ; ni succès ni distractions ni honneurs d'aucun genre ne m'attirent plus ! Pour le peu que je sais faire en musique, je suis convaincu qu'il vaut mieux que je le fasse à l'écart, à ma façon, et sans en importuner autrui. Si j'avais le choix, je vivrais dans quelque campagne éloignée du chemin de fer, et bien à distance des relations sociales – car je n'ai plus l'illusion de me croire utile au prochain ! N'était un certain goût d'indépendance personnelle qu'il me paraît superflu de combattre, je me ferais volontiers franciscain, surtout en ce moment, où l'on chasse ces pauvres *frati* de partout. »

Il n'y a guère de mal à deviner, sous cette confession ambivalente, ce que la faillite de son ultime projet artistique ajouta aux désillusions passées. D'autant que le monde ne manqua pas de s'emparer du fait, faisant courir le bruit – il court toujours – que Liszt, qui avait reçu entre-temps les ordres mineurs, s'était *fait abbé* en vain, ayant seulement cherché par là à obtenir la place officielle qu'il visait. Il n'y a pas d'intérêt à chicaner sur ce point, sauf de dire que si l'affirmation n'est pas fausse en elle-même, elle l'est par son unilatéralité et par la démangeaison qu'elle ne parvient pas même à cacher de salir le grand homme – et plus encore de salir le croyant qu'il était. Que Liszt ait pensé que son entrée, même modeste, dans la cléricature favoriserait *aussi* son élection « palestrinienne » n'est pas en elle-même scabreuse et n'empêche pas surtout qu'il l'ait fait *d'abord* pour réaliser, même petitement et tardivement, la vocation religieuse qu'il avait ressentie dans son jeune temps, qui ne l'avait jamais quitté – dans la folle espérance de réunir enfin cette vocation religieuse laissée en plan à la vocation artistique à laquelle il s'était intégralement donné. Aspiration dont la suite nous fait dire qu'elle était utopique et naïve, mais qui témoigne de la permanence et de la force de sa vocation religieuse inaccomplie. La dégringolade n'en fut que plus rude. Liszt put bien écrire plus tard à Carolyne : « Je n'ai jamais attendu ni désiré une position ou titre quelconque à Rome. Si le Saint Père m'avait chargé de la chapelle Sixtine, j'aurais accepté avec vénération pour ses bontés et par obéissance – dans l'idée, erronée peut-être, de rendre quelque service à l'art religieux, mais sans nulle illusion sur les difficultés et ennuis d'une pareille tâche. Leur manque ne m'impose aucune croix – tout au contraire, il allège celle que je porte. Par conséquent, je n'ai point de renoncement à pratiquer à ce sujet, et ma liberté intérieure étant depuis longtemps pleinement assurée, je suis dispensé du soin de rechercher ce que je possède déjà[1] ! » – ce qu'il en avait avoué auparavant donne l'exacte mesure de l'ampleur de cette nouvelle déception : « “Jusques à quand Seigneur” est le cri de mon âme. Je disais l'autre jour que ma musique d'Église ne plaisait pas aux ecclésiastiques et semblait hétérogène aux oreilles mondaines. Cependant *je continuerai d'écrire selon qu'il m'est donné de sentir*[2]. »

« Jusques à quand » : pour Carolyne, habituée aux Écritures, Liszt cite ici l'incipit d'un psaume qu'il n'a pas besoin de préciser : c'est le psaume 13 (ou 12, selon la numérotation). Le texte en est court et concentré. Trois strophes :

1. 14 juin 1874.
2. À Carolyne von Sayn-Wittgenstein, 7 août 1870. C'est Liszt qui souligne.

une plainte, une demande, et un chant d'espérance s'achevant sur une action de grâce.

Combien de temps, Seigneur, vas-tu m'oublier ?
Combien de temps, me cacher ton visage ?
Combien de temps aurai-je l'âme en peine
Et le cœur attristé chaque jour ?
Combien de temps mon ennemi sera-t-il le plus fort ?

Regarde, réponds-moi, Seigneur mon Dieu !
Donne la lumière à mes yeux,
Garde-moi du sommeil de la mort.
Que l'adversaire ne crie pas : « Victoire ! »
Que l'ennemi n'ait pas la joie de ma défaite !

Moi, je prends appui sur ton amour.
Que mon cœur ait la joie de ton salut !
Je chanterai le Seigneur pour le bien qu'il m'a fait.

Liszt avait à peine achevé sa *Messe de Gran* qu'il s'empara de ce psaume de supplication individuelle (dans le texte allemand, à l'été de 1855) pour le mettre en musique, composant d'un jet, en une quinzaine de jours, une partition magistrale et poignante pour ténor, chœur et orchestre – nouveau chef-d'œuvre rarement joué. « J'ai suspendu la partition de mes chœurs de *Prométhée* pour écrire ce psaume, qui m'est venu d'abondance de cœur » écrivit-il à Agnès, le 28 juillet. Il dira plus tard avoir écrit certains passages « avec des larmes de sang[1] ». Liszt composera d'autres psaumes encore (18, 23, 116, 129, 137) ; en dimensions comme en qualité, ce *Psaume XIII* demeure toutefois le plus grand des psaumes lisztiens.

1. À Franz Brendel, 11 novembre 1863.

Le choix soudain de cette prière ardente et tourmentée n'est pas pour rien. Le contexte peut certes expliquer le miroir que Liszt trouva en elle. Liszt était alors plongé tout entier dans la crise sentimentale et morale (elle dura plusieurs années) déclenchée par l'amour passionné pour Agnès Street-Klindworth, qui venait de quitter Weimar. Les nombreuses lettres qu'il adressa durant ces mois à la jeune femme expriment – à mots voilés, et même codés, mais entiers – l'épreuve que lui fit endurer la violence de son désir, chargé de culpabilité à l'égard de Carolyne : « Toute ma vie n'est que tristesse et gémissement, tu le sais, car tu connais l'inguérissable plaie de mon âme » (4 mai) – « Depuis samedi je me suis remis au travail, ce qui est mon seul moyen d'équilibre » (5 juillet) – « Tu sais que j'ai pour maxime qu'il faut *étouffer* et *égorger* certaines émotions, et ne tenir aucun compte de ce je ne sais quoi qui est le fond de notre vie même ! [...] Tout cela n'empêche pas que je ne sois horriblement triste [...] » (7 juillet) – « Je souffre beaucoup, tout en ne cessant de regimber contre tout aveu des plaies béantes de mon cœur » (15 juillet) – « Mon cœur est surplein de choses que je ne puis ni ne dois dire. "J'ai quitté le désir et passé l'espérance." Je fais efforts pour me contenir et parfois me sens comme étouffé par cette "Sehnsucht" qu'aucun mot ne peut exprimer[1]. La maladie que vous me connaissez n'a point diminué depuis votre départ – et il y a toute apparence que je n'en guérirai plus » (26 août) – « La voie des adversités peut nous conduire au royaume du Ciel si nous savons résister à nos

1. Ce mot essentiel du vocabulaire romantique allemand, qui n'a pas de réel équivalent en français, exprime tout à la fois une intense aspiration (qui explique qu'on le traduise parfois par *désir*) et un regard non moins ardent jeté sur le passé (qui vaut qu'on le traduise aussi par *nostalgie*). Le mot exprime ainsi le désir de retrouver un bien qu'on a perdu ou qu'on pense avoir possédé par le passé.

défaillances et nous affermir dans la douceur et l'humilité du cœur que le Christ nous a révélées » (11 septembre).

Ces citations suffiraient à nous convaincre que l'expression douloureuse du *Psaume XIII* puise dans les tensions que cet amour irrépressible et coupable provoquait alors chez le musicien. Se contenter de cette explication, comme beaucoup le font, c'est s'arrêter toutefois à une réduction dommageable. Tant de poèmes, et de si beaux, ont été inspirés par des amours malheureux ; ce n'est pourtant pas l'un d'eux qui dicta soudain à Liszt la musique tourmentée et personnelle du *Psaume XIII.* « La partie de ténor est très importante ; là, je me suis fait chanter *moi-même* et je me suis mis en chair et en os dans les faits et gestes du roi David » écrira-t-il plus tard[1]. C'est le sort des peines circonstancielles que de permettre aux autres de s'exprimer aussi – celles surtout qui les englobent et les surpassent. Il y a bel et bien tourment ici, mais le tourment en question couvre de loin la seule expérience amoureuse ; c'est celui qu'exprime le psaume lui-même : *Jusqu'à quand, Seigneur !* C'est ce sentiment d'abandon qui saisit l'homme jeté dans telle ou telle détresse de sa vie, qui regarde au-dehors de lui et se met à espérer la main qui viendra le délivrer du mal qui le consume, contre lequel il ne peut rien lui-même. Sentiment en effet *pénible* où l'âme la moins religieuse perçoit paradoxalement la présence du Dieu sauveur *par son absence*, son silence, son inaction, qu'elle traduit comme un désintéressement qui excite son impatience et sa colère et l'amène à se révolter, à interpeller ce Dieu caché et indifférent, faisant ainsi déjà l'aveu de Son existence et du besoin qu'elle a de Lui pour être sauvée – et reconnaissant conjointement sa petitesse et son incapacité à se sauver elle-même, ainsi que son ardent désir de l'être et

1. À Franz Brendel, 29 août 1862.

la certitude tacite qu'elle ne le pourra qu'en se confiant à Lui. C'est l'exclamation fameuse du prophète Isaïe, « Vraiment, tu es un dieu qui se cache » (Is 45, 15), qui révèle le mystère salvateur de ce *Deus absconditus* que nul ne chercherait s'il n'était assuré de Sa présence, ce Dieu caché qui se dévoile à celui qui Le cherche, ce que l'épreuve nous pousse à faire – raison pour laquelle le Psaume 13 s'achève sur un chant de confiance et finalement d'exaucement : « Moi, je prends appui sur ton amour. Que mon cœur ait la joie de ton salut ! Je chanterai le Seigneur pour le bien qu'il m'a fait. »

Pourquoi alors la musique de Liszt demeure-t-elle jusqu'au bout sombre et tendue ? Sur l'ombre qui subsiste ici, Liszt nous donne plus qu'un indice par la reprise qu'il fait au cœur de cette espérance finale, avant l'ultime verset, des premiers versets de la deuxième strophe (« Regarde, réponds-moi, Seigneur mon Dieu ! Donne la lumière à mes yeux, Garde-moi du sommeil de la mort »). La tristesse paradoxale qui voile ce chant final d'espérance *dévoile* dans le même temps l'incertitude dont l'espérance *pour lui-même* s'entourait assurément à ses yeux : comme une confidence, cette reprise dit qu'un doute obtus demeure, qui touche à la question du salut. Les circonstances de la situation amoureuse de 1855 permettraient d'expliquer la persistance de ce doute, si la tristesse qui s'y exprime s'était avec le temps évaporée. Mais on sait qu'il n'en fut rien.

La conscience aiguë que Liszt avait de ses fautes, qui se développa plus que jamais à partir de son installation à Weimar, ne pouvait que renforcer la réalité de la liaison coupable qu'il entretint plusieurs années durant avec Agnès. La fin de l'aventure ne signa pas pourtant la fin des états d'âme, et les épreuves que Liszt eut encore à subir n'expliquent pas non plus la tristesse qui recouvrit d'un voile persistant (on le verra) les vingt dernières années de son existence, malgré les bonheurs qu'il connut encore et malgré le bon visage qu'il chercha partout à afficher. On se souvient de ce qu'avec clairvoyance Liszt avait prévu naguère de lui-même, en écrivant en 1843 à Marie d'Agoult : « N'*étant personne, il faut* que je devienne *quelqu'un*. Ce quelqu'un fera ensuite quelque chose, et crèvera en étant très peu de chose[1]. » En aspirant à devenir le Palestrina des temps modernes, Liszt avait-il cru renoncer au moi de gloire et de conquête qui rugissait en lui et réclamait le tribut qui lui avait toujours été donné ? L'échec de cette ultime ambition lui aura fait sentir alors que c'était là encore courir la gloire, sous le prétexte du service. Une dimension foncière manque toujours à l'héroïsme et à la réussite : celle à laquelle ouvrent au contraire l'humilité et la contrition – l'ardent désir du pardon. Trajet qui vaut bien de refaire un tour récapitulatif, par la musique – ou tout au moins par les thèmes qui l'ont inspirée.

1. 3 mars 1843. Cf. p. 73.

Chapitre XIII

Mazeppa et Faust (en attendant Dismas)

Mazeppa, Faust, Orphée, Prométhée, Hamlet, *La Divine Comédie*, Méphisto... Diverses épopées et figures littéraires ou légendaires traversent l'œuvre de Liszt. Quelques-unes l'escortent toutefois tout particulièrement. Celle de Mazeppa spécialement, qui est aussi ici la plus ancienne. Plutôt que chez Byron, c'est chez Victor Hugo (*Les Orientales*, 1828) que Liszt la trouva, dans son jeune temps.

C'est dans les années 1830 que Mazeppa fit son entrée dans l'univers lisztien, où sa noble figure s'implanta pour plus de vingt années, depuis la version initiale de la pièce pour piano portant ce titre, à sa version définitive (publiée en 1851 dans les *Douze Études d'exécution transcendante*) et au célèbre poème symphonique que Liszt composa à Weimar à la même époque (*Mazeppa*, 1851-1854). Comme pour Hugo, Mazeppa incarnait pour Liszt la destinée héroïque de l'artiste, pour qui les souffrances de l'incompréhension sont la promesse de la reconnaissance à venir. Attaché nu sur un cheval lancé à travers l'immense plaine polonaise, suivi par les loups et guetté par les corbeaux, Mazeppa fut, selon la légende, recueilli mourant par les cosaques d'Ukraine, qui firent de lui leur chef en couronnement de sa vaillance. Le Liszt des années de concerts et des premiers temps de l'installation à Weimar s'est tout naturellement identifié au héros enchaîné, qui *tombe et se relève roi.* Il faut toutefois rappeler l'origine du drame de Mazeppa, jeune page sans fortune, châtié pour avoir commis *l'adultère* avec une épouse de la noblesse : qu'il ne s'agisse pas là d'un détail, c'est ce que la parenté de ce point avec ce que Liszt venait de vivre avec Marie d'Agoult suffit à établir. C'est même là sans doute la clef véritable de la longue insistance de Mazeppa dans l'univers du musicien, si l'on en croit du moins la place centrale que la question de l'adultère (on va le constater) continua d'y occuper.

La littérature a fait de la liaison de Liszt avec Marie d'Agoult une histoire romantique – ce à quoi le jeune Liszt, dans son désir d'autocélébration, s'est prêté lui-même. On sait toutefois les pénibles conséquences que cette liaison eut dans sa vie : n'ayant bientôt plus rien eu de romantique ni de romanesque, l'aventure transformée en poison sans fin se chargea de lui rappeler que la vie, comme le génie, exige *aussi* son dû, dont le paiement dure parfois ce qu'elle dure elle-même. Les remords dont la correspondance de Liszt témoigne à ce sujet, à partir des années 1850, s'exprimeront plus encore dans les ultimes années – preuve qu'ils ne le lâchèrent pas. Raison pour laquelle Mazeppa disparut de l'univers lisztien après le poème symphonique : parce qu'au-delà de la métaphore romantique du génie artistique, Mazeppa avait *aussi* (d'abord ?) incarné pour Liszt une sorte de *droit d'exception* dont les remords soulignèrent peu à peu l'abracadabrant, et une prétention extravagante et outrageuse : rien moins que le droit du génie à s'affranchir de ce que la société des hommes désigne comme fautes – et donc à les commettre... Après Marie, le second adultère de Liszt avec Carolyne (native d'ailleurs, soulignons l'ironie, de cette terre d'Ukraine où Mazeppa aurait été recueilli et sacré), pouvait bien être d'un ordre tout autre, puisqu'il n'avait pas cette fois-ci brisé les liens d'une famille, rompus bien avant sa venue : la mise au ban de la princesse Wittgenstein par la société weimarienne et l'empêchement de leur mariage n'apprirent pas moins à Liszt que la reconnaissance de l'artiste ne valait pas acceptation de l'homme (« On était décidé à empêcher par tous les moyens le mariage de la Princesse avec un individu de ma sorte[1] »). La persistance du remords apprit surtout au Liszt vieillissant que cette loi sociale implacable, d'allure *a priori* injuste et sournoise, procédait peut-être d'une raison supérieure que la société n'a pas même besoin de connaître et moins encore d'invoquer ; et que le mépris que si longtemps il afficha lui-même à l'endroit du mariage et du droit qui lui est associé, pût être aveuglement à l'égard de cette raison supérieure mystérieusement en œuvre ici. Le travail que la culpabilité fit dans sa conscience l'aura en effet empêché de croire jusqu'au bout à la justification du droit réclamé *via* Mazeppa : celui de se prétendre au-dessus des lois et des usages sous prétexte de grandeur innée, et de rayer la réalité de la faute en ravalant sa condamnation au simple et méprisable esprit bourgeois – c'est-à-dire de persister dans l'obscurcissement de la conscience en persistant dans l'aveuglement de la gloire. À un correspondant de 1857, Liszt a beau affirmer, évoquant les oiseaux de malheur dont parle le poème mazeppien de Hugo : « Que dirai-je donc des croassements de cette nuée de corbeaux et d'"obliques hiboux" qui s'étend comme un "cordon épidémique" tout le long des partitions de mes poèmes symphoniques ? Heureusement je ne suis pas de composition assez facile pour me laisser déconcerter par leur "concert" et continuerai fermement mon chemin jusqu'au

1. À Agnès Street-Klindworth, 8 novembre 1860.

bout, sans prendre d'autre souci que de faire ce que j'ai à faire – et ce qui sera fait, je vous le promets[1] » – l'affirmation dit seulement que le superbe qu'il est encore à ce moment-là n'a simplement pas pris conscience de ce que sa *Faust-Symphonie* et sa *Dante-Symphonie* ont pourtant déjà proclamé : que l'aspiration à la gloire portée par Mazeppa n'est pas seulement vaine, mais qu'elle est cause aussi de malheurs irréversibles et constitue en cela un appétit blessant.

Entreprise peu après *Mazeppa*, la *Dante-Symphonie* (1855-1856) allume en effet une lumière sur cette sorte de droit d'exception dont la figure du premier héros lisztien est porteuse.

La découverte de *La Divine Comédie* ramène au temps de la fugue italienne avec Marie d'Agoult : du grand œuvre de Dante, les deux amants avaient fait à Lugano, en 1838, une lecture fascinée, qui avait inspiré à Liszt la vaste et formidable *Fantasia quasi sonata « Après une lecture de Dante »*, dont il a déjà été question. Comme plus tard la symphonie, cette *« Dante-Sonata »* s'ouvre sur un portique solennel : ici, c'est l'appel formidable d'un triton *fortissimo* lancé trois fois en chute descendante captivante (*Diabolus in musica* évoquant le pouvoir du Satan trismégiste), qu'une métamorphose en quinte et quarte transformera finalement en trompette du jugement. C'est l'enfer qu'évoque en effet ce grand poème pianistique halluciné, qui débouche à la fin sur un choral qui l'emportera, pour signifier seulement la victoire annoncée du Ciel sur les ténèbres. Liszt emprunta le titre *Après une lecture de Dante* au vingt-septième poème des *Voies intérieures* de son ami Hugo ; il éclaire la valeur de

1. À Wilhelm von Lenz, 27 mars 1857.

confession dont s'entoure à coup sûr cette première évocation lisztienne de l'enfer :

> Lorsque le poète peint l'enfer, il peint sa vie :
> Sa vie, ombre qui fuit de spectres poursuivie ;
> Forêt mystérieuse où ses pas effrayés
> S'égarent à tâtons hors des chemins frayés.
> Noir voyage obstrué de rencontres difformes ;
> Spirale aux bords douteux, aux profondeurs énormes,
> Dont les cercles hideux vont toujours plus avant
> Dans une ombre où se meut l'enfer vague et vivant !

Que Liszt ait peint sans conscience véritable son enfer personnel dans ce superbe tableau infernal romantique que brosse sa sonate, peut-être bien : l'enfer étant alors encore à venir, il ressemblait au paradis. C'est ce que dit l'épisode lyrique marqué *Dolcissimo con intimo sentimento*, qui fait musicalement contraste et qu'on est en droit de considérer comme un chant d'amour à Marie. Nul véritable indice toutefois dans la partition. Pour cela, il faut attendre l'épisode amoureux dont Liszt éclairera de même quelques années plus tard l'Enfer de sa *Dante-Symphonie*, où il inscrit, sous le thème confié au cor anglais, les mots que prononce Francesca da Rimini au chant V de l'*Inferno* dantesque : *Nessun maggior dolore che ricordarsi del tempo felice ne la miseria* – « Il n'y a pas de plus grande douleur que de se rappeler le temps heureux dans la misère ». À la noble Béatrice, figure de l'amour rédempteur qui ne trouve place nulle part dans la *Dante-Symphonie*, Liszt a ainsi préféré une damnée, et pas n'importe laquelle : l'amante *adultère* Françoise de Rimini, tuée avec son amant (Paolo Malatesta) par son époux (Giovanni Malatesta, frère de Paolo). Encore faut-il comprendre quelle valeur attribuer à cette substitution.

Après la lecture de Dante qu'il avait faite en 1838 avec Marie, Liszt écrivait à Louis de Ronchaud, dans la septième de ses *Lettres d'un bachelier ès musique :* « Vous l'avourai-je pourtant ? dans ce poème immense, incomparable, une chose m'a toujours singulièrement choqué, c'est que le poète ait conçu Béatrix, non comme l'idéal de l'amour, mais comme l'idéal de la science. Je n'aime point à trouver dans ce beau corps transfiguré l'esprit d'une docte théologienne, expliquant le dogme, réfutant l'hérésie, discourant sur les mystères. Ce n'est point par le raisonnement et la démonstration que la femme règne sur le cœur de l'homme ; ce n'est point à elle à lui *prouver* Dieu, mais à le lui faire pressentir par l'amour, et à l'attirer après elle vers les choses du ciel[1]. » Les mots disent bien ce que Liszt vivait alors : j'aime Marie pour sa beauté, et il m'importe peu de l'avoir enlevée aux siens, car l'enivrement que je trouve en elle est mon ciel. Qu'il n'en fût plus *strictement* en 1855 à cette fusion et confusion de l'amour et de l'*éros*, c'est ce que suffit à dire la liaison matrimoniale (elle l'était en esprit sinon en sacrement) qu'il avait nouée avec Carolyne, aussi proche de la Béatrice théologienne naguère réfutée que Marie l'était de la coupable et sensuelle Francesca ; mais que dans le même temps il en fût *encore là*, c'est ce que dit aussi la suave évocation que la *Dante-Symphonie* fait de Francesca da Rimini, qui préfère peindre le beau souvenir des amours passées plutôt que les tourments que celles-ci lui valent d'éprouver en enfer.

On peut rapporter sans aucun doute cet entêtement à ignorer la faute pour ne considérer que le bonheur sensuel – la proximité des prénoms Franz et Francesca nous y invite –, à l'amour également sensuel dont Liszt brûlait alors pour Agnès, la troisième femme mariée de sa vie. On peut aussi aller plus loin et affirmer que Liszt put bien

1. LBM, p. 95-96.

reconnaître peu à peu la charge négative de l'amour fautif – c'est là un fait certain –, mais qu'il se convainquit aussi que cette charge ne suffit pas à salir l'amour lui-même, qui porte en lui une dimension rédemptrice certaine. C'est non seulement ce que disent plusieurs de ses lettres, même tardives (« Mes amours ont commencé bien tristement, et je me résigne à les voir finir de même. Néanmoins je ne renierai jamais l'Amour, malgré toutes ses fausses apparences et ses profanations[1] ! ») ; c'est aussi ce que dit le Magnificat que Liszt choisit vingt ans plus tôt de placer en conclusion à sa *Dante-Symphonie*, qui affirme la valeur rédemptrice de l'amour en hissant l'amour blessé de l'homme jusqu'à l'amour total qui ne se trouve qu'en Dieu, par l'intercession de Marie, symbolisée ici par les deux premiers versets du Magnificat : *« Magnificat anima mea Dominum, et exsultavit spiritus meus in Deo salutari meo »* – « Mon âme exalte le Seigneur, mon esprit exulte en Dieu mon Sauveur » (Lc 1, 46-47). En lieu et place d'une troisième partie consacrée à la peinture du Paradis, Liszt, à disserter de la chose avec Wagner (à qui la *Dante-Symphonie* est dédiée), se convainquit que l'art pouvait être à même de peindre les tourments de l'enfer et les espérances du purgatoire, mais qu'il était inapte à refléter l'amour absolu dont s'éclaire l'âme parvenue au paradis, choisissant de s'arrêter pour cela à son seuil – même s'il proposa aussi un second *finale* glorieux, peut-être pour préserver la susceptibilité de Carolyne, qui soutenait l'avis contraire. Trop courte d'ailleurs pour représenter le paradis, cette autre fin inutilement pompeuse ne peut guère qu'en symboliser l'approche, ce que le cantique de louange de Marie fait avec bien plus d'intelligence artistique et de vérité spirituelle. Liszt a confié à un chœur de femmes (sur le motif

1. À Carolyne von Sayn-Wittgenstein, 26 août 1874.

sonore de la Croix[1]) ce Magnificat tout simple, qui grimpe dans les aigus et le *pianissimo*, exprimant par un évanouissement ascendant l'entrée dans la Miséricorde, à quoi l'amour humain aspire sans le savoir et qu'il reflète sans l'égaler.

C'est sur un chœur également (d'hommes, celui-là) que Liszt choisit de clore de même sa *Faust-Symphonie*, chef-d'œuvre plus grand que la *Dante-Symphonie*, composé parallèlement à elle (1854-1857), et dont il y a tout intérêt aussi à dire ici un mot.

Les commentateurs ont été à tour de rôle émerveillés par l'intelligence avec laquelle Liszt a traité le thème goethéen, et par l'extraordinaire inventivité de sa paraphrase symphonique. C'est *par l'écriture* en effet que Liszt a choisi de sonder le drame faustien, en brossant non le parcours progressif de la légende repris par Goethe, mais le portrait de ses trois principaux protagonistes : Faust d'abord, Marguerite ensuite, Méphistophélès enfin – comme le souligne le titre exact de l'œuvre : *Eine Faust-Symphonie (nach Goethe) in drei Charakterbildern – Une symphonie de Faust (d'après Goethe) en trois portraits de personnages* (ou, si l'on préfère, *en trois portraits psychologiques*). Le drame de Faust est ainsi ramené à son thème foncier : le mystère du mal. Liszt est parvenu à creuser en musique cette impossible question de la façon que l'on sait : alors que Faust et Marguerite sont représentés chacun par des thèmes musicaux spécifiques, Méphistophélès l'est seulement par la déformation des thèmes de Faust. Belle idée, qui ramène l'action du diable à son invisibilité

1. Sur ce motif, cf. p. 58-60. Le choix du « symbole sonore de la Croix » confirme la valeur d'intercession que je vois dans le placement de ce Magnificat en conclusion de la symphonie.

foncière et sa stratégie mortifère : travailler ses victimes de l'intérieur, sans se faire sentir d'elles, de manière à transformer leurs qualités en passions – l'économe devenant avare, le généreux dispendieux, le sensuel luxurieux, l'intellectuel hautain, le prolixe bavard, l'impulsif violent, le spirituel bigot –, à pétrifier nos cœurs de chair en cœurs de pierre.

Il y a tant à dire de l'admirable dissertation sur le mal qu'est la *Faust-Symphonie*, que beaucoup l'ont fait sans épuiser l'analyse. Je me contenterai de souligner deux points. Un singulier contraste en premier lieu : si les thèmes incarnant Faust sont systématiquement déformés et noircis dans le portrait de Méphistophélès, la mélodie qui représente principalement Marguerite ne revient pour sa part que deux fois dans le « portrait » de Méphisto, où elle conserve en outre ses traits propres. Il serait douteux de penser que Liszt ait voulu par là stigmatiser l'homme et épargner la femme – il était trop versé dans les choses de la foi pour ne pas savoir que l'homme est comme la femme victime du Diable. En laissant Marguerite hors d'atteinte des déformations malignes, c'est *l'amour* qu'il a plus certainement cherché à laver de tout soupçon – l'amour, terrain privilégié de l'action du Malin, parce qu'il vient de Dieu et rapproche l'Homme de Lui, ce à quoi le Diable cherche précisément à faire obstacle, et qu'il fait en cherchant à dégrader le sentiment de l'amour. En peignant Méphistophélès sous les traits déformés de Faust, Liszt aura donc voulu notifier ce que dit le drame de Goethe : que le mal vient non strictement de l'homme lui-même, mais de la complaisance que celui-ci manifeste pour l'action opaque que le Malin mène en lui, par cet obscur instrument de déviation qu'est *l'orgueil*, qui fait des vices des vertus, transformant l'amour en domination, l'action en violence, et la force en désir de puissance. Que Liszt désigne ainsi l'orgueil comme l'esprit même du mal, un élément de la partition permet de le comprendre – et c'est le second point que je souhaite noter.

Il est fourni par l'analyse de ce troisième mouvement : alors que Méphistophélès est intégralement portraituré par la déformation qu'il impose aux thèmes représentant Faust, Liszt a toutefois introduit dans ce portrait du mal en action un motif qui ne se trouve nulle part ailleurs dans la partition et ne peut donc être relié qu'au Diable lui-même ; simple scansion rythmique à la fois rudimentaire et impérieuse (on la trouve au chiffre D de la partition), que le compositeur a empruntée au concerto pour piano *Malédiction*, œuvre de jeunesse dont il a déjà été question, où le thème apparaît sous une forme première chapeauté de l'indication manuscrite « Orgueil »[1]. On ne saurait être plus précis... Il ne faudrait pas toutefois s'arrêter là, et ne pas comprendre que cet auto-emprunt et ce retour à l'heure de sa jeunesse artistique valent d'abord sous la plume de Liszt comme accusation de lui-même, ce qui permet de comprendre l'intention qui gît dans l'importance cruciale que Liszt a donnée à Faust dans son portrait de Méphistophélès.

Orgueil : Liszt désigne à plusieurs reprises dans sa correspondance comme *maladie sacrée* ce mal suprême qu'il s'impute en effet. À Carolyne, il avouera ainsi : « Jadis, aux jours de jeunesse, la maladie sacrée, l'orgueil, m'apparaissait parfois comme une sorte d'idéal – mais je me suis aperçu que ce n'était qu'une hallucination dangereuse, et la lecture de l'Évangile m'a guéri[2]. » Et à Agnès, seize ans plus tôt : « Tu me demandes des nouvelles de ma maladie chronique – Fi ! le vilain mot que celui de *chronique* dont je me suis

1. Cf. p. 147.
2. 17 janvier 1871.

servi. Il ne s'agit pas de cela vraiment. Bayle appelle quelque part l'orgueil une maladie sacrée. Cette expression m'avait beaucoup frappé autrefois et m'est restée enfoncée dans la mémoire[1]. »

On sait quel homme du monde était Liszt : partout accueilli en prince et logé par les plus grands, l'homme par ailleurs si simple et généreux qu'il était aimait la lumière flatteuse de la gloire, les cours et les honneurs, et les aisances et les plaisirs du monde. Aspect qui éloigna d'ailleurs de lui certains de ses proches, que ce double masque du grand homme mettait mal à leur aise, ce qui fera un jour avouer à Peter Cornelius : « Liszt, oui, il était vraiment gentil – mais c'est curieux, je préfère encore Wagner avec toutes ses humeurs et son impétuosité. C'est que chez Liszt, on a toujours le désagréable sentiment qu'il prend un masque mondain. » Cosima résume la chose en écrivant peu après la mort de son père : « Comment vous donner une bonne image de mon père ? [...] Tous les contraires se réunissaient dans son cœur, et je pourrais aussi bien me représenter cette existence sous un jour totalement mondain que sous celui d'un ascétisme absolu. Une grandeur illimitée dans la conception de toutes choses, et du feu : tels sont les deux vocables essentiels que j'aimerais lui attribuer. C'est en eux que l'originalité de ses idées trouvait sa source. Mais surtout, je n'aurais pas l'audace d'essayer de le définir, car je devrais me mouvoir au milieu d'antithèses qui embrouilleraient tout[2]. » La prudence de Cosima est sagesse : un dilemme foncier se tient assurément dans ce face-à-face des deux visages de Liszt – celui de l'homme du monde,

1. 7 mai 1855. Pierre Bayle (1647-1706), auteur du fameux *Dictionnaire historique et critique*.

2. À Houston S. Chamberlain, 17 avril 1889. Cf. BURGER, p. 250. Cornelius : cité par GUT, p. 136.

impuissant à renoncer aux vanités dont il a pourtant l'intelligence, et celui du pénitent douloureux et assoiffé de pardon, qui accepte de contempler sans concession la misère de son orgueil. Liszt exprima lui-même cette double face, à sa manière humoristique, au temps glorieux des répétitions de la *Messe de Gran*, en se disant « moitié tzigane, moitié franciscain » : « On me définirait assez bien en allemand : "*Zu einer Hälfte Zigeuner, zur andern Franziskaner*[1] *!*" » On sait ce que l'humour cherche toujours à adoucir : la cruauté de la vérité. Sous le bon mot, cet autoportrait à deux faces dont Liszt s'est lui-même gratifié, dessine un partage terriblement égal, qui résume ce qui fut à coup sûr la scission foncière de son existence : le désir de l'exposition à la lumière flatteuse du monde, et celui du retrait dans l'ombre exigeante de la Vérité. Mouvement double et contraire – l'enflure de l'orgueil contre le dégonflage de l'humilité – qui se superpose à la double aspiration de sa jeunesse : l'art et la foi.

Dans l'espoir caressé de devenir le « Palestrina » de la catholicité de son temps, Liszt put bien espérer unir enfin ses deux talents et réunir les deux faces de son être. L'échec de son projet l'aura amené à comprendre qu'il avait été travaillé en vérité par une ultime ambition artistique et mondaine ; que sous le désir légitime de servir enfin *Dieu et l'Église dans sa profession d'artiste*, se cachait une intention obscure : celle de conquérir, par le chemin du Christ et avec la bénédiction de son vicaire, la reconnaissance mondaine et posthume dont son immense talent artistique réclamait à chaque pas l'hommage. En d'autres mots : qu'il avait été tenté de *se servir* en prétendant *servir*. Que l'inten-

1. À Carolyne, 13 août 1856.

tion fût ou non calculée (ce qui paraît peu vraisemblable, mais après tout...) ne change rien. Un calcul inconscient, ou à demi conscient, serait même pire pour Liszt : il nous obligerait à conclure que l'usage trop long et trop flatteur qu'il avait eu du monde était capable de tordre jusqu'à sa foi et dévier sa volonté légitime et louable de mettre son talent au service de la Croix.

L'échec en lui-même aura pu le navrer (et il joua indubitablement dans l'espèce de dépression chronique que Liszt manifesta durant ses dix dernières années). Ce qui est plus sûr encore, c'est que l'indifférence polie que l'Église manifesta à l'endroit de ses ambitions romaines l'aura finalement préservé du tour que le Diable avait cherché à lui jouer : faire porter au tzigane les habits du franciscain – rôle d'embrouilleur où le Malin excelle. C'est là que pour finir, il vaut encore creuser un peu et interroger l'omniprésence de la figure de Méphisto dans l'œuvre de Liszt. Elle est d'une importance cruciale.

Chapitre XIV

La malédiction de la musique

Trois ans après la *Faust-Symphonie*, par laquelle le Diable avait fait son entrée dans l'univers du musicien, Liszt se pencha à nouveau sur la vieille légende allemande, s'attachant cette fois-ci au poème d'un auteur comme lui austro-hongrois qu'il venait de découvrir : Nikolaus Lenau. On sait quel abîme sépare le *Faust* de Goethe de celui de Lenau : tel que peint par Goethe, Faust est moins un être de chair que la figure littéraire et philosophique de l'Homme ; le Faust de Lenau est, lui, un enfant du siècle, tourmenté et solitaire, criminel et suicidaire, plus prisonnier du remords que des plaisirs ; sans idéal et sans amour, il cherche le vrai par-delà Dieu, qu'il nie et dont il sent d'autant plus la présence, mais en vain. C'est très volontairement que ce Faust-là se livre au Diable, dans l'espoir de connaître au moins, par le mal et la mort, cette vérité qu'il ne trouve nulle part. Face à ce Faust-là, Méphistophélès mène la danse, brillant de brutalité et de cynisme. Le Diable n'a pas d'amis, il n'a que des esclaves, proclama le quatrième concile du Latran : c'est ce despote qu'endosse le Méphisto de Lenau.

Liszt a choisi deux scènes du drame de son compatriote, dont l'une met en lumière la solitude et le spleen de Faust, et l'autre l'acharnement de Méphisto. La première scène dépeint une procession d'enfants chantant des cantiques, vêtus de blanc et portant flambeaux, que Faust croise une nuit orageuse de la Saint-Jean, alors qu'il erre à cheval dans la campagne, captif de ses sombres idées, indifférent au monde et au renouveau printanier qui s'annonce. La seconde scène se déroule dans une auberge paysanne, à l'heure d'un repas de noces : pris de boisson, Faust se livre à la passion et entraîne l'épouse de l'aubergiste, sous la conduite du violon frénétique du Diable.

À partir de ces deux scènes, Liszt composa vers 1860 un diptyque orchestral qu'il intitula *Zwei Episoden aus Lenaus Faust* (*Deux épisodes d'après le Faust de Lenau*), la première pièce portant le titre *« Der nächtliche Zug »* (« La Procession nocturne »), et la seconde *« Der Tanz in der Dorfschenke »* (« La Danse à l'auberge du village »). De cette pièce haute en couleur, Liszt donna également une version pour piano qui n'est autre que la célèbre *Méphisto-Valse* – la première, puisqu'il y en aura quatre autres encore. Rémy Stricker souligne qu'en disposant ainsi les deux épisodes, Liszt a inversé la chronologie du drame de Lenau, ayant peut-être voulu donner ainsi le dernier mot au Diable[1]. L'interprétation n'est pas si certaine, mais ce qui l'est, c'est que Liszt avait fait trois ans plus tôt un choix tout inverse, et très clair, en faisant chanter par un chœur d'hommes (et un ténor solo), en conclusion de sa *Faust-Symphonie*, les vers fameux sur lesquels s'achève le *Second Faust* de Goethe, qui clament la vertu rédemptrice de l'amour par le symbole de l'éternel féminin : « Tout ce qui se passe n'est que symbole : l'imparfait ici trouve l'achèvement ; l'ineffable ici devient acte : l'éternel féminin nous attire vers le haut. » Comparée à ce final rédempteur, la *Méphisto-Valse* par laquelle les *Épisodes d'après Lenau* s'enfoncent dans la nuit, semble tout à l'inverse

1. STRICKER, p. 360.

déchoir l'amour au rang de piège diabolique et ravaler la femme à celui d'appât. Nul éternel féminin en effet dans le drame sans Marguerite ni rédemption de Lenau, où les dames que Faust croise ne sont que les victimes passagères de son désir – raison pour laquelle cette nouvelle paraphrase faustienne de Liszt ne contient plus que deux « portraits ». On voit en tout cas que les deux *Faust* de Liszt tirent de la relation triangulaire de l'Homme, de l'Amour et de l'épineuse question du Mal deux perspectives bien opposées : la *Faust-Symphonie* réhabilitant la femme et déclarant l'amour vainqueur du mal ; les *Deux épisodes* ne laissant aucune place à l'amour ni au bien, le mal engloutissant tout sans même avoir besoin de rien combattre. Encore faut-il savoir quelle valeur attribuer exactement à ce passage de l'optimisme goethéen au pessimisme lénaunien.

La *Faust-Symphonie* entrait dans les actes publics et officiels de Liszt, compositeur et chef du théâtre de Weimar, la ville de Goethe. Le suivisme goethéen dont la symphonie fait preuve peut donc avoir quelque chose d'obligé, ce que Liszt dit en filigrane dans certaines lettres[1]. Tout autre paraissent les *Deux épisodes*, écrits à l'heure désenchantée du départ de Weimar, où Liszt a pu davantage livrer son fond secret, donnant à l'œuvre une valeur de confession intime que la symphonie ne pouvait pas avoir. On est toutefois amené à s'interroger sur la confidence réelle dont le diptyque lénaunien serait dès lors chargé : faut-il y voir le triomphe annoncé de Satan ? ou plutôt un avertissement de la réalité de la menace que l'endurcissement au péché fait peser sur l'âme sans repentir ? Ainsi placée en conclusion du diptyque, la *Méphisto-Valse* semble pencher pour le terrible premier

1. Voir notamment la lettre à Olga von Meyendorff du 24 septembre 1875 (*Correspondance*, Lattès, 1987, p. 515), ou celle à Therese von Helldorf du 22 septembre 1869 (*ib.*, p. 487).

message : en mêlant l'amour à la faute, Satan triomphe de toute espérance. La *Procession nocturne* qui marche en premier proclame pourtant tout autre chose : composée sur l'incipit de l'hymne *Pange lingua*, qui loue le mystère de la transsubstantiation (« Chante, ma langue, le mystère du Corps glorieux et du Sang précieux, fruit d'un noble sein que le Roi des Nations a versé pour le rachat du monde »), cette grande marche en choral proclame le Salut apporté aux hommes par le sacrifice du Christ et chante la disponibilité permanente du pardon, par la grâce de la contrition, que Lenau a manifestée par les larmes que Faust verse à la fin de la scène, après le passage des enfants. Larmes amères, que Liszt a traduites dans un postlude saisissant. Il manifeste ce don gracieux fait au pécheur, qu'on nomme *don des larmes* : non le résultat d'une tristesse ou d'un apitoiement sur soi-même, mais l'expression simultanée du repentir et de la gratitude, par la connaissance que l'âme reçoit soudain tout à la fois de son insuffisance et de l'amour infini de Dieu, qui l'amène à souhaiter se détourner de soi-même pour se tourner seulement vers Lui – acte premier de la conversion. Faire succéder la danse furieuse du Diable à ces bienheureuses larmes de Faust pourrait dès lors signifier tout l'inverse d'une victoire du Malin : la *Méphisto-Valse* figurerait bien plutôt la rage furieuse dans laquelle entre le démon, chaque fois qu'il craint de perdre pied.

L'ambivalence de cette présence finale de Méphistophélès dans les *Deux épisodes* est sans fin, on le voit, et a peu de chances d'être démêlée en elle-même. Il faut donc avancer encore pour espérer obtenir l'éclaircissement souhaité. Un détail marque d'ailleurs singulièrement dans cette danse finale du Diable lénaunien : alors que Méphisto est chez Goethe causeur et même beau parleur (raison pour laquelle l'optimisme final de son *Faust* a un parfum de ruse ultime...), il apparaît ici en *musicien* : c'est en effet *par la musique*, chez Lenau, que Méphisto conduit le bal. Sous la plume de Liszt, cette différence ne peut être un détail. Elle fournit au contraire un indice de taille.

Ce que traduirait le diable violoneux des *Deux épisodes* – une suspicion à l'égard de la musique, capable de favoriser une pente coupable – ne constitue en rien une interprétation exorbitante. Liszt l'explicite dans une lettre à Carolyne que j'ai déjà citée en partie, attendant ce moment pour en livrer la suite. La voici : « Après m'être douloureusement privé pendant 30 années, de 1830 à 60, du sacrement de la pénitence, c'est avec pleine conviction qu'en y recourant de nouveau j'ai pu dire à mon confesseur, notre curé Hohmann de Weimar : "Ma vie n'a été qu'un long égarement du sentiment de l'amour." J'ajoute : singulièrement menée par la musique – l'art divin et satanique à la fois – plus que tous les autres, il nous induit en tentation ! Je donne aujourd'hui pleinement raison à l'utopiste comte de Selon, qui en 1835 me conjurait de ne pas contribuer au pervertissement des mœurs de Genève, en facilitant dans la ville de Calvin et de saint François de Sales, l'établissement d'un conservatoire[1]. » L'assertion ramène à l'ambivalence de l'action que la musique possède sur l'âme – contribuant d'un côté à l'élever vers Dieu et de l'autre à l'en détourner –, question tout à la fois théologique et pratique sur quoi saint Augustin s'est admirablement étendu, sans parvenir d'ailleurs à se prononcer[2]. Mais ce n'est naturellement pas à la lueur de cette controverse que je souhaite

1. 1er décembre 1877.

2. Dans le neuvième Livre des *Confessions* et dans la seconde partie du traité *De Musica*.

ausculter ce propos de Liszt, mais pour la lumière qu'il apporte à la compréhension de Liszt lui-même.

Le premier terme de l'aveu – la musique, *art divin et satanique tout à la fois* – laisse encore planer la possibilité du rôle bénéfique que la musique put avoir selon Liszt dans sa propre vie. Tout ce qui suit bat en brèche toutefois cette option, exprimant ce qui devint finalement son opinion à coup sûr définitive à ce sujet : que la musique ne lui fut qu'occasions d'égarements et de chutes – et qu'il n'y demeurait que parce qu'elle était devenue sa « langue maternelle » et sa « seconde nature »[1]. « La musique n'est certes pas un art *d'agrément* pour moi – mais elle comble un vide, qui sans elle reste béant dans l'âme » écrivait-il en 1858 à Agnès Klindworth[2]. Et à Carolyne, près de vingt ans plus tard, au sujet de la composition : « C'est le seul travail qui me repose et me tient en équilibre[3]. » Un besoin intérieur en somme – une nécessité contre l'effondrement peut-être. Nul doute en tout cas : si Liszt conserva une certaine foi dans son talent et dans le rôle qu'il avait naguère attribué à l'art, sa vision se retourna peu à peu, engageant une réévaluation intérieure dont sa correspondance livre ici et là quelques éclats. Les *Deux épisodes* laissent entendre que ce retournement commença avec les déceptions cumulées de Weimar, quoique Liszt l'eût peut-être alors plus senti que pensé clairement. La réévaluation lui vint plus sûrement avec l'échec, quelques années plus tard, de ses ambitions « palestriniennes », qui l'amena à considérer ses dons et son action de musicien sous un angle tout autre. C'est ainsi du

1. Lettres à Agnès Street-Klindworth du 22 septembre 1855 (« Je me suis fait une habitude de ne parler d'*abondance* de cœur qu'en musique, qui est comme ma langue maternelle ») et du 19 octobre 1855 (« La musique devient tellement ma seconde nature qu'elle fait quasi disparaître la première »).

2. 31 mars 1858.

3. 26 octobre 1876.

moins qu'on peut comprendre la présence insistante, et même obsessionnelle, que la figure de Méphisto montre dans son œuvre, depuis les *Faust* d'après Goethe et Lenau, jusqu'aux *Méphisto-valses* répétées des années 1880.

À peu près à l'époque des *Deux épisodes*, Liszt réalisa une transcription pour piano très personnelle de la *Valse de l'opéra Faust*, qu'on peut certes considérer comme un simple et amical hommage à Gounod. Liszt a toutefois donné à sa paraphrase un démonisme qui ne doit rien à l'opéra, mais à une marque qui fait aussi l'essence – et la réussite – de la première *Méphisto-valse* : la virtuosité. Elle transforme ce que la pièce emprunte à Gounod (la fameuse valse et le thème non moins fameux du duo d'amour) en une musique ébouriffée et inquiétante, où l'égarement guette. L'accolement du jeu instrumental échevelé et du soufre n'est pas nouveau : Paganini, modèle du jeune Liszt pour avoir été en son temps le premier des virtuoses, avait été soupçonné de diabolisme parce que sa virtuosité inouïe procurait aux auditeurs ce trouble frisson dont les foules raffolent, où la fascination se mêle à l'effroi. L'odeur du Diable poursuivit, on le sait, Paganini jusqu'à la mort et au rocambolesque de ses impossibles funérailles. C'est là que le gros public paraît toujours stupide aux gens de goût : le troupeau, qui ressent beaucoup sans beaucoup réfléchir, laisse toujours déborder son ressenti ; il n'en arrive pas moins qu'il sente juste *aussi*, malgré les débords.

Après le temps immobile de l'attente, la vitesse est le temps propice du Diable – soudaine accélération par quoi le prédateur neutralise la réaction de sa proie. Parce qu'elle se déroule dans l'évanouissement perpétuel du temps, la musique distille déjà en elle-même un magnétisme qui frise l'envoûtement ; il se dédouble dans la virtuosité, ce prodige d'aspect proprement surhumain sous quoi le premier esprit venu flaire d'instinct l'intervention de puissances obscures. Liszt avait moins qu'aucun autre besoin de déductions intellectuelles pour lier ensemble virtuosité et maléfice : depuis le début, la virtuosité se confondait avec sa vie de musicien. C'est par elle qu'il s'était fait connaître ; c'est elle qui lui avait procuré son immense célébrité et lui avait valu la curiosité et la protection des têtes couronnées, jusqu'au sultan Abdul Medjid-Khan – et au Saint Père. Cette virtuosité qu'il avait lui-même tendancieusement qualifiée de *transcendante* dans les *Études pour piano* écrites dans la première partie de sa vie – soulignant ainsi ce qu'elle avait en effet de supra-humain, sans savoir à quel type de puissances elle en appelait. Cette incroyable prouesse digitale dont chacun rêvait d'être un jour le spectateur, qui laissait tout le monde pantois et qui l'identifia jusqu'au bout, et jusqu'aujourd'hui. Comme pour rire, Liszt avait pu en 1856 se définir lui-même comme « moitié tzigane, moitié franciscain ». Il avait certes voulu, par ce bon mot, exprimer sa double et ancienne vocation musicale et religieuse. L'expression ne fait pas toutefois qu'exprimer ce simple double face : « Moitié musicien, moitié franciscain » eût en ce cas suffi. L'introduction du *tzigane*, qui bien évidemment ramène aux diableries de la virtuosité, ne pouvait pas non plus équivaloir seulement à « hongrois » sous la plume de Liszt. En se définissant comme *moitié tzigane, moitié franciscain*, Liszt soulignait plus sûrement qu'une ligne de partage divisait secrètement son être, démarquant la part qui l'attirait depuis toujours vers le haut, de celle qui n'avait cessé de le tirer dans le même temps vers le bas. Cette part-là, Liszt se vit finalement obligé de l'identifier avec *la musique elle-même*, c'est-à-dire avec ce qui avait été sa vie tout entière. C'est cette *malédiction* secrète que dévoile la première *Méphisto-valse*, qui ne succède pas pour rien aux larmes amères que le Faust des *Deux épisodes* verse en voyant s'enfoncer dans la nuit la procession des enfants chantant le *Pange lingua*, comme une image de l'évanouissement à jamais des promesses bienheureuses qui s'attachent à l'enfance et ne vont pas souvent au-delà d'elle. Et c'est cette même *malédiction de la musique* que proclament les autres *Méphisto-valses*, que Liszt composa entre 1881 et 1885, au cœur de son étrange ultime production. Les *Lugubres gondoles* et autres déplorations aux titres évocateurs – *Nuages gris, Insomnie* [*Schlaflos*], *Mauvaise étoile* [*Unstern*] – les accompagnent en écho.

Entre les deux *Faust* et les *Méphisto-valses* des années 1880, le Diable fit dans les années 1870 une apparition intermédiaire dans l'univers de Liszt, dans une cantate dramatique en deux parties intitulée *Les Cloches de la cathédrale de Strasbourg*. Liszt l'entreprit en 1874, sur un texte du poète américain Henry Wadsworth Longfellow, qu'il avait rencontré à Rome fin 1868. L'œuvre articule cette fois encore deux parties, de dimension toutefois nettement distincte : un prélude relativement court, intitulé « Excelsior ! », titre du plus célèbre des poèmes de Longfellow, qui n'intervient pas toutefois dans la partition, Liszt n'ayant retenu que ce seul mot *excelsior*, chanté de bout en bout par le chœur et la mezzo-soprano *ad libitum* qui s'ajoutent ici à l'orchestre ; et une grande scène lyrique tumultueuse intitulée *« Die Glocken »* (« Les Cloches »), cette fois pour baryton, chœur et orchestre, composée sur le prologue du poème épique *The Golden Legend*, qui n'a rien à voir avec la *Légende dorée* de Jacques de Voragine, mais raconte une histoire de pacte diabolique et de rachat par le sacrifice et l'amour. Donné à Budapest le 10 mars 1875, *Les Cloches de la cathédrale de Strasbourg* constitue une fresque orchestrale et chorale à la hauteur du sujet grandiose qu'elle traite : le combat mené par Satan et ses légions contre l'Église du Christ. La cantate à proprement parler (c'est-à-dire « Les Cloches ») peint en effet l'assaut mené une nuit d'orage par Lucifer et les « Puissances de l'air » contre la croix surmontant la flèche de la cathédrale de Strasbourg. En vain les forces du mal tentent-elles d'abattre la croix, qu'elles découvrent protégée par des cercles d'anges et de saints, tandis que les cloches de la cathédrale se prennent à sonner, le chœur d'hommes chantant en leurs lieu et place, sur l'incipit de l'hymne grégorienne *Te Deum laudamus : Laudo Deum Verum ! Plebum voco ! Congrego clerum !* (« Je loue le vrai Dieu, je convoque le peuple, je rassemble le clergé ! »). Les démons ne parviendront pas plus à exécuter les ordres que Lucifer leur fait successivement de précipiter les cloches à terre (protégées par leur consécration et leur baptême), de briser les vitraux (défendus par saint Michel) et finalement de saccager la maison de Dieu et de disperser les cendres des morts (sur laquelle et sur quoi veillent les apôtres et les martyrs). Dans cette nuit de rage et de tumulte, après chaque invocation démoniaque, le chœur entonne un calme et solennel verset, à travers l'appel inlassable des cloches : *Defunctos ploro ! Pestem fugo ! Festam decoro !* (« Je pleure les défunts, je fuis la peste, j'embellis les solennités ! »), *Funera plano ! Fulgura frango ! Sabbato pango !* (« J'adoucis les funérailles, je brise les éclairs, je chante le sabbat ! »), *Excito lentos ! Dissipo ventos ! Paco cruentos !* (« Je réveille les indifférents, je dissipe les vents, je pacifie les sanguinaires »). À l'aube, Lucifer abandonne le combat, injuriant ses légions pour leur incapacité et laissant, amer, un ordre ultime : « Laissez cette tâche au Temps, le grand Destructeur ! » – tandis que les cloches victorieuses chantent : *Nocte surgentes vigilemus omnes ! Laudemus Deum verum !* (« Levons-nous et veillons tous ! Louons le vrai Dieu !).

En amont de cette scène à la fois grandiose et conventionnelle, traitée musicalement avec l'ampleur requise, le prélude « Excelsior » fait fonction d'annonce préalable à la victoire de la lumière sur les ténèbres (ce que Liszt souligna en écrivant à la baronne von Meyendorff : « *Excelsior* est le synonyme du *Sursum corda ;* nous le reprenons chaque jour à la messe, ce à quoi la foi réplique : *Habemus ad Dominum*[1] ! »). Le poème homonyme de Longfellow, dont la victoire est aussi le thème, parle toutefois d'une victoire d'un autre type : celle du courage et du dépassement de soi-même. Les vers du poète américain peignent en effet l'ascension d'un col alpin par un jeune homme brandissant une bannière portant pour devise l'unique mot latin *Excelsior* – « Plus haut ». Franchissant les torrents et les neiges accumulées, affrontant la dureté de l'ascension, le froid glacial et les avalanches, le héros du poème déploie toute son énergie à poursuivre sa route sans baisser sa bannière, qu'il tient encore dressée entre ses mains alors que la mort le surprend. Ce n'est pas toutefois à cette métaphore du courage dans la lutte à quoi Liszt voulut s'attacher pour introduire sa cantate : qu'il ait délaissé le texte du poème pour n'en conserver que le titre le prouve bien. Ainsi placée en tête du combat du bien et du mal, la devise *Excelsior* n'est pas là pour vanter la capacité à aller toujours plus haut, mais l'aspiration de l'âme au bien. Le prélude des *Cloches de la cathédrale de Strasbourg* dépeint ainsi le caractère naturel et bénéfique de l'élan ascendant vers les hauteurs célestes, tandis que la scène dramatique qui lui succède peint la défaite

1. « Élevons notre cœur ! » – « Nous le tournons vers le Seigneur ! »

de tout ce qui s'y oppose, sa chute inéluctable et son rejet hors du règne de la Lumière.

Sous son aspect grandiose assez conventionnel, quoique parfaitement réussi et à maints égards saisissant, *Les Cloches de la cathédrale de Strasbourg* illustre donc l'agression nocturne intentée par le Mal contre le Bien, et la nature incorruptible de celui-ci. Lue à la lumière du contexte historique romain des années 1870, la partition peut sembler se faire l'écho de la tourmente dans laquelle l'Église catholique se trouvait depuis le Risorgimento et l'instauration du Royaume d'Italie, qui avait entraîné notamment l'annexion des États pontificaux. Mais lue à celle de la réalité intérieure de son auteur, l'œuvre met surtout en scène, sous un jour simplement extérieur et théâtral, le départage chez Liszt du *tzigane* et du *franciscain* – ces deux pôles opposés qu'il croyait il y a peu encore unifiés dans un élan conjoint d'élévation vers le meilleur (le « beau, si voisin de la passion du bien[1] »), et qu'il découvrait désormais désunis et violemment opposés, certain que le pôle négatif dès lors attribué à la musique n'avait jamais cessé de mener un combat sourd contre le positif, sous la bannière trompeuse de l'Idéal et de l'élévation, et la réalité coupable de la gloire artistique et mondaine. C'est ce que dit aussi la substitution, dans *Les Cloches de la cathédrale de Strasbourg*, de Lucifer à Méphistophélès – les hommes se laissant plus aisément emportés par l'ange porteur de lumière (que ces lumières soient artificielles et fausses ne gêne en rien : ils le découvriront seulement trop tard) que par la sombre face de l'Adversaire.

Au sein de l'immense catalogue de Liszt, le cinquième et le dixième poème symphonique – qui sont d'authentiques chefs-d'œuvre – incarnent cette beauté trompeuse

1. Plaquette que Liszt faisait distribuer à ses concerts à l'époque de la *Glanzperiode*.

de l'ange porteur des fausses lumières, et du visage terminal de sa victime : *Prométhée* (1855) et *Hamlet* (1858). Pour la partition du premier, Liszt rédigea une préface qui explicite son programme. Il est nécessairement prométhéen et se laisse résumer par la succession des quatre mots : « Audace, Souffrance, Endurance et Salvation ». Le compositeur n'écrivit rien en revanche pour présenter *Hamlet* (le dernier des poèmes symphoniques composés à Weimar). L'idéal d'héroïsme proclamé peu avant encore par *Prométhée* (« cris d'angoisse et larmes de sang... mais inadmissible conscience d'une grandeur native, d'une future délivrance ») se résume dans *Hamlet* aux premiers termes du programme : l'angoisse et les larmes sont partout, jamais suivies d'aucune grandeur ni moins encore de délivrance. « On y "entend" la désintégration de l'être par le doute. [...] L'optimisme triomphant s'inverse en devenir inéluctable, en défaite de la "hautaine énergie" » résume très justement Rémy Stricker[1]. « Il restera tel quel, blême, enfiévré, suspendu entre le ciel et la terre, captif de son doute et de son irrésolution », Liszt écrivit-il à Agnès[2] au sujet de cette très étonnante partition, qui met à jour l'évolution intérieure qu'il commençait alors à suivre : j'y vois en effet Liszt percer le jeu que le Diable a mené dans sa vie, et le beau masque lumineux de Lucifer se lever peu à peu à ses yeux pour laisser apparaître le vrai visage du Mal. Premier acte au *Miserere* des derniers temps.

Les Cloches de la cathédrale de Strasbourg a dit d'ailleurs l'ultime conviction de Liszt : le Diable se bat et tourmente, mais il ne peut gagner contre ce qui demeure fermement attaché à la Croix. C'est là que Liszt finalement chercha à demeurer, continuant à faire ce que mieux qu'autre chose il savait faire : composer – à condition de ne plus être la

1. STRICKER, p. 341.
2. 26 juin 1858.

dupe des chausse-trapes des gloires et des idéaux trompeurs, et de composer comme on prie : avec humilité et confiance, régularité et obstination. Alors qu'il venait de faire à jamais son deuil de son ultime et courte ambition artistique – s'imposer comme réformateur de la catholicité –, il écrivait ainsi à l'éternelle Carolyne : « Autrefois, j'en conviens, il me venait de loin en loin quelques bouffées de vaine gloire – elles ont complètement disparu ; ni succès ni distractions ni honneurs d'aucun genre ne m'attirent plus ! Pour le peu que je sais faire en musique, je suis convaincu qu'il vaut mieux que je le fasse à l'écart, à ma façon, et sans en importuner autrui. » Et, quelques jours plus tard : « Je ne rêve pas plus la gloire qu'une "maison de campagne à Auteuil !" Il me suffit d'occuper mon temps honnêtement, et de posséder la paix promise aux hommes de bonne volonté ! De la sorte, je vis en *contentone* exemplaire, tâchant de n'être à charge à personne – acceptant chrétiennement ma part d'existence, sans égoïsme et sans trouble ! Une fois engagé dans cette voie, je suis certain de n'en plus sortir. Seulement je m'arrangerai de façon à m'affranchir davantage des fâcheuses suites de ma petite célébrité, et d'échapper autant que possible aux relations superflues, importunes, détériorantes ! Je finirai bien par découvrir un coin de terre, où il me sera possible d'écrire ma musique, et de lire mon bréviaire, comme je l'entends[1] ! »

Que toutefois le Malin ne désarme pas si aisément, c'est ce que dit la succession des pièces méphistophéliques que Liszt aligna dans les dernières années de son existence – qui laissent ceux qui s'y penchent désarmés.

1. 23 juillet et 8 août 1868.

De 1881 aux abords de l'ultime année 1886, le vieux musicien composa en effet trois nouvelles *Méphisto-valses* (n° 2, 1880-1881 ; n° 3, 1883 ; n° 4, 1885), ainsi qu'une *Mephisto-polka* (1883) et une ultime *Méphisto-valse* connue sous le titre de *Bagatelle sans tonalité* (1885)[1]. Outre l'accumulation elle-même, plusieurs points frappent quiconque se penche sur ces évocations méphistophéliques : l'absence, en premier lieu, de tout argument programmatique ; le fait, ensuite, que Liszt soit revenu ici au piano ; enfin, le changement de style qui s'effectue au long de ces pièces. Trois points qu'il vaut de commenter.

Nul poème en effet, pas même un simple vers, en tête d'aucune de ces partitions d'évocation diabolique. Loin de toute trame littéraire, Méphistophélès est ici hors décors, hors discours – hors toute perspective artistique ou philosophique. Il n'est plus là un personnage mythique, une figure légendaire, mais cette réalité du mal que le Satan incarne. J'ai eu beau chercher dans tout ce que j'ai pu lire de la correspondance de Liszt, je n'ai trouvé au sujet du Diable que cette assertion, d'ailleurs antérieure de près de quarante ans : « Quant au Satan, je dirais volontiers de lui ce que vous disiez de la nécessité d'Hegel. Cela n'est pas grand – car Satan s'agite et agit, discourt, bataille, raisonne, se fait négociateur diplomatique, etc. Or dans mon sentiment, Satan n'a rien à faire en tout cela. Satan grandi dans des proportions infinies ne peut être que le Doute, la Douleur muette, le Silence béant. Il projette bien – comme Soleil – Esprit des Ténèbres, des rayons de Négation et de

1. Contrairement à ce qui est souvent écrit, on sait que la *Quatrième Méphisto-valse* est complète, même si le manuscrit comporte des remords et des insertions. Il fut découvert bien après la mort de Liszt, comme celui de la *Bagatelle sans tonalité*, qui porte en vérité le titre *Quatrième Méphisto-valse (sans tonalité)*, ce qui montre les hésitations de Liszt au sujet de ces deux pièces, qui ne furent pas publiées de son vivant.

Mort – mais lui-même dans son essence n'en est pas atteint. Il ne nie pas, il ne meurt pas – il souffre et doute. À la vérité, un Satan fait de ce bois ne se laisse pas aisément rimer en poème épique – mais à tort ou à raison, il me semble que la conception en serait plus dans notre sentiment poétique d'aujourd'hui[1]. » Cette réflexion ancienne peut-elle nous être utile ? Sa grande antériorité adresse une mise en garde, et plus encore la conclusion du propos, qui montre que Liszt ne s'intéressait encore qu'à une conception poétique du mal, et non à la *réalité* du mal dont traitent assurément les pièces méphistophéliques de la dernière période. Le grand âge se fait silencieux, parce qu'avec l'approche de la mort s'avance une lumière qui est d'une tout autre nature que celle que saisit l'intelligence. Le vieillard peut bien encore porter des masques : ce n'est le plus souvent que pour protéger son entourage ; quant à lui-même, les masques ne lui sont plus d'aucune utilité, ils ne lui sont même d'aucune *possibilité*, car la mort s'apprête à le dépouiller de tout et à exposer son être à une lucidité à laquelle on sait bien que rien n'échappe. Goethe, Lenau ou Longfellow pouvaient naguère encore servir de trames ou de miroirs. Ce n'était plus de miroir que le vieux Liszt avait besoin, mais de lumière, afin non plus de se regarder *avantageusement*, mais de se voir *en vérité :* de se considérer non plus au travers du regard des autres ni avec ses propres yeux, mais tel que mis à nu sous le regard de Dieu.

L'Écriture enseigne que Dieu est Amour et Miséricorde. Elle dit aussi qu'Il est Lumière et Vérité. « Amour et Vérité se rencontrent » proclame le Psaume 84 (85). Et c'est en revenant à la Lumière et à la Vérité que l'on accède à l'Amour et à la Miséricorde ; en acceptant de déposer les masques dont nous vivons, qui sont les marques du pacte

1. À Carolyne von Sayn-Wittgenstein, 29 janvier 1848.

qui depuis le Jardin d'Eden nous lient au Mal. Le récit biblique du péché originel, qui décrit l'écoute favorable qu'Adam et Ève accordèrent au doute formulé par le Satan quant à la fiabilité de la parole de Dieu (« Le serpent dit à la femme : "Pas du tout ! Vous ne mourrez pas ! Mais Dieu sait que le jour où vous en mangerez [du fruit de l'arbre qui est au milieu du Jardin], vos yeux s'ouvriront, et vous serez comme des dieux, connaissant le bien et le mal" »), – ce récit décrit aussi le changement immédiat que cette écoute du Malin opère chez eux : elle se traduit d'abord par le sentiment de honte que leur procure soudain leur nudité, et par le désir subséquent de se cacher de Dieu, de se dérober à son regard[1]. L'intelligence peut bien buter ou épiloguer sur ce récit du péché originel, si opaque aux consciences contemporaines : il révèle le trouble avec lequel chaque conscience se débat à sa manière, que l'approche de la mort met à nu : l'inconcevable déviation que les lignes de nos vies enregistrent par rapport au tracé dont elles portaient la promesse ; ce décalage constaté dans le face-à-face silencieux avec nous-mêmes, entre ce qui *est* par rapport à ce qui *devait être*, qui inspire finalement à tous les esprits le même sentiment de la faute et le même besoin du rachat – ce que résume l'admirable pensée de Pascal sur le péché originel : « L'homme est plus inconcevable sans ce mystère, que ce mystère n'est inconcevable à l'homme. » Nous n'avons pas, au sujet de Franz Liszt, à nous avancer davantage ici, et d'ailleurs ce stade suffit pour comprendre que c'est quelque chose de ce face-à-face avec le Mal que Liszt

1. « Alors leurs yeux à tous deux s'ouvrirent et ils connurent qu'ils étaient nus. Ils attachèrent les unes aux autres des feuilles de figuier et ils s'en firent des pagnes. Ils entendirent le Seigneur Dieu qui se promenait dans le jardin à la brise du jour. L'homme et la femme allèrent se cacher aux regards du Seigneur Dieu parmi les arbres du jardin » (Gn 3, 8). Citation précédente : Gn 3, 4-5.

a assurément exprimé dans ses pièces *méphistophéliques* des derniers temps. Ce que confirme la présence *sans histoire* du Diable dans ces pièces, où il n'apparaît plus que dans les titres – et *par la musique*, avec laquelle il se confond ici.

Rappelons-nous encore l'aveu de 1877 : « Ma vie n'a été qu'un long égarement du sentiment de l'amour [...] singulièrement menée par la musique – l'art divin et satanique à la fois – plus que tous les autres, il nous induit en tentation. » Là où j'évoquai une *déviation*, Liszt parle d'*égarement*, place l'amour en son centre et désigne la musique comme meneuse. Et sur ce plan, il n'est pas neutre qu'il ait exclusivement dédié au piano ses ultimes évocations méphistophéliques. Ce que le jeune Liszt avait écrit en 1837 – « Mon piano, c'est pour moi ce qu'est au marin sa frégate, ce qu'est à l'Arabe son coursier, plus encore peut-être, car mon piano, jusqu'ici, c'est moi, c'est ma parole, c'est ma vie[1] » –, le vieux Liszt n'aurait pu le dénier, quoi qu'il eût fait et composé depuis l'arrêt de sa carrière de virtuose : ce qu'il devait d'abord au piano, ce n'était pas en effet sa seule réputation, mais cette vocation artistique dont toute sa vie avait découlé. C'est le piano qui l'avait amené à la musique ; c'est par lui qu'il s'était dévoué tout entier à elle. Le piano non seulement, mais ce jeu virtuose sans équivalent, auquel il demeura totalement identifié, dont toutes les pages écrites durant la première partie de sa vie portent le témoignage étincelant, qui culmina dans les grandes réalisations pianistiques des années weimariennes, *Sonate* et *Concertos* en tête. On sait qu'il inclina son art dès lors aux partitions d'orchestre, sans renier toutefois le piano, que revisitent encore les merveilleuses réalisations romaines des années 1860 – les deux *Études de concert* « Waldesrauschen » et « Gnomenreigen », les deux *Légendes* franciscaines (« Saint

1. LBM, p. 48.

François d'Assise. La Prédication aux oiseaux », « Saint François de Paule marchant sur les flots ») ou « Les Jeux d'eau à la Villa d'Este », de la troisième *Année de pèlerinage*. Le style d'ailleurs a pris une tout autre allure, l'écriture, devenue transparente et perlée, déroulant une virtuosité fluide, aérienne, là où le clavier héroïque de naguère débordait d'ivresse et de puissance. On l'a vu déjà, et d'autres numéros de l'ultime *Année de pèlerinage* en témoignent : on sait quelle surprenante évolution prit le piano lisztien de la vieillesse, abandonnant toute virtuosité et même toute continuité, pour dessiner un paysage sonore désolé, d'aspect souvent fragmentaire et morcelé, d'un minimalisme radicalement contraire aux surpleins éclatants de jadis. De sorte que seul Méphisto ramène ici de la couleur et de la fièvre – mais elle est à la fois mortifère et sans durée.

Haute en couleur, la fameuse première *Méphisto-valse* – issue donc des *Épisodes de Lenau* de 1860 – ramène d'abord un sonore diabolique pittoresque tout à la fois conventionnel et réjouissant, tel qu'il avait déjà paru sous la plume de Liszt – par exemple dans la *Dante-Sonate*, la *Totentanz* ou le scherzo inséré au cœur du mouvement lent du *Premier Concerto*. Grand scherzo pianistique éblouissant, la première *Méphisto-valse* use d'une écriture virtuose suggestive et se drape de tous les atours du fantastique romantique légendaire pour croquer un Méphisto caustique et enjôleur, avec imitation des quintes à vide du violon du Diable et accents d'ivresse irrésistibles. Sous ce portrait usuel du Diable violoneux, c'est bien celui des tentations de la musique que le compositeur fait ici, *art divin et satanique tout à la fois*. Et la virtuosité suggestive de Liszt, qui use de toutes les ressources du clavier, dans une recherche de timbres saisissante, déploie une musique d'un charme en effet proprement *diabolique*, qui justifie l'accueil enthousiaste que la pièce a toujours suscité, malgré la demi-moue que la plupart des commentateurs lisztiens lui opposent. Ils se montrent plus sévères encore à l'égard des pièces méphistophéliques qui suivent, à la grande surprise de mes oreilles et de mes yeux, qui y entendent et y voient des réussites non moins parfaites, quoiqu'il est vrai moins *exemplaires*, mais pour des raisons qui ne sont pas musicales – car sur ce plan, je les place tout en haut. Chacune à sa manière, les pièces suivantes dépeignent en effet les morsures du Mal avec trop de proximité ou de crudité pour demeurer plaisantes : le portrait de Méphisto qui se dégage ici n'a plus l'ancien sardonique suggestif dont le charme rassure, mais quelque chose qui suscite le retrait instinctif. Le vieux Liszt s'approche ici d'un miroir pas à pas plus exact, exempt de déformations flatteuses.

La virtuosité initiale prend ainsi dans la *Deuxième Méphisto-valse* une sorte de frénésie obstinée, de nervosité agressive et cassante qui glace. Le piano est beau, toujours, splendide même, mais tout est plus cru, les coloris plus acides, les contours mélodiques abrupts : ce n'est plus de recherche d'effets qu'il s'agit, ni même de ressources, mais de vérité. La *Mephisto-Polka* qui suit est plus abrupte encore, et plus raide, sous son petit air initial de marche grotesque, de farce sans façon. Au fur et à mesure que la pièce se déroule, la plaisanterie devient plus déroutante, inquiétante même, et tourne à la grimace – ce que confirme l'achèvement insolite sur une note unique, qui plus est altérée (6e degré mineur), qui fige à jamais la marche et dévoile ce qu'était le sourire initial : un affreux rictus, osseux et macabre. Quant à l'extraordinaire *Troisième Méphisto-valse* – Debussy a un père, et c'est Liszt ! –, elle affiche d'emblée une belle santé sonore et à la fois un ton plus doux et plus lyrique. Le *staccato*, d'allure d'abord seulement thématique, qui se mêle aux autres épisodes, entraîne pourtant un sourd martèlement forcené qui, en s'alliant à une tendance à l'enfermement en boucles répétitives, régente peu à peu le tableau et finit par corseter l'éclatant empilement initial de quartes et les épisodes mélodiques *a priori* sereins. Martèlement et répétition atteignent dans la *Quatrième Méphisto-valse* une furie compulsive dont la concision de la pièce augmente encore le caractère exécutoire et définitif. L'incertitude rythmique sur laquelle elle s'appuie d'emblée, et les répétitions obstinées d'une même note de basse, qui prend un ton de glas funèbre, ajoutent encore à l'impression de déchaînement final furieux. Telle apparaît aussi la *Bagatelle sans tonalité*, axée sur un petit tournoiement anodin prenant finalement l'allure d'un maelström. Et la terminaison brusque et insolite de la pièce laisse l'auditeur au bord du gouffre – à moins qu'elle ne l'y précipite. Au final, ces pièces d'aspect divers partagent un même caractère incertain et brutal qui se traduit à chaque fois sous une forme différente, mais justifie le partage du titre.

Méphistophéliques, ces musiques étranges, difficiles et glaçantes – et superbes – le sont par tout cela, mais aussi par le partage de toute une série de négations. Celle portée par les titres d'abord, car il n'y a aucune *valse* dans ces danses du Diable, et pas même une véritable polka. Le pas qui se danse ici est celui du Mal propre, dont ces pièces ne traduisent que ce qu'il produit : un piétinement obsessionnel et destructeur, qui ne va nulle part. Car la principale négation se trouve d'abord dans la musique elle-même, par une écriture qui noie tout ce qui, en musique, donne vie et fécondité – la tonalité, la métrique, le thématisme, le dynamisme formel –, noyautés par des processus restrictifs qui contrecarrent ce qui pourrait avancer et barrent toute perspective : thèmes lapidaires, redites épuisantes, absence de développement et même de la moindre élaboration formelle, chromatisme dévastateur, usage d'intervalles instables (triton dans la deuxième *Valse* et dans la *Bagatelle*, quartes superposées dans la troisième), rythmes crispés et obsessionnels, tournoiements sans but ni directivité.

On le voit : l'énergie et même l'éclat que ces pièces méphistophéliques ramènent dans l'univers du dernier Liszt n'a plus rien de l'ivresse vitale de naguère. Elles constituent seulement l'autre partie du questionnement que le vieux musicien a exprimé dans les autres ultimes pièces déjà évoquées, incarnant quelque chose de l'immense tristesse que ruminent *Unstern*, le nocturne *Schlaflos !*, les *Nuages gris* ou les *Lugubres gondoles*. Si cette ultime production pianistique de Liszt dépeint quelque chose de l'état d'esprit qui fut le sien devant l'approche du Jugement – où la peine se mêle à l'interrogation et la confiance à l'inquiétude –, alors les pièces méphistophéliques désignent cette intime conviction qui fut à coup sûr la sienne de la collusion avec le Mal que la musique avait favorisée dans sa vie, en l'amenant à laisser se défaire l'autre promesse qui avait été placée en lui ; qu'ainsi il n'avait pas su ni même peut-être voulu déjouer les forces qui avaient mené en lui le sourd combat contre sa vocation à la sainteté, où la musique avait constitué le chemin de l'*égarement*. C'est ainsi, croyons-le, que deux styles se répondent dans l'œuvre ultime de Liszt, parce que leurs deux versants s'accolent : le diable musicien des pièces méphistophéliques représentant cette tentation du péché dont la musique – par l'orgueil, les flatteries de puissance et des gloires du monde – avait constitué à ses propres yeux la voie et le véhicule, les pièces où la musique tend justement à se dissoudre et disparaître dans le silence reflétant l'œuvre de vérité et de dénudement opéré par l'approche de la lumière sans ombre du Jugement. « Satan grandi dans des proportions infinies ne peut être que le Doute, la Douleur muette, le Silence béant » – Sans alors l'avoir su, Liszt n'en avait pas moins eu raison dans cette conclusion : le Mal ne règne pas sans faire finalement silence, laissant un vide qu'il abandonne à l'œuvre du rachat.

Chapitre XV

L'espérance du Bon Larron

1886 promettait en soi d'être exceptionnel. D'un bout à l'autre de l'Europe, de nombreuses festivités en l'honneur de Liszt avaient été lancées à l'occasion de ses soixante-quinze ans. C'est par un présage funeste pourtant que le vieux musicien avait accueilli l'année par deux fois. Parce que l'aiguille de l'horloge de son bureau romain s'était soudain figée au soir de la Saint-Sylvestre, il avait dit aux quelques élèves venus le visiter : « Voilà qui est de mauvais augure. Vous pouvez être sûrs que l'un de nous mourra l'année prochaine ! » C'est évidemment à lui-même qu'il pensait, ce que confirme le propos qu'il tint encore aux mêmes le lendemain 1er janvier : « Mauvaise année ! Elle commence par un vendredi et mon anniversaire tombe également un vendredi ! » Et c'est bien par la mort que l'année 1886 devait en effet s'avérer mémorable dans les annales lisztiennes, puisque Franz Liszt rendit l'âme à mi-chemin, le 31 juillet, à Bayreuth. Cette prémonition partout narrée n'a pas d'autre intérêt en vérité que de témoigner de l'inquiétude qui prit Liszt avec l'âge. Elle se manifesta dans les derniers temps par une superstition dont son entourage fut frappé, qui entre en contradiction avec ce qu'il pouvait continuer par ailleurs à écrire de la mort – ce que j'ai déjà souligné.

Passablement fatigué et fatigable désormais, le corps endolori et alourdi par des maux dont il ne parlait pas mais qui rendaient ses journées difficiles – à commencer par l'hydropisie dont les photographies témoignent, qui gonflait ses chairs (jambes et pieds surtout, mais torse aussi, rendant sa respiration difficile), à quoi s'ajoutaient encore toutes sortes de maux (cataracte, parodontose, asthme), jusqu'aux complications cardiaques qui devaient l'emporter, sans parler des nombreuses verrues dont son visage se couvrit –, Liszt n'était pas en état de répondre à la multitude des invitations qui avaient afflué vers lui, n'en agréant qu'un choix restreint. Outre Rome et Budapest (et Vienne au passage), il décida d'aller se faire fêter et applaudir à Liège, à Paris et à Londres, entreprenant un périple qui courut de la mi-mars à la mi-mai. C'était déjà beaucoup, ce dont témoigna l'état d'épuisement dans lequel il revint en mai à Weimar, qui obligea la petite délégation des élèves venu l'accueillir à la gare à porter leur vieux maître dont les jambes se dérobaient.

Concerts, réceptions et rencontres ne cessèrent en effet de se succéder au long de ces semaines où Liszt s'était trouvé partout attendu et applaudi, pressé jour après jour par des foules d'admirateurs innombrables. Chacun des lieux où il était attendu fut comme naguère littéralement couvert de fleurs. À Paris, la grande salle du Trocadéro en débordait, lorsque le vieux musicien y pénétra le 8 mai, sous un tonnerre d'applaudissements des 7 000 auditeurs[1] venus assister à l'exécution de sa *Légende de sainte Élisabeth*. À Londres, le *Times* avait écrit le mois précédent : « Même à l'extérieur de la salle, l'arrivée du compositeur était toujours attendue par une foule qui se découvrait devant lui comme devant un roi. » Liszt n'était pas revenu depuis

1. Selon le *Ménestrel* du 16 mai 1886 (cf. *Liszt en son temps*, p. 596).

vingt-cinq ans dans la capitale britannique, où il fut entraîné dans une succession harassante de concerts et de réceptions, au long des trois semaines que dura son séjour. Quoiqu'il eût refusé de donner aucun récital – « Mes vieux doigts de soixante-quinze ans ne s'y prêtent plus », avait-il prévenu son élève Walter Bache, organisateur de ce retour en Angleterre –, il se laissa malgré tout entraîner quelquefois au piano, au grand ravissement de ses hôtes – au château de Windsor notamment, pour la réception que la reine Victoria fit organiser en son honneur ; ou lors de la réception qui rassembla le lendemain quatre cents invités à la Grosvenor Gallery. George Grove, qui était des convives, décrivit le « jeu, si calme, si clair, correct et raffiné » de Liszt, ainsi que l'expression de ses traits : « Dès qu'il s'est assis, le sourire très artificiel qu'il a constamment s'est effacé, et son visage a pris une expression d'une sérénité fort belle, empreinte d'une force et d'une paix immenses. Ce fut un spectacle tout à fait merveilleux. »

Depuis son départ de Weimar à l'été de 1861, le retrait relatif dans lequel vivait Liszt n'avait pas manqué en vérité d'occasions de le ramener à l'admiration publique. Elles s'étaient faites simplement plus épisodiques et circonstancielles, de sorte que le retrait de Liszt n'en était un qu'au regard du bouillonnement qu'avait été sa vie. Les festivités de cet ultime anniversaire qui ne devait pas lui être donné de fêter au jour dit, le ramenèrent toutefois aux temps des adulations anciennes, comme s'il lui avait été accordé de connaître une dernière fois la gloire que son immense talent lui avait tant de fois offerte depuis l'enfance. Quel sentiment put lui inspirer de marcher ainsi une fois encore dans la lumière ? Liszt, qui avait appris à séparer la curiosité que suscitait sa personne des jugements mitigés que sa musique inspirait depuis longtemps aux auditoires, exprima surtout la satisfaction que lui avait procurée l'accueil favorable que les différents publics rencontrés au cours de ces semaines avaient réservé à plusieurs de ses œuvres. « Je ne m'attendais guère à de tels succès à Paris et à Londres, mais puisqu'ils me viennent spontanément, je ne saurais rechigner » écrivit-il à Olga von Meyendorff. Qu'on se pressât pour voir et rencontrer la légende vivante qu'il était, c'était la rançon de ce qu'il appelait *sa petite célébrité* ; mais seul en vérité l'accueil fait à son œuvre lui importait encore un peu. « Ma seule ambition de musicien était et serait de lancer mon javelot dans les espaces indéfinis de l'avenir [...]. Pourvu que ce javelot soit de bonne trempe et ne retombe pas à terre – le reste ne m'importe nullement » avait-il écrit douze ans plus tôt à Carolyne[1].

L'insuccès à peu près constant qu'avaient rencontré ses ultimes productions lui avait entre-temps infligé des mortifications qui lui avaient appris à mesurer les applaudissements à leur aune exacte. Moins d'un an avant les célébrations de 1886, il avait d'ailleurs essuyé une humiliation d'un genre qu'il n'avait encore jamais connu : celle de voir plusieurs de ses œuvres religieuses (dont la *Via crucis*) refusées par un éditeur – en l'occurrence, Friedrich Pustet, de Ratisbonne, éditeur officiel du mouvement cécilien, auquel Liszt s'était affilié. Il avait pourtant fait montre de modestie en écrivant en 1880 à Carolyne : « Volontiers je me résigne à en rester pour mes frais de modestie dans mes compositions religieuses. Elles sont faibles, sans doute, peut-être même manquées – mais non d'un goût commun. » Et à son élève Hans von Bronsart, quelques mois plus tôt : « Ma règle constante est de laisser chacun libre de penser de mon talent selon son gré[2]. » Il lui avait fallu

1. 9 février 1874.

2. 8 juin et 29 janvier 1880.

attendre sa dernière année de vie complète pour apprendre qu'on en pensait moins de bien encore qu'il le croyait.

La succession des cérémonies élogieuses de 1886 put donc ramener un peu du plaisir d'antan ; le recul imposé par les déceptions et les échecs l'aura sans doute amené à ne goûter dans l'admiration publique que ce qui exprimait ce à quoi il avait droit *en effet* : la reconnaissance du travail accompli conformément au talent reçu. Le reste pouvait bien être plaisant et agréable ; le vieux Liszt savait que ça n'était qu'en plus, et d'ailleurs, il n'y goûtait plus vraiment. Quinze ans auparavant déjà, il avait écrit à Carolyne : « Jadis, aux jours de jeunesse, la maladie sacrée, l'orgueil, m'apparaissait parfois comme une sorte d'idéal – mais je me suis aperçu que ce n'était qu'une hallucination dangereuse, et la lecture de l'Évangile m'a guéri[1]. » À la même, il avait écrit l'année suivante : « En dépit de la réputation de personnalité effrénée dont on m'a souvent gratifié autrefois, je crois que la ligne continue de ma vie intérieure est précisément ce manque de moi que signifie la *Selbstlosigkeit*[2] » – confidence à laquelle il vaut de s'arrêter un peu.

Ce qu'il était advenu de Liszt, après le double échec de son projet de mariage et de ses ambitions romaines, toutes les biographies le résument du mot de *vie trifurquée*, emprunté à Liszt lui-même. Il exprime les va-et-vient constants que le musicien vieillissant fit chaque année, à partir de 1869, entre Rome, Budapest et Weimar.

À Rome, où il continua de passer les hivers, Liszt était demeuré surtout peut-être pour ne pas y abandonner la princesse – et parce qu'il n'avait pas d'autre lieu où se

1. 17 janvier 1871.
2. 2 avril 1872.

poser. Rome était d'ailleurs mieux qu'aucune autre ville capable de contenter la double inclination contradictoire de l'artiste-abbé aux mondanités et au retrait spirituel. C'est en revanche une charge non désirée, mais qu'il n'avait pu refuser, et dont il craignit toujours qu'elle ne débordât, qui l'amena bientôt à séjourner également plusieurs mois par an à Budapest, généralement en fin d'hiver : celle de présider le conservatoire que les autorités créèrent sous son égide (ouvert en 1875 sous le nom d'Académie royale nationale hongroise de Musique) et d'y donner aussi des cours d'excellence de piano. L'officialité des fonctions que Liszt remplit à Budapest et le nationalisme qui présida à l'utilisation qu'on fit là de sa personne et de son nom le placèrent au centre de controverses et parfois même d'attaques dont certaines imprimèrent un tourment pénible aux dernières années de sa vie. Il en fut tout autrement à Weimar, où le grand-duc Charles-Alexandre n'avait eu qu'à mettre une demeure de son domaine à la disposition de son vieil ami et ancien Kapellmeister (la fameuse *Hofgärtnerei* : maison de l'intendance des jardins de la cour) pour que de toute l'Europe et même de plus loin y affluent chaque été des bataillons entiers de jeunes pianistes venus recueillir l'enseignement du pianiste du siècle – et associer aussi son nom illustrissime à leurs jeunes carrières. L'accueil de Liszt étant demeuré ce qu'il avait toujours été – d'une générosité sans limite – et les cours étant dispensés en toute gratuité, ils furent plusieurs centaines de jeunes virtuoses à passer par Weimar. De pianiste, compositeur et chef d'orchestre, Liszt se fit ainsi, dans la dernière partie de sa vie, pédagogue. Il l'avait certes toujours été, mais de façon souvent obligée et surtout ponctuelle ; il le fut cette fois-ci volontairement et entièrement, se livrant jusqu'au bout à cette activité de transmission qui fut son ultime grande œuvre publique.

Une œuvre inattendue, qui produisit de beaux et grands fruits, visibles longtemps après sa mort encore dans la gloire de ses nombreux et prodigieux élèves – August Göllerich, Eugen d'Albert, Emil von Sauer, Alexander Siloti, Sophie Menter, Arthur Friedheim, Konrad Ansorge ou Moritz Rosenthal.

C'est toutefois à une œuvre à la fois plus large et plus profonde qu'il faut sans doute rattacher cet ultime dévouement pédagogique ; une œuvre supérieure, indiquée par ce mot allemand de *Selbstlosigkeit* lancé par la lettre de 1872, qui veut dire « dévouement », mais que Liszt a donc traduit littéralement par « manque de soi ». De même que les petites rivières font les grands fleuves, de simples indices portent parfois beaucoup plus loin qu'il n'y paraît : cette traduction littérale subordonne en effet le dévouement à un abandon de soi-même que le dévouement suppose en partie, mais auquel il ne se réduit pas nécessairement. Plus encore, Liszt va jusqu'à assimiler cet abandon de soi-même à sa *vie intérieure* (« la ligne continue de ma vie intérieure est précisément ce manque de moi que signifie la *Selbstlosigkeit* »). L'aveu n'est déjà pas en lui-même ordinaire ; on parcourra des volumes entiers de correspondances d'hommes illustres sans y trouver pareille confession. Elle ramène la sorte de mise à disposition de sa personne qui marqua la dernière décennie d'existence de Liszt à cet abandon de soi-même qu'il ne confesse pas pour rien : il était à coup sûr son ultime certitude et sans doute aussi sa dernière volonté, pour un bien supérieur dont il n'est pas douteux qu'il eût à voir avec le rachat. « Sous le rapport musical, j'espère démontrer quelque utilité. Servir autrui est la tâche de ceux qui ne cherchent point leur compte en ce monde » écrira-t-il en ce sens à Charles-Alexandre[1].

1. 3 mars 1884.

Sa vie durant, Liszt s'était mis bien souvent, on le sait, au service de ses confrères musiciens. Cet altruisme artistique, déjà rare en soi-même, fut à la fois constant et réel ; c'est donc à juste titre que ses biographes l'ont décrit et souligné. Il s'accommodait toutefois d'un retour flatteur vers le généreux défenseur dont Liszt avait sans doute conscience et sur lequel il put escompter. Qu'il en fût de même – quoique à titre posthume désormais – dans le don de sa personne qu'il fit à la fin de sa vie à ses ultimes et jeunes élèves, ce n'était plus là qu'un effet mécanique de la loi du monde, car ce don-là était désormais celui de la *Selbstlosigkeit :* cette sortie du « moi haïssable » dénoncé par Pascal, qui marqua *effectivement* la fin du pèlerinage terrestre du maître musicien, qui le confesse dans plusieurs lettres. Il résonne *aussi* dans les creux de sa dernière et austère production musicale. À Olga von Meyendorff, Liszt écrivait ainsi de Rome, après avoir achevé les deux thrénodies *Aux cyprès de la Villa d'Este* : « Au cyprès se sont ajoutées quelques autres feuilles de plus – non moins ennuyeuses et superflues que les précédentes ! À vrai dire, je me sens un affreux manque de talent en comparaison de ce que je voudrais exprimer, mes notes écrites sont pitoyables. Un étrange sens de l'infini me rend *impersonnel* et *incommunicatif*[1]. » Il écrivit de même trois ans plus tard à Carolyne : « Le témoignage de ma conscience me peine souvent – mais non toujours selon le gré du dire d'autrui ! Voilà pourquoi je suis devenu absolument impersonnel ! » Ou encore, à la même, quelques jours auparavant : « Personne ne me croira, si je dis que je deviens de plus en plus impersonnel ! Pourtant c'est la pure vérité – à tel point qu'entendre parler de moi, même de manière élogieuse, me peine souvent. Qu'à brebis tondue, Dieu mesure le vent[2] ! »

1. 9 novembre 1877. C'est Liszt qui souligne.
2. 10 novembre et 29 octobre 1880.

La chute sur ce proverbe d'espérance chrétienne[1] est notable. Elle l'est d'abord par ce que la sentence proclame : que la justice divine est juste *non seulement* en elle-même, mais parce qu'elle proportionne la peine à notre faiblesse avant qu'à notre responsabilité, les croix envoyées pour faire notre salut étant à proportion de nos forces. Elle l'est aussi en ce qu'elle fait de l'abandon *à Dieu* sous-entendu par le proverbe, l'aboutissement de l'abandon *de soi* exprimé par les mots de Liszt.

Tout ce que j'ai cité jusque-là suffit à peindre l'assombrissement progressif des quinze dernières années de Liszt, dont témoigne le singulier climat des œuvres de cette troisième et ultime période. Les biographies les plus documentées le confirment, à commencer par celle d'Alan Walker, qui décrit les différents aspects qu'emprunta cet assombrissement – des tristesses pesantes aux tentations suicidaires, en passant par l'alcoolisme, les phases dépressives et une certaine peine à composer[2]. Les difficultés objectives, qui n'avaient pas manqué à la vie de Liszt, ne manquèrent certes pas non plus à sa vieillesse ; les peines physiques s'ajoutèrent au contraire aux peines morales. Mais les peines ne suffisent pas à expliquer les maux intérieurs, qui se rattachent à une source qui leur échappe. Pas plus que le grand âge, les difficultés rencontrées par Liszt sont aptes à expliquer l'accablement qu'il montra presque constamment durant les ultimes années de son existence ; elles expliquent moins encore que cet accablement pût aller de

1. Il fut recueilli par l'humaniste Henri II Estienne (dans *Les Prémices*, 1595) et repris notamment par le fabuliste Jean-Pierre Claris de Florian (1755-1794), dans la fable « À brebis tondue » qui commence ainsi : « Dieu mesure toujours ses dons à nos besoins ; / Nous sommes ici-bas le premier de ses soins. »

2. Voir notamment, dans le second volume de l'édition française, les p. 17-19, 70, 401, 413, 441, 467-469.

pair avec la vitalité peu ordinaire dont cet homme extraordinaire était doté, qu'il continua d'ailleurs à manifester dans le même temps. Le fait est là pourtant : malgré tout ce dont il était riche, et malgré la considération flatteuse dont il continua d'être entouré et les avantages que son immense notoriété lui prodigua jusqu'au bout, un tourment s'empara de son âme et ne la laissa plus en paix. Liszt, qui n'avait jamais fait un étalage public de ses maux intimes, eut la force de ne pas trop laisser paraître ses tourments intérieurs, agissant à l'égard des autres avec l'esprit chevaleresque et la bonté (et l'humour) dont il était coutumier – et avec une force de caractère peu commune.

Par-delà la musique, la correspondance intime du musicien fait toutefois ici et là état sinon directement de ses misères, du moins de leurs pénibles conséquences. À Carolyne, Liszt écrivit ainsi en 1877 : « Ma difficulté d'écrire augmente et devient excessive – comme aussi ma fatigue de vivre ! Sans me plaindre, je souffre souvent d'exister – la santé du corps me reste, celle de l'âme manque ! *Tristis est anima mea*[1]. » Et à Olga von Meyendorff : « Parfois la tristesse couvre toute mon âme comme d'un linceul. » La vérité, c'est qu'après Weimar, Liszt ne connut plus guère le sentiment de joie ni l'incroyable appétit de vie qui avaient soulevé cinquante années durant les grandes forces en lui disponibles. La face obscure de son tempérament avait certes coexisté depuis toujours avec l'énergie qui l'avait caractérisé ; elle avait toujours reflué devant le rouleau de cette force intérieure qui semblait incompressible, ce qu'elle ne fit plus après Weimar. À plusieurs reprises, Liszt sombra dans de longues périodes de dépression, hantées par des pensées suicidaires dont il est

1. 15 juin 1877. *Tristis est anima mea [usque ad mortem]* (« Mon âme est triste à en mourir ») : premiers mots de la prière de Jésus à Gethsémani, dans l'attente de son arrestation (Mt 26, 38 ; Mc 14, 34).

difficile d'évaluer la juste hauteur, contre lesquelles la foi joua en tous cas un rôle majeur. À Olga von Meyendorff, il écrivit ainsi : « Il paraît que plusieurs journaux me disent malade : nullement, mais comme je vous l'écrivais de Rome, je me sens *finir*, et même succomber, – sans plus souhaiter de prolongement. Gardez cette confidence passablement naïve pour vous. Vis-à-vis d'autrui je tâcherai de garder bonne contenance. [...] Encore une fois je vous dirai que ma fatigue de vivre est extrême ; mais comme je crois que le cinquième commandement de Dieu : "Tu ne tueras pas" concerne aussi le suicide, je continue d'exister, avec la plus profonde repentance et contrition d'avoir ostensiblement violé autrefois, non sans effort, ni sans humilité, le neuvième commandement. Pardonnez-moi ces divagations intimes, trop funèbres[1]. » Et à la même encore, en 1881 : « Vendredi passé, je suis entré dans ma soixante-dixième année ; il serait temps d'en finir [...], d'autant plus qu'une longue vie n'a jamais été mon souhait. Dans mon adolescence, je me suis endormi souvent en espérant ne plus me réveiller ici-bas. » Il avait écrit à Carolyne cinq ans plus tôt : « Quoi qu'il en soit, je n'ai plus à chanter *dahin* pour aucune contrée de ce bas monde – mais seulement pour le purgatoire, où la grâce de Dieu me fera parvenir bientôt j'espère[2] ! »

On pourrait faire d'autres citations encore. Celles-ci suffisent à constater le sombre état d'esprit du Liszt des dernières années, et à considérer aussi à sa juste valeur la part qu'y prit la conscience de ses fautes[3]. Nul n'a vocation à

1. 28 novembre 1877.

2. 28 septembre 1876. *Dahin* : là-bas. Dans les lignes précédentes, Liszt évoquait le *Mignons-Lied* qu'il avait composé en 1842 sur les vers de Goethe traduisant la nostalgie de Mignon pour la belle Italie (« C'est là-bas qu'avec toi, ô mon bien-aimé, je voudrais aller vivre ! »).

3. Voir notamment la lettre à la princesse Wittgenstein du 26 août 1874, citée à plusieurs reprises (notamment p. 147).

s'aventurer plus loin, et il suffit d'ailleurs de considérer ce qui est à coup sûr le résultat de ce combat intérieur avec la difficile question du péché et du pardon : par ses retraites romaines (à la Madonna del Rosario, à la Santa Francesca Romana, à la Villa d'Este), par la modestie voulue de son apparence et de son train de vie – des logis de préférence sans apparat, une simple soutane pour habit (de plus en plus crasseuse d'ailleurs), des voyages toujours effectués en deuxième classe –, par une indifférence notoire aux conforts du corps, par le dévouement gracieux qu'il mit à transmettre son savoir et à faire que son illustre nom profitât aux autres, Liszt, au long de ses ultimes années, chercha manifestement à emprunter le chemin inverse à celui qui auparavant avait été le sien. Son entrée dans la cléricature fut la double manifestation intérieure et extérieure de son désir de réaliser autant qu'il l'était encore possible la conversion à laquelle il s'était senti appelé dès son jeune âge.

À sa façon, il chercha à tourner le dos à tout ce qui avait fait sa vie – l'aspiration à un dépassement par ses propres forces et par l'élévation dans le monde –, recherchant au contraire l'abaissement de l'humilité dans l'aveu de ses faiblesses. Il tenta ainsi de vivre un peu au moins, pendant qu'il en était temps encore, cette dévotion de pénitence que tout jeune il avait comprise et désirée, exprimée en 1837 à l'occasion (on s'en souvient) d'une visite à la Grande-Chartreuse – « Les saintes folies, les tortures volontaires, les martyres obscurs, les renoncements obstinés, toute cette muette et sombre protestation contre le règne de Satan[1] » –, cette aspiration à la sainteté par le martyre que j'ai évoquée alors, dont vraisemblablement il pensa s'être laissé détourner, ruminant pour lui-même un reproche qui éclaire les tourments de ses dernières années. Le Liszt ultime tient tout entier dans cette

1. Cf. p. 181-182.

aspiration à se retirer de la lumière vers l'ombre, du jour favorable vers la nuit misérable, si contraire à sa nature talentueuse et charmeuse, à sa belle aptitude au monde, aux honneurs, aux plaisirs, et à l'attrait irrésistible que cette aptitude n'avait cessé d'exercer sur les autres. « On dirait un homme détaché de toutes les grandeurs du monde », écrira Ernest Reyer en 1886, en retrouvant l'abbé-musicien à Saint-Eustache.

Que le Liszt vieillissant ait souhaité ce retrait sans parvenir à s'y livrer vraiment, cela n'est pas non plus douteux. Très consciemment, il écrivait ainsi à Carolyne au 1er janvier de 1876 : « Mme Minghetti a mille fois raisons de trouver que je perds mon temps dans les salons – aussi renoncerai-je à cette fâcheuse habitude. J'espère que votre montre-symbole m'aidera dans l'exécution de ma retraite définitive du monde factice – à laquelle j'aspire depuis une douzaine d'années. » Désir sincère, marqué toutefois d'un futur incertain dont la suite confirma le bien-fondé. Sa faiblesse *mondaine* constitua sans doute l'autre raison de ses désespérances finales : aura-t-il su que cette faiblesse et les tristesses qu'elle engendra risquaient en vérité de lui être plus salvatrices que l'inverse ? Il était bon en effet que cet homme à qui tout avait réussi essuyât un échec qui le protégeât de la pire chute qui soit : l'enflure que l'orgueil parvient à puiser jusque dans les réussites de l'abaissement. Ayant échoué pour n'avoir pas *totalement* réussi ici, Franz Liszt ne pouvait que confesser humblement son indignité et ne plus rien attendre de lui-même – pour tout attendre seulement du Père éternel.

C'est là qu'il faut revenir une dernière fois à la lettre à Carolyne du 1er décembre 1877 – celle qui désigne la musique comme *art divin et satanique à la fois* –, dont il a fallu réserver la fin pour ici.

Liszt, qui y parle de fautes (« Hélas, je ne sais que trop combien la part des faiblesses humaines est excédante dans ma vie ! »), s'en remet finalement au Bon Larron : « Fin finale, enfoncé maintenant dans les conservatoires et leurs coutumes de divers pays, je garde une tendre dévotion au bon larron : *Qui Mariam absolvisti / Et Latronem exaudisti, / Mihi quoque spem dedisti !* » – « Toi qui as absous Marie-Madeleine / et exaucé le bon larron, / à moi aussi tu rends l'espoir » : on a déjà rencontré cette citation latine, extraite du texte du *Dies irae* du *Requiem*, que Liszt cite six ans après encore, dans une autre lettre à Carolyne, au sujet du *Requiem pour orgue* qu'il vient d'achever[1]. Il y évoque l'œuvre, mais confesse là encore cette *tendre dévotion* au Bon Larron : « En général, les grands et petits compositeurs colorent le Requiem en noir, du plus impitoyable noir. Dès le commencement, j'ai trouvé une autre lumière – elle continue de rayonner, malgré les terreurs du *Dies irae*, dans la strophe *Recordare* et celle de ma prédilection personnelle : *Qui Mariam absolvisti / Et Latronem exaudisti, / Mihi quoque spem dedisti !* Ainsi d'un bout à l'autre, jusqu'à la fin ! » Le Bon Larron revient ainsi régulièrement à partir de 1877 sous la plume de Liszt, qui alla parfois jusqu'à signer certaines missives à Carolyne de la seule lettre *D*, pour *Dismas* (ou *Dysmas*, ou *Disme*, que Liszt écrit *Dimas*), nom conventionnel et populaire du larron[2]. Il lui écrivait ainsi, le 8 février 1878 : « Selon la tradition la plus ancienne et la plus répandue, le bon larron s'appelait Dimas. Permettez-

1. Lettre du 17 juin 1883. Cf. p. 186.

2. Le nom *Dysmas* apparaît dans l'apocryphe connu sous le nom d'*Actes de Pilate*. Cf. André Daigneault : *Le Bon Larron. Mystère de miséricorde* (Éditions Anne Sigier, 1999, p. 40).

moi de signer désormais de ce nom les télégrammes en réponse à ceux du Gregorio. » À la suite de l'une des dissensions répétées avec Carolyne qui n'a pas d'intérêt à être commentée ici, il lui avait écrit de même au début de l'année précédente : « Quant aux bonnes croix, je les ai toujours tenues pour de favorables moyens de pénitence et de salut. En cela, je m'associe au sentiment du bon larron, qui reconnaissait avoir mérité sa peine, et se confiait dans la promesse de N. S. Jésus-Christ ! Donc, veuillez ne plus improuver ma sincère dévotion au bon larron ! » Ou encore, en 1883 : « Job est mon patron de l'Ancien Testament – et le bon larron saint Dimas, celui du Nouveau[1]. »

On pourrait faire d'autres citations encore : toutes montrent la constance de l'attachement de Liszt au Bon Larron, au cours de sa dernière décennie d'existence. Comment cet attachement lui est-il venu ? C'est ce que je ne suis pas parvenu à déterminer. De le savoir n'est pas d'ailleurs essentiel à ce qui doit être compris ici, sauf de souligner que la dévotion au Bon Larron n'entrait déjà plus au XIXe siècle dans la pratique religieuse usuelle. L'attachement de Liszt n'en est que plus frappant. Il l'est d'autant plus que l'épisode du Bon Larron ramène au cœur de la révélation évangélique.

Les quatre Évangiles évoquent tous les deux larrons, crucifiés avec Jésus au matin du Vendredi saint. Jean (19, 18) ne fait toutefois que noter la présence de deux autres crucifiés aux côtés de Jésus. Les trois synoptiques les désignent en revanche avec un peu plus de précision. Matthieu (27, 44) et Marc (15, 27) emploient à leur sujet le mot grec *lestes* (« brigands », « bandits »), que la Vulgate traduit par le latin

1. 10 janvier 1877 et 19 février 1883.

latrones (« larrons »). Luc (23, 32) emploie un synonyme (*kakourgos* : « malfaiteurs »), traduit par le même *latrones* latin.

En quelques phrases condensées, les textes de Matthieu et de Marc affirment que les larrons participèrent l'un et l'autre aux insultes dont les passants, les scribes, les chefs des prêtres et les soldats romains couvrirent Jésus crucifié. Marc (15, 29-32) écrit ainsi : « Les passants l'injuriaient en hochant la tête : "Hé ! toi qui détruis le Temple et le rebâtis en trois jours, sauve-toi toi-même, descends de la croix !" De même, les chefs des prêtres se moquaient de lui avec les scribes, en disant entre eux : "Il en a sauvé d'autres, et il ne peut pas se sauver lui-même ! Que le Messie, le roi d'Israël, descende maintenant de la croix ; alors nous verrons et nous croirons." Même ceux qui étaient crucifiés avec lui l'insultaient. » Matthieu (27, 39-44) fait une description similaire, qui s'achève sur la même participation des deux larrons au ricanement général (« Les bandits crucifiés avec lui l'insultaient de la même manière »). Luc rapporte aussi les insultes dont Jésus en croix est accablé, mais diffère des deux autres récits quant à l'attitude des deux larrons. C'est par son récit que nous sont parvenues les paroles contraires de l'un des deux bandits, auquel la tradition chrétienne a réservé le nom de *Bon Larron* :

> L'un des malfaiteurs suspendus à la croix l'injuriait : « N'es-tu pas le Messie ? Sauve-toi toi-même, et nous avec ! » Mais l'autre lui fit de vifs reproches : « Tu n'as donc aucune crainte de Dieu ! Tu es pourtant un condamné, toi aussi ! Et puis, pour nous, c'est juste : après ce que nous avons fait, nous avons ce que nous méritons. Mais lui, il n'a rien fait de mal. » Et il disait : « Jésus, souviens-toi de moi quand tu viendras inaugurer ton Règne. » Jésus lui répondit : « Amen, je te le déclare : aujourd'hui, avec moi, tu seras dans le Paradis » (Lc 23, 39-43).

C'est sur cet épisode que Luc a vraisemblablement connu à travers Marie, que s'est développée la dévotion au Bon Larron. De nombreux et illustres commentateurs ont éclairé sa signification et le message qu'il véhicule. Il faut déjà souligner que cette courte scène arrive à l'ultime fin du ministère terrestre de Jésus, où elle figure ainsi comme un aboutissement. Elle résume en effet l'enseignement tout entier de Jésus, dont elle traduit le point essentiel : la position suprême que la miséricorde occupe dans la promesse de Dieu et la clef qu'elle apporte au drame de la rédemption. Je ne prétendrai certainement pas ajouter quoi que ce soit à tout ce qui a été écrit de si beau sur ce si haut et important sujet[1] ; je veux simplement rapporter ici un peu de la lumière dont le récit du Bon Larron a été éclairé, afin d'éclairer ce à quoi Franz Liszt s'est finalement dédié.

Ce qu'ont pu faire les deux *latrones* pour être crucifiés n'a pas d'importance pour le sujet, raison pour laquelle les évangélistes n'en disent rien[2] : de quelque nature qu'aient été leurs actes, ils représentent des coupables, ce que dit en clair l'aveu du Bon Larron : « Pour nous, c'est juste : après ce que nous avons fait, nous avons ce que nous méritons. » Ce qu'il ajoute aussitôt après – « Mais lui, il n'a rien fait de mal » – conforte la réalité de leur culpabilité et affirme en même temps l'innocence de Jésus. L'opposition que pose ainsi le Bon Larron fait plus pourtant que souligner la divergence foncière qui les sépare, lui et son compagnon, de Jésus : la différence est à ce point flagrante qu'elle a bou-

1. Sur le Bon Larron, voir notamment Daigneault (*op. cit.*), mais aussi Albert Bessières (*Le Bon Larron : saint Dismas : sa vie, sa mission, d'après les Évangiles, les Apocryphes, les Pères et les Docteurs de l'Église*, Spes, 1938).

Sur la miséricorde divine, qui est le véritable sujet de l'épisode, le lecteur pourra (re)lire l'encyclique de Jean-Paul II, *Dives in misericordia* (1980).

2. L'exégèse contemporaine s'accorde le plus souvent à voir en eux des activistes de la résistance à l'occupant romain, plutôt que des « droit commun ».

leversé d'un coup en vérité le regard que le misérable condamné portait jusque-là sur lui-même. C'est sa propre culpabilité que lui a révélée l'innocence de Jésus ; mieux, elle lui a donné la force de la confesser. Le crucifié Jésus n'a pas toutefois agi ici seulement comme un miroir, comme cela aurait été le cas s'il avait été *simplement* innocent ; un simple innocent aurait tendu un simple miroir au Bon Larron ; elle ne lui aurait pas donné la force d'avouer sa propre culpabilité, et moins encore d'y puiser une si soudaine espérance de rachat. Par-delà l'innocence de Jésus, c'est la puissance de rédemption dont il est porteur que le larron a reconnue, qui lui a arraché ce qui est plus qu'un simple aveu, mais une véritable *confession*, c'est-à-dire un repentir sincère doublé de l'attente du pardon. C'est bien ce qu'indique la demande faite aussitôt après : « Jésus, souviens-toi de moi quand tu viendras inaugurer ton Règne. » Le récit manifeste ainsi le mouvement intérieur subit et radical que constitue la *conversion* – ce bouleversement qui résulte de la révélation de l'Amour du Père contemplé dans le Fils crucifié.

Que l'un des brigands ait été ouvert à la conversion, tandis que l'autre y soit resté fermé, pose une autre question, qui relève de cette vérité religieuse que la théologie appelle le mystère de la grâce, bien trop ardue pour que je puisse prétendre en dire seulement deux mots. Disons, pour simplifier, que l'opposition des deux larrons traduit la liberté qui est donnée jusqu'au bout à chacun d'accepter ou de refuser, d'adhérer ou de rejeter ce qui survient, y compris la grâce ultime du pardon. Par la figure du Bon Larron, le récit de Luc dit aussi, en effet, qu'une conversion totale et définitive est disponible jusqu'à l'ultime étape de notre pèlerinage terrestre. C'est là l'autre vérité qu'affirme l'épisode, en écho à certaines paraboles rapportées auparavant par l'Évangile – celle notamment du Fils prodigue, à laquelle il a été déjà fait allusion, ou encore celle des ouvriers de la dernière heure[1]. Et c'est ce que scelle l'*Amen* par lequel Jésus répond à la prière du Bon Larron : « Amen, je te le déclare : aujourd'hui, avec moi, tu seras dans le Paradis. » Cette promesse a suscité à elle seule toute une littérature : les auteurs insistent tour à tour sur la positivité de la réponse, qui confirme ce qu'énoncent d'autres paroles de l'Ancien et du Nouveau Testament – qu'un repentir total et sincère est toujours assuré du pardon – ; ou sur l'immédiateté de cette promesse, rendue par le mot *aujourd'hui* ; ou encore sur l'autorité de Jésus dans le drame de la rédemption, traduite par l'expression *avec moi* ; ou sur le chemin qu'Il est dans la marche vers Dieu (en écho à l'affirmation de Jésus : « Je suis le Chemin, la Vérité et la Vie. Nul ne va au Père s'il ne passe par moi », Jn 14, 6).

L'exégèse a tiré bien d'autres enseignements encore de cette réplique de Jésus : le fait notamment que le Larron se trouve être le premier saint de l'Histoire et le seul à avoir été *béatifié* par Jésus lui-même. Ce n'est là ni anecdote ni image d'Épinal, car la signification qui en résulte n'a rien de naïf ni de lénifiant : au bout du compte, le Royaume n'a été en effet inauguré ni par un Roi ni par un Juste ni par un Sage ou un Prêtre, mais par un criminel repenti – et repenti à la dernière minute –, un homme à l'œuvre mauvaise, méprisé et rejeté de tous, dont rien ne devait subsister sur terre ni moins encore dans la mémoire des hommes. Ce sacre du pécheur repenti avait été annoncé par l'attention presque unique de Jésus pour les méprisés, les malheureux, les malades, les pécheurs, tous ceux qui n'ont rien à présenter pour leur défense, dont l'Évangile est

1. Le Fils prodigue : Lc 15, 11-32 (cf. plus haut, p. 77-78). Les ouvriers de la dernière heure : Mt 20, 1-16.

empli, que les Béatitudes énumèrent (Mt 5, 3-10) et auxquels elles promettent récompense : les pauvres, les doux, ceux qui pleurent, qui ont faim et soif de justice, les cœurs purs, les artisans de paix, ceux qui sont persécutés pour la justice – au centre desquels elles placent *les miséricordieux*. Le sacre du Bon Larron fait ainsi du repentir l'accès unique à la rédemption, sans égard pour les mérites ni pour les œuvres ; il dit que tout ce que nous avons fait de mal peut être racheté, même le pire, et que rien de ce que nous avons fait de bien ne nous acquiert le moindre droit, pas plus qu'aucune de nos qualités propres.

En fait de mérites et de qualités, le malheureux Dismas n'avait en effet plus rien à faire valoir ; ses éventuels mérites, ses œuvres mauvaises les avaient anéantis. Il n'avait rien à présenter que ce vide que la vérité l'obligea à reconnaître, que la théologie désigne justement des mots *misère* ou *pauvreté*. Plus la moindre grandeur dont couvrir ses fautes, plus le moindre avantage personnel pour atténuer sa responsabilité ; il lui faut renoncer à chercher dans sa personne et dans ses actes matière à se racheter lui-même : son tort est à la fois trop manifeste et trop grand. Il est nu, flagellé, humilié, crucifié, pitoyable et mourant, et n'a plus que cela à montrer. Mieux : il ne peut plus se voir *lui-même* autrement qu'ainsi. Et c'est précisément la mise à nu de cette misère totale et définitive qui ouvre son cœur à la plus haute richesse qu'un cœur puisse accueillir : la *miséricorde* – dont les Béatitudes proclament que celui qui la manifeste la recevra en retour pour lui-même : « Heureux les miséricordieux, ils obtiendront miséricorde. » La miséricorde – cette « dimension de l'amour qui s'oppose au mal qui assiège l'homme pour le faire périr[1] » – amène le malheureux brigand à se détacher de sa propre souffrance, à

1. Jean-Paul II : *Dives in misericordia*, fin du § 7.

oublier sa propre croix – combien réelle pourtant – pour s'attacher à la croix de celui en qui la même miséricorde lui fait découvrir son Sauveur.

Cet ultime mouvement de cœur du Bon Larron éclaire la vérité foncière de l'appel que Jésus avait fait antérieurement à ses disciples, dont les premières pages de ce livre se sont fait l'écho : « Si quelqu'un veut marcher derrière moi, qu'il renonce à lui-même, qu'il prenne sa croix, et qu'il me suive » (Mc 8, 34)[1]. De fait, c'est par sa croix plantée à côté de celle de Jésus que le cœur de Dismas s'est ouvert à la conscience de ses fautes et, de là, au repentir ; et c'est par cette crucifixion *avec Jésus* que le brigand s'est fait *miséricordieux* et a *obtenu miséricorde*. Non par ses propres forces, celles qu'il vantait au temps de sa splendeur passée, ni même par la seule souffrance que ses péchés lui ont fait endurer à l'extrémité de son existence, mais par l'offrande de ses souffrances méritées à la souffrance imméritée dont Jésus a accepté de se charger pour le salut des hommes – ce qu'éclairent ces mots d'Hans Urs von Balthasar : « Ce n'est pas en regardant notre misère que nous serons purifiés, mais en regardant Celui qui est toute pureté et sainteté. La présence du Rédempteur et, par lui, de la Rédemption et de la purification de l'âme ne réclame que le simple regard tourné vers lui ; par cet acte d'oubli de soi, l'âme reçoit le pardon de ses péchés. Cet acte lui fait reconnaître sa faute et la grâce divine[2]. »

Dans sa Lettre à Tite, saint Paul écrit (3, 4-5) : « Lorsque Dieu, notre Sauveur, a manifesté sa bonté et sa tendresse pour les hommes, il nous a sauvés. Il l'a fait dans sa miséricorde, et non pas à cause d'actes méritoires que nous aurions accomplis par nous-mêmes. » Et encore, dans la

1. Cf. p. 53.

2. *Élisabeth de la Trinité et sa mission spirituelle* (Seuil, 1960, p. 130).

Lettre aux Éphésiens (2, 4-8) : « Dieu est riche en miséricorde ; à cause du grand amour dont il nous a aimés, nous qui étions des morts par suite de nos fautes, il nous a fait revivre avec le Christ : c'est bien par grâce que vous êtes sauvés. Avec lui, il nous a ressuscités ; avec lui, il nous a fait régner aux cieux, dans le Christ Jésus. Par sa bonté pour nous dans le Christ Jésus, il voulait montrer, au long des âges futurs, la richesse infinie de sa grâce. C'est bien par la grâce que vous êtes sauvés, à cause de votre foi. Cela ne vient pas de vous, c'est le don de Dieu. »

L'épisode du Bon Larron confirme et affirme tout à la fois ce don suprême qu'est la miséricorde – cette « puissance particulière de l'amour, qui est plus fort que le péché et l'infidélité » comme Jean-Paul II l'a encore définie[1] –, cette disposition de l'amour au pardon que Dieu nous tend pour notre salut et dont Il nous rend capables. Le message que cet épisode n'a cessé de communiquer aux croyants, c'est que la Miséricorde est totale, sans mesure et absolument gratuite ; qu'elle s'offre à tous, sans délais, jusqu'au bout et sans autre condition que notre consentement – et qu'elle est la grâce de la sainteté à laquelle tous nous sommes promis. C'est là l'espérance que soutient la dévotion au Bon Larron : celle qui nous incite à croire que, le moment venu, nous saurons consentir au don suprême de la divine miséricorde – espérance malheureusement si délaissée aujourd'hui, que ranime pour nous l'attachement de Franz Liszt à saint Dismas. Le Bon Larron représente l'espérance de la sanctification du dernier moment, de cet instant où l'Amour de Dieu recueille le cœur brisé et le répare tout entier, selon l'affirmation que le roi David, qui fut aussi grand pécheur, professe dans le Psaume 50, le fameux *Miserere* : « Le

1. *Dives in misericordia*, § 4.

sacrifice qui plaît à Dieu, c'est un esprit brisé ; tu ne repousses pas, ô mon Dieu, un cœur brisé et broyé » – et, selon la promesse de Dieu rapportée par le prophète Osée, envers ceux qui reviennent à Lui : « Je les guérirai de leur infidélité, je leur prodiguerai mon amour, car je suis revenu de ma colère » (Os 14, 5).

D'où que lui soit venu l'attachement au Bon Larron, c'est dans l'espérance de cette guérison des offenses faites à Dieu que Franz Liszt a troqué peu à peu *Mazeppa* contre *Dismas*, abandonnant le *héros relevé sacré roi*, pour s'attacher au *brigand crucifié sacré saint*. Le changement d'identification marque plus qu'une évolution : il manifeste le retour sans concession du vieux Liszt sur lui-même, et la certitude d'une indignité contre quoi les œuvres de son talent ne pouvaient opposer aucune défense. À Carolyne, il écrivait ainsi : « Je m'abstiens depuis longtemps de tout autre vécu que celui de ne pas manquer à la miséricorde divine, et de rester attaché à la croix du bon larron. Cette croix est ma dévotion intime – j'y resterai fidèle jusqu'à mon dernier souffle[1]. » Il y a tout lieu de croire dès lors qu'il se soit en effet confié tout entier à l'espérance de cette conversion tardive mais totale et définitive. Le vieil artiste pouvait bien se laisser honorer par le monde ; parvenu à la fin de ses années de pèlerinage, c'est d'abord comme pécheur qu'il se reconnaissait, espérant seulement, sous l'auspice du saint Bon Larron, l'instant où « la miséricorde l'emportera sur la justice en faisant surabonder la grâce là où le péché a abondé[2] », cette œuvre libératrice qu'évoque la lettre sur le *Requiem* en parlant de cette *autre lumière* qui rayonne « mal-

1. 8 février 1878.

2. Sœur Faustine Kowalska : *Petit Journal* (Apostolat de la Miséricorde divine, s.d. [2009], § 1572) ; et Rm 5, 20 : « Là où le péché a abondé, la grâce a surabondé. »

gré les terreurs du *Dies irae* ». Car l'espérance du Bon Larron est celle d'un relèvement que l'apôtre Jean exprime dans sa première lettre avec une assurance si simple et si entière : « Notre cœur aurait beau nous accuser, Dieu est plus grand que notre cœur » (1 Jn 3, 20).

« Respirons l'éternité au pied de la Croix de N. Seigneur et Sauveur Jésus-Christ[1] *»* (Épilogue)

Je n'irai pas plus loin – et surtout pas jusqu'au dernier soupir que Liszt rendit à Bayreuth, le samedi 31 juillet 1886, peu avant minuit – trois mois avant le jour de son soixante-quinzième anniversaire. Mon lecteur lira ailleurs le récit de ses derniers instants[2]. Rappelons seulement que le vieux musicien n'était venu à Bayreuth que pour accéder à la demande de sa fille Cosima, qui comptait sur sa présence pour attirer des festivaliers qui se faisaient rares et redorer la situation financière du festival Wagner. À ceux qui tentèrent de le dissuader de faire ce nouveau voyage, alors qu'il était épuisé par les festivités des derniers mois, qu'il toussait abondamment et que la fièvre ne le quittait plus, Liszt répondait : « Cosima le veut et je lui ai promis de venir. »

Le lieu de Bayreuth où l'enveloppe mortelle de Liszt repose depuis lors ne devrait donc pas tant déplaire aux lisztiens : s'il semble d'un côté placer Liszt sous la coupe éternelle de Wagner, de l'autre, il grave à jamais la générosité

1. À Carolyne von Sayn-Wittgenstein, 3 juillet 1880.

2. Voir en particulier WALKER II (p. 539 *sq*), ainsi que le journal de Lina Schmalhausen.

de l'homme, qui jusqu'au bout préféra offrir sa célébrité à d'autres causes que la sienne propre.

Quant à la presque solitude qui marqua ses derniers instants (ses derniers moments de lucidité plus exactement), peut-être n'est-elle triste qu'en apparence : osons croire qu'il fut bon à Liszt de quitter le monde dans un ultime reflet de cette vanité à quoi il savait avoir le premier si souvent sacrifié. En lui permettant de s'en aller seul, ou presque, dans la chambre anonyme d'une logeuse voisine de la Villa Wagner et la proximité indifférente de la foule des festivaliers, la Providence lui aura peut-être fait *pour finir* la grâce d'un dépouillement à quoi le Liszt religieux avait avidement aspiré, mais que le Liszt mondain avait dans le même temps décliné. Il est triste seulement d'apprendre que dans ces derniers instants, personne n'eut l'humanité d'aller quérir un prêtre pour entendre la dernière confession du vieil homme et lui administrer l'extrême-onction, contrairement à ce qui sans aucun doute aurait été son plus cher souhait. À Carolyne, il avait écrit douze ans plus tôt, sous le coup de la disparition de Marie d'Agoult : « *Il mondo va da sè* – l'on y existe, l'on s'occupe, se chagrine, se tourmente, s'illusionne, se ravise et se meurt comme l'on peut ! Le plus désirable des sacrements à recevoir me semble celui de l'extrême-onction[1] ! » Mais Carolyne n'était pas là. Cosima, elle, y était et passa l'ultime journée au chevet de son père, mais ne fit pas ce geste.

Pianiste immense, grand musicien, grand homme aussi assurément par les qualités peu ordinaires qui furent les siennes – celles du talent artistique, et avec elles celles du corps et de l'esprit, beauté et intelligence, mais celles aussi

1. 14 mars 1876.

du caractère et de la personnalité : volonté, courage, générosité, mansuétude (et habileté mondaine !) –, Liszt bénéficia d'un inconcevable cumul de dons, jusqu'à celui de comprendre et excuser les jalousies que tant de bénédictions excitaient chez autrui. Il eut aussi celui d'être capable de faire fructifier ce flot de grâces reçues d'on ne sait quel héritage, et d'en tirer chacun des avantages qui s'y attachent : succès, célébrité, reconnaissance, admiration, honneurs, fortune, plaisirs... Ce n'est donc pas forcer le trait que de dire que tout ce dont un homme peut rêver, Liszt l'a possédé. Il compta au petit nombre de ces privilégiés à qui tout réussit, et que les échecs n'entament pas plus qu'il ne faut. Certains de ceux qu'il eut à affronter purent bien le peiner : ils ne parvinrent à obscurcir ni l'aura ni la fascination que Liszt continua d'exercer jusqu'au bout sur les autres. Cette si glorieuse *réussite* n'était pourtant pas exempte de déficience et on a vu que sous tant de lumière, un trou noir grossissait en effet.

On se souvient du testament de 1860 : « "Jésus-Christ crucifié", "la folie et l'exaltation de la Croix", c'était là ma véritable vocation. » Tout ce qu'on a lu à ce sujet est venu en effet confirmer qu'en plus de tous les autres dons, Liszt avait aussi celui de la foi. « Le renoncement à toute chose terrestre fut l'unique mobile, le seul mot de ma vie[1] », écrivait-il en 1837, transcrivant avec un peu trop d'allégresse l'élan d'adoration qui brûlait en lui, en une capacité au consentement qu'il n'avait qu'en puissance. Il redressera le trait en écrivant plus de quarante années plus tard, dans une lettre à Carolyne où il est question d'idéal : « Je n'en connais pas de si haut que celui du prêtre méditant, pratiquant et enseignant les trois vertus théologales : Foi, Espérance et Charité – jusqu'au sacrifice volontaire de sa vie,

1. LBM, p. 25.

couronné par le martyre, quand Dieu le donne ! Aurais-je été digne d'une telle vocation[1] ? » La question n'est laissée sans réponse que parce que la vie s'était chargée de l'apporter : digne, il l'était assurément, mais digne seulement.

En 1837, le jeune Liszt fit dans la huitième *Lettre d'un bachelier* un très curieux récit où il se décrit sombrant à l'issue d'un concert dans un rêve éveillé dont il brosse le tableau. Il s'y montre « seul, errant dans un pays inconnu, au bord d'une mer agitée, sur une grève déserte », marchant bientôt sur les pas d'« une figure d'homme, grande, sérieuse, pensive », qui « regardait à l'horizon avec une indicible expression d'anxiété et d'espérance » et qui lui semble posséder « le secret de [s]a destinée ». À l'autre bout du récit, l'apparition lui tient un long discours s'achevant sur ce haut conseil : « Ne cherche point à *savoir* ; ton lot est l'ignorance. Ne cherche pas à *pouvoir* ; ton lot est l'impuissance. Ne cherche pas à *jouir* ; ton lot est l'abstinence[2]. » *Connaissance, puissance, jouissance*[3] contre *ignorance, impuissance, abstinence* : ces deux séries de mots contraires tracent avec précision la ligne de front du combat dont Liszt fut le siège constant – celui que se livrèrent en lui l'appel du Monde, qu'il emprunta, et l'appel du Ciel, auquel il aspira avec d'autant plus d'avidité qu'il ne parvint jamais à lui répondre totalement.

Liszt put être en effet animé d'une foi profonde et véritable ; il put avoir aussi plusieurs des qualités religieuses

1. 18 juillet 1879. Cf. p. 110-111.

2. LBM, pp. 115-118. C'est Liszt qui souligne.

3. La série reprend (dans un autre ordre) les « trois fleuves de feu » – *libido sentiendi* (désir sensuel), *libido sciendi* (désir de connaissance), *libido dominandi* (désir de domination) – qui portent à l'amour de soi au détriment de l'amour de Dieu, évoqués par Pascal dans les *Pensées* (fragment 545/458), en commentaire de la première Lettre de saint Jean (1 Jn 2, 16).

foncières – la charité, la confiance et même une certaine humilité – ; il ne disposait pas des forces qui permettent de faire fructifier ce don-là : celles, si l'on veut, de l'ascétisme – tempérance, sobriété, constance, prudence, résistance... Les dons extravagants dont il fut gratifié étaient de ceux qui font les grands hommes mais qui défont les saints. Ce manque *unique* pesa lourdement sur la conscience du musicien, qui ne put plus bientôt se voir autrement que sous le masque pénible du pécheur permanent – la violation du neuvième commandement n'étant qu'une manifestation de cette vérité. Il écrira ainsi à Carolyne, au sujet de l'histoire de sa vie que préparait sa première biographe (Lina Ramann) : « Quant au monde, je ne m'inquiète pas de l'interprétation de cette page de ce que vous nommez ma biographie. Le seul chapitre que j'avais ardemment désiré y ajouter y manque et le reste ne me préoccupe pas dans la mesure des choses raisonnables[1]. »

Il y a pourtant tout lieu de croire que ce vide resté béant dans sa vie si pleine fut finalement sa plus sûre planche de salut ; qu'il était nécessaire à cet homme trop doué de *louper* quelque chose, et quelque chose de capital : la réponse à l'appel entendu. Pensons que c'est là l'œuvre qu'aura finalement faite l'incapacité dans laquelle il s'est trouvé d'emprunter les renoncements auxquels il avait brûlé jeune de se livrer pour un bien supérieur. De *réussir ici aussi* représentait en effet pour Liszt le grand danger : en s'ajoutant à tous les autres, la « réussite » dans l'ordre de la sainteté eût exposé cet homme trop béni à une satisfaction dangereuse, lui faisant courir le risque de se trouver en effet admirable. Son irrépressible hédonisme le préserva finalement de cette pénible enflure : l'incapacité aux renoncements qu'il dut bien peu à peu se reconnaître, ne cessa au contraire de

1. 21 juin 1872.

dégonfler la vision flatteuse que le monde ne cessait de lui renvoyer de lui-même, creusant dans sa conscience un trou qui finit par occuper tout l'espace. Cet homme qui avait *tout* eu se retrouva ainsi riche seulement d'une pauvreté qui finit par tout absorber, le laissant assoiffé du seul bien que nul ne peut obtenir par lui-même et que le monde ne peut pas donner : l'amour qui vient de Dieu et qui est Dieu – la béatitude. C'est bien ce que disait, dès 1860, la conclusion du testament qu'on a lu au début de ses pages : « Non plus jamais depuis [ses dix-sept ans], à travers les nombreuses fautes et erreurs que j'ai commises, et dont j'ai une sincère repentance et contrition, la divine lumière de la Croix ne m'a été entièrement retirée. Parfois même elle a inondé de sa gloire toute mon âme ! J'en rends grâce à Dieu, et mourrai l'âme attachée à la Croix, notre rédemption, notre suprême béatitude[1]. »

On a vu que ce fut pour tenter d'accomplir un peu au moins sa vocation religieuse inaboutie que Liszt résolut peu après de recevoir les ordres mineurs, à cinquante ans passés. Si c'est dans cet espoir qu'il endossa alors la soutane, ce à quoi il n'était en rien obligé, il est permis de croire que c'est par humilité qu'il continua par la suite à la porter. Aux regards extérieurs, ce n'avait jamais été sur son dos qu'un habit, de ceux qui précisément *ne font pas le moine*, et c'est bien ce dont le monde ne manqua pas de se gausser. Le monde n'était pas capable toutefois de comprendre à quel point il avait raison. Liszt, quant à lui, le comprit et ne fut pas finalement la dupe de lui-même sur ce point-là non plus. Qu'il fût seulement capable de faire le moine, plutôt que de se faire moine, il ne le savait que trop. C'est ce

1. Cf. p. 32.

qu'en permanence affichait à ses yeux cet habit qu'il endossa d'abord comme un trophée, avant de le porter comme un aveu, peut-être même comme une pénitence. En mettant à l'extérieur le moine que l'intérieur avait réclamé en vain, l'habit *dévoilait* le vide envahissant qui béait sous les feux de la gloire mondaine et finit par régner sur sa vie intérieure. La vénération que Liszt réserva finalement au Bon Larron, son dernier saint patron, plus adapté que cet astre hors d'atteinte que saint François d'Assise devait rester pour lui, affirme que ce grand échec reconnu et déploré fut bien finalement sa grande et véritable *réussite* spirituelle ; car l'échec l'amena à l'ardente aspiration du cœur brisé : ne plus s'en remettre qu'à Celui qui seul répare et relève. C'est dans ce sens déjà que Liszt avait pu écrire un jour à son ami d'Ortigue, vingt-cinq ans avant sa fin : « Les grandes douleurs sont les messagères du ciel. Elles nous ramènent droit à Dieu ; alors que nos larmes se fondent dans la prière, il nous unit à son inénarrable amour[1]. »

1. 28 novembre 1862.

Repères chronologiques

Cette chronologie succincte est proposée pour fournir quelques points de repère au lecteur peu familier de la biographie de Franz Liszt. Elle se limite aux principaux événements de la vie du musicien, sans mention de son activité de compositeur, qui amènerait à de trop longs développements.

ENFANCE ET ADOLESCENCE (1811-1827)

1811 (22 octobre) : naissance à Raiding (Burgenland, Empire d'Autriche). Franz reçoit ses premières leçons de piano de son père Adam.

1819 : premiers concerts.

1822 : installation à Vienne. Franz étudie le piano avec Czerny et l'harmonie avec Salieri. 1er décembre : premier triomphe à Vienne.

1823 (20 septembre) : départ pour Paris. La route (par l'Allemagne) est jalonnée de concerts triomphaux. La famille Liszt arrive à Paris le 11 décembre.

1824 (7 mars) : premier concert à Paris (triomphe). Jusqu'à la mort de son père, donne de nombreux concerts dans les provinces françaises, ainsi qu'en Angleterre et en Suisse.

1827 (27 août) : mort d'Adam Liszt à Boulogne-sur-Mer. Franz revient seul à Paris où sa mère (Anna) le rejoint en octobre.

Seul à Paris. Puis Suisse et Italie avec Marie d'Agoult (1828-1839)

1828-1829 : vit en donnant des leçons de piano. Aventure sentimentale avec l'une de ses élèves (Caroline de Saint-Cricq), qui s'achève en juillet 1828.

1830 : après la révolution de Juillet, Franz esquisse une *Symphonie révolutionnaire*. Fréquente les salons artistiques. 5 décembre : première de la *Symphonie fantastique*. Se lie d'amitié avec Berlioz.

1831 : aventure avec la comtesse Adèle de Laprunarède. Assiste à quelques réunions des saint-simoniens.

1832 : assiste au premier concert parisien de Chopin (26 février), dont il devient l'ami. Assiste au concert que Paganini donne à l'Opéra pour les victimes du choléra (20 avril). Rencontre Marie d'Agoult en décembre, chez la marquise Le Vayer.

1834 (16 septembre-10 octobre) : séjour à La Chênaie, chez l'abbé Lamennais. Décembre : mort de la fille aînée de Marie d'Agoult.

1835 : publie *De la situation des artistes et de leur condition dans la société* dans la *Gazette musicale*, ainsi que les premières *Lettres d'un bachelier ès musique*. 26 mai : Marie d'Agoult adresse une lettre de rupture à son époux, avant de partir pour Bâle, où Franz la rejoint une semaine plus tard. Les amants s'installent en juillet à Genève, où naît Blandine (18 décembre).

1836 : Franz donne plusieurs concerts, à Lyon, Paris, Lausanne, Dijon et Genève. En octobre, Franz et Marie rentrent à Paris.

1837 : concerts triomphaux de Thalberg puis de Liszt à Paris (12 et 19 mars). La princesse Belgiojoso organise un récital des deux rivaux dans son salon (31 mars). Fin juillet : Franz et Marie partent pour l'Italie. 24 décembre : naissance de Cosima à Côme.

1838 : de Venise, où il a appris la nouvelle des inondations de Pest, Liszt part pour Vienne (7 avril) où il donne jusqu'en mai une série de concerts triomphaux. Revient le 1er juin auprès de Marie en Italie.

1839 : naissance de Daniel à Rome (9 mai). Octobre : Liszt et Marie se séparent. Marie retourne à Paris et Liszt part pour Vienne, point de départ de sa carrière de virtuose.

Le virtuose international (1839-1847)

Il est impossible de résumer ces années pendant lesquelles Liszt donna des centaines de concerts partout en Europe, et jusqu'à Constantinople. Cette carrière de virtuose international connut plusieurs pics mémorables (à Berlin notamment, en janvier-février 1842). La chronologie ci-après ne retrace donc pas les innombrables déplacements du pianiste, mais ponctue simplement certains événements de la vie de Liszt.

1839 (novembre et décembre) : concerts triomphaux à Vienne et Budapest.

1840 : retrouve Marie en juillet à Baden-Baden. Octobre : rencontre Wagner à Paris.

1841 (d'août à début novembre) : séjour avec Marie sur l'île de Nonnenwerth.

1842 : aventure à Berlin avec l'actrice Charlotte von Hagn (janvier-février). Début juin : retrouve Marie à Paris. Fin juillet-début septembre : nouveau séjour avec Marie à Nonnenwerth. 2 novembre : nommé à Weimar « maître de la chapelle grand-ducale en service extraordinaire », fonction que Liszt n'occupera effectivement que fin 1843.

1843 : troisième et dernier séjour à Nonnenwerth avec Marie et les enfants (mi-juillet-début octobre). Marie d'Agoult commence en novembre le roman *Nélida*. Liszt arrive en fin d'année à Weimar, pour prendre jusqu'au 19 février 1844 ses fonctions de chef d'orchestre. En janvier : dirige huit premiers concerts.

1844 : paraît avec Lola Montès à l'Opéra de Dresde (fin février). 8-9 avril : explication orageuse avec Marie à Paris.

1845 : à Bonn pour l'inauguration de la statue de Beethoven (fin juillet), que Liszt a financée en grande part.

1846 : *Nélida* paraît en début d'année à Paris.

1847 : à Kiev pour quatre concerts. Rencontre la princesse Carolyne von Sayn-Wittgenstein, qui l'a entendu le 14 février et a effectué un don important versé lors d'un concert de charité. Se rend fin février chez la princesse, à Woronince. Septembre : Liszt donne à Elisabethgrad les quatre derniers concerts de cette période de virtuose. Octobre : rejoint la princesse Wittgenstein à Woronince, d'où il repart à la mi-janvier pour prendre son poste de chef d'orchestre à Weimar.

Compositeur et chef d'orchestre à Weimar (1848-1861)

1848 : à la mi-février, dirige pour la première fois un opéra (*Martha* de Flotow) au théâtre de la Cour de Weimar. Rejoint mi-avril en Pologne Carolyne, qui a quitté la Russie avec sa fille Marie. Liszt et la princesse arrivent en juin à Weimar. Carolyne investit la villa l'Altenburg, où Liszt décidera de s'installer lui aussi à l'automne, l'archevêque de Saint-Pétersbourg ayant rejeté la demande de reconnaissance de nullité de son mariage que Carolyne avait déposée avant de quitter l'Ukraine.

1850 (28 août) : dirige à Weimar la première de *Lohengrin* de Wagner.

1851 (16 février) : Liszt rejoue pour la première fois du piano en public, pour l'anniversaire de la grande-duchesse. De février à août : parution du feuilleton sur Chopin dans *La France musicale.*

1852 : première semaine Berlioz à Weimar (14-21 novembre).

1853 : arrivée à Weimar d'Agnès Street-Klindworth. Semaine Wagner (23 février-5 mars). Déçu dans ses espoirs, Liszt cesse de diriger durant huit mois. Octobre : séjourne à Paris (avec Wagner, Carolyne et Marie Wittgenstein), où Liszt revoit ses enfants après neuf ans de séparation.

1854 : en janvier, Carolyne est bannie de Russie pour avoir refusé de retourner auprès de son mari. Juillet : Liszt revoit ses filles à Bruxelles. En décembre, fonde le *Neu Weimar Verein*, dont il devient président.

1855 : deuxième semaine Berlioz à Weimar (17-21 février). Avril : Agnès Street-Klindworth quitte Weimar. Durant l'été, Liszt accueille ses enfants à Weimar. Il placera ses filles à Berlin, chez la mère de Hans von Bülow.

1856 : dirige à Vienne (27 janvier) la commémoration du centenaire de la naissance de Mozart. Troisième semaine Berlioz à Weimar (16 février-1er mars). Juillet : Blandine et Cosima en vacances à l'Altenburg. 31 août : Liszt dirige à Gran sa *Messe solennelle pour l'inauguration de la basilique de Gran.* Septembre : admis comme *confrater* chez les franciscains de Pest.

1857 : Hans von Bülow épouse Cosima à Berlin (18 août). 28 août : Josef Joachim (1er violon à Weimar) adresse à Liszt une lettre de rupture. 22 octobre : Blandine se marie à Florence avec Émile Ollivier.

1858 : retrouve son fils Daniel à Vienne, à l'occasion de deux exécutions de la *Messe de Gran* (22 et 23 mars). 11 avril : reçu comme *confrater* du tiers ordre franciscain de Pest. 15 décembre : dirige à Weimar un opéra de son élève Peter Cornelius (*Le Barbier de Bagdad*), qui soulève une opposition fomentée par une cabale.

1859 : annonce au grand-duc de Weimar qu'il ne reprendra pas ses fonctions à la cour (14 février). 15 octobre : la princesse Marie (fille de Carolyne) épouse le prince Constantin zu Hohenlohe-Schillingsfürst. 13 décembre : mort de Daniel Liszt à Berlin, chez sa sœur Cosima.

1860 : Liszt confie au grand-duc Charles-Alexandre sa décision de s'éloigner de Weimar (6 février). Mars : quatre musiciens (dont Brahms et Joachim) publient dans la presse berlinoise une lettre contre l'École allemande, visant Liszt. 17 mai : Carolyne quitte Weimar pour Rome, afin d'aller plaider elle-même la nullité de son mariage. 14 septembre : Liszt rédige son testament. 22 septembre : le Sacré Collège émet un avis favorable à la reconnaissance de nullité du mariage des époux Wittgenstein.

1861 : Liszt dirige à Weimar un dernier concert de ses œuvres (31 janvier). Mai-juin : revoit Marie d'Agoult à plusieurs reprises à Paris. 12 août : quitte Weimar pour Rome, où son mariage avec la princesse Wittgenstein doit être célébré le 22 octobre. Carolyne reçoit dans la nuit du 21 un billet du curé de la paroisse où les bans ont été publiés, lui indiquant que le pape souhaitait réétudier la situation.

ENTRE ROME, BUDAPEST ET WEIMAR : LA VIE « TRIFURQUÉE » (1861-1886)

1862 (11 septembre) : Blandine meurt à Saint-Tropez.

1863 : à Rome, Liszt s'installe en juin dans le cloître de la Madonna del Rosario au Monte Mario. 11 juillet : visite de Pie IX.

1864 : mort en mars du prince Wittgenstein. Le 21, Liszt participe à un concert de bienfaisance au profit du denier de Saint-Pierre. Juillet : séjour à la Villa d'Este et visite au pape à Castel Gandolfo. Fin d'année : périple en Allemagne (dont Weimar).

1865 : reçoit la tonsure à Rome (25 avril), puis se rend chez le pape en audience privée. Mai : Villa d'Este. 21 juin : participe aux célébrations d'anniversaire de l'intronisation de Pie IX. 30 juillet : reçoit les quatre ordres mineurs à Tivoli. Août : à Budapest, où il dirige et joue du piano (triomphe).

1866 : mort de la mère de Liszt à Paris (6 février). Mars-mai : à Paris pour l'exécution de la *Messe de Gran* à Saint-Eustache (5 mars). Nouvel affrontement avec Marie d'Agoult. Juin : retour à la Madonna del Rosario. Novembre : s'installe au couvent de la Santa Francesca Romana.

1867 (septembre) : découvre à Munich la liaison que Cosima entretient avec Wagner.

1868 : durant l'été, Cosima rejoint Wagner à Tribschen. Liszt rompt les relations avec Wagner et avec sa fille. Fin d'année : à la Villa d'Este, hôte du cardinal Hohenlohe.

1870 : à Weimar (avril-juin), où il a accepté de donner des cours d'interprétation à destination des jeunes virtuoses. Liszt passera désormais chaque printemps à Weimar. 18 juillet : Hans von Bülow obtient le divorce avec Cosima. 25 août : Cosima et Wagner se marient à l'église protestante de Lucerne (Liszt en sera informé par la presse).

1871 : séjourne en novembre à Pest. Liszt reviendra désormais (presque) chaque année dans la capitale hongroise, le plus souvent à l'automne.

1872 : après une rupture de quatre années, Wagner écrit à Liszt (18 mai) pour l'inviter à la pose de la première pierre du théâtre de Bayreuth.

1875 : à Bayreuth pour les répétitions de la *Tétralogie* (août).

1876 : mort de Marie d'Agoult (5 mars). Août : à Bayreuth, pour la création de la *Tétralogie*. Novembre : à Budapest, où il préside l'Académie nationale de Musique et dirige une classe de perfectionnement pour jeunes virtuoses.

1879 : nommé le 12 octobre chanoine honoraire d'Albano.

1882 : à Bayreuth (août) pour les représentations de *Parsifal* et le mariage de sa petite-fille Blandine von Bülow.

1883 : le 13 février, apprend la mort de Wagner. Cosima refusera de voir son père durant trois ans.

1886 : le 21 janvier, quitte Rome et Carolyne pour la dernière fois. Après Budapest et Vienne, assiste entre mars et mai à plusieurs concerts organisés pour ses 75 ans à Liège, Paris et Londres. Revenu à Weimar, Liszt reçoit en mai la visite de Cosima, qui lui demande d'être l'invité d'honneur du prochain festival de Bayreuth. Arrive fin juillet malade à Bayreuth, où il parvient malgré tout à assister aux représentations de *Parsifal* et de *Tristan*. Alité dès le début de son séjour, Franz Liszt meurt dans la nuit du 31 juillet.

1887 (9 mars) : mort de la princesse Carolyne à Rome.

Bibliographie sélective

De l'immense bibliographie lisztienne, ont été retenus ici les principaux ouvrages utilisés pour ce travail. Le lecteur trouvera une bibliographie plus complète dans la biographie d'Alan Walker, dans celle de Serge Gut, ou dans l'article « Liszt » du *New Grove Dictionary of Music and Musicians*.

Correspondance et écrits de Franz Liszt

CORRESPONDANCE (ORDRE CHRONOLOGIQUE D'ÉDITION)

Franz Liszt's Briefe, herausgegeben von La Mara [Marie Lipsius] (8 volumes, Breitkopf und Härtel, 1893-1904)

Briefewechsel zwischen Franz Liszt und Hans von Bülow, herausgegeben von La Mara [Marie Lipsius] (Breitkopf und Härtel, 1898)

Franz Liszt Briefe an Carl Gille, mit einer biographischen Einleitung, herausgegeben von Adolf Stern (Breitkopf und Härtel, 1903)

Correspondance de Liszt et de sa fille, Madame Emile Ollivier, 1842-1862, publiée par Daniel Ollivier (Grasset, 1936)

Correspondance de Richard Wagner et de Franz Liszt, traduit par L. Schmidt et J. Lacant ; avant-propos de Gustave Samazeuilh (Gallimard, 1943)

Jacques Vier : *Franz Liszt, l'artiste, le clerc. Documents inédits* (Les Éditions du Cèdre, 1950)

The Letters of Franz Liszt to Olga von Meyendorff, 1871-1886. Translated by William R. Tyler ; introduction and notes by E. N. Waters (Dumberton Oaks, 1979)

Correspondance. Lettres choisies, présentées et annotées par Pierre-Antoine Huré et Claude Knepper (Jean-Claude Lattès, 1987)

Lettres à Cosima et à Daniela, présentées et annotées par Klara Hamburger (Mardaga, 1996 ; coll. Musique-Musicologie)

Franz Liszt and Agnes Street-Klindworth : A Correspondence, 1854-1886. Introduced, translated, annotated, and edited by Pauline Pocknell (Pendragon Press, 2000 ; Liszt Studies n° 8)

Franz Liszt et Marie d'Agoult : Correspondance, présentée et annotée par Serge Gut et Jacqueline Bellas (Fayard, 2001)

ÉCRITS (ORDRE CHRONOLOGIQUE D'ÉDITION)

Franz Liszts gesammelte Schriften, deutsche bearbeteit von Lina Ramann (6 volumes [en traduction allemande], Breitkopf und Härtel, 1880-1883)

Chopin. Avant-propos d'Alfred Cortot. Introduction de J. G. Prod'homme (Corréa, 1941)

Tagebuch 1827. Im Auftrag der Stadt Bayreuth. Herausgegeben von Detlef Altenburg und Rainer Kleinertz (Paul Neff Verlag, 1986)

Lettres d'un bachelier ès musique, édition présentée par Rémy Stricker (Le Castor Astral, 1991 ; coll. Les Inattendus/Musique)

Franz Liszt : Artiste et société, édition des textes en français réunis, présentés et annotés par Rémy Stricker (Flammarion, 1995 ; coll. Harmoniques) [contient notamment

De la situation des artistes et de leur condition dans la société, ainsi que les *Lettres d'un bachelier ès musique*]

Bibliographie générale : témoignages, écrits et études sur Liszt

Marie d'Agoult [Daniel Stern] : *Mémoires et journaux* (Mercure de France, 2007 ; coll. Le Temps retrouvé)

Philippe A. Autexier : *Mozart & Liszt sub Rosa* (Poitiers, L'Auteur, 1984)

Philippe A. Autexier : *La Lyre maçonne. Mozart, Haydn, Spohr, Liszt* (Detrad, 1997)

Ernst Burger : *Franz Liszt : Chronique biographie en images et en documents.* Préface d'Alfred Brendel, traduit de l'allemand par Odile Demange (Fayard, 1988)

Philippe Charru et Véronique Fabre : *Voici l'homme : Au croisement du Miserere de Georges Rouault et de la Via crucis de Franz Liszt* (Éditions de la Faculté jésuite de Paris, 2006).

Carl Engel : « Views and Reviews » in *The Musical Quarterly*, vol. 22 n° 3 (juillet 1936), p. 354-361 (Oxford University Press)

Gabriele Erasmi et Alan Walker : *Liszt, Carolyne and The Vatican Documents* (Pendragon Press, 1991 ; Liszt Studies n° 1)

Jeanne Fauré-Cousin et France Clidat : *Aux sources littéraires de Franz Liszt* (Éditions Richard Masse, 1973 ; *La Revue musicale* n° 292-293)

Christopher H. Gibbs et Dana Gooley : *Franz Liszt and His World* (Princeton University Press, 2006) [contient le questionnaire Ramann avec les réponses de Liszt]

August Göllerich : *Franz Liszt* (Marquardt & Co, 1908)

Serge Gut : *Franz Liszt* (Éditions de Fallois/L'Âge d'Homme, 1989)

Émile Haraszti : « *Deux franciscains : Adam et Franz Liszt* » in *La Revue musicale* n° 174, mai 1937

Émile Haraszti : *Franz Liszt* (Éditions A. et J. Picard, 1967)

Pierre-Antoine Huré et Claude Knepper : *Liszt en son temps* (Hachette, 1987)

Julius Kapp : *Liszt-Brevier* (Breitkopf und Härtel, 1910)

La Mara [Marie Lipsius] : *Briefe hervorragender Zeitgenossen an Franz Liszt,* nach dem Handschriften herausgegeben von La Mara, 3 vol. (Breitkopf und Härtel, 1893-1904)

Wilhelm von Lenz : *Les Grands Virtuoses du piano : Liszt, Chopin, Tausig, Henselt. Souvenirs personnels*, traduit de l'allemand et présenté par Jean-Jacques Eigeldinger (Éditions Flammarion, 1995 ; coll. Harmoniques)

Paul Merrick : *Revolution and Religion in the Music of Liszt* (Cambridge University Press, 1987)

Bruno Moysan : *Liszt* (Éditions Jean-Paul Gisserot, 1999)

Lina Raman : *Franz Liszt als Künstler und Mensch*, 3 vol. (Breitkopf und Härtel, 1880, 1887, 1894).

Ostinato rigore n° 18 : *Franz Liszt* (Jean-Michel Place Éditeur, 2001)

Revue Musicale (*La*) n° 405-406-407 : *Franz Liszt* (Éditions Richard Masse, 1988)

Cécile Reynaud : *Liszt et le virtuose romantique* (Henri Champion, 2006 ; coll. Bibliothèque de littérature comparée et générale)

Lina Schmalhausen : *La Mort de Franz Liszt. D'après le journal inédit de son élève, Lina Schmalhausen, préfacé, annoté et édité par Alan Walker*, traduit de l'anglais et de l'allemand par Odile Demange (Buchet-Chastel, 2007)

Adelheid von Schorn : *Franz Liszt et la Princesse de Sayn-Wittgenstein. Souvenirs intimes et correspondance*, traduit de l'allemand avec l'autorisation de l'auteur par L. de Sampigny, avant-propos de Hugues Imbert (Dujarric et Cie, 1904)

Rémy Stricker : *Franz Liszt : Les Ténèbres et la gloire* (Gallimard, 1993)

Alan Walker : *Franz Liszt* ; tome I : *1811-1861*, traduit de l'anglais par Hélène Pasquier ; tome II : *Les dernières années 1861-1886*, traduit de l'anglais par Odile Demange (Fayard, 1989 et 1998)

Cosima Wagner : *Franz Liszt. Ein Gedenkblatt von seiner Tochter* (Munich, 1911)

Richard Wagner : *Ma vie* (Buchet/Chastel, 1983)

Janka Wohl : *François Liszt, souvenirs d'une compatriote*, 3e édition (Paul Ollendorff Éditeur, 1887)

Index des œuvres musicales de Franz Liszt

Table des matières

Photocomposition Nord Compo
Villeneuve-d'Ascq
et achevé d'imprimer en janvier 2011
sur les presses numériques de l'Imprimerie Maury S.A.S.
Z.I. des Ondes – 12100 Millau

36-56-2634-8/01

N° d'impression : L10/45800 F

Imprimé en France

Pour l'éditeur, le principe est d'utiliser des papiers composés de fibres naturelles, renouvelables, recyclables et fabriquées à partir de bois issu de forêts qui adoptent un système d'aménagement durable.
En outre, l'éditeur attend de ses fournisseurs de papier qu'ils s'inscrivent dans une démarche de certification environnementale reconnue.